1857-1860

《倫敦新聞畫報》記錄的晚清

遺失在西方的中國史

沈弘——編譯

《倫敦新聞畫報》：世界上第一份以圖像為主的畫報！

有別於傳統史觀的客觀對照，第一手資料的歷史新視角！

THE ILLUSTRATED LONDON NEWS.

目錄

目錄 CONTENTS

1859

目錄 CONTENTS

《倫敦新聞畫報》創始人赫伯特·英格拉姆

英國著名畫家約翰·吉爾伯特爵士，他用自己的生花妙筆撐起了《倫敦新聞畫報》在創辦初期的半邊天。在創刊期所包含的 20 幅插圖中就有 8 幅是出自吉爾伯特之手

MR. MASON JACKSON.

英國著名畫家梅森·傑克森，擔任《倫敦新聞畫報》藝術編輯長達 25 年之久。憑藉他發明的先進的雕版技術，《倫敦新聞畫報》得以在 19 世紀後半期各種新聞畫報層出不窮的激烈競爭中始終穩居第一，保持其在業界的龍頭老大地位

MR. W. SIMPSON, R.I.

英國著名的寫生畫家和戰地記者威廉·辛普森，曾被派往 40 多個國家去報導當地的戰爭、風土人情和其他重大事件。1872 年，他被派往中國報導同治皇帝的娶親婚禮，該系列報導在英國引起了很大的轟動，使得西方的「中國熱」再次急遽升溫

奧地利畫家和馳名歐洲大陸的戰地記者約翰·勳伯格。他是《倫敦新聞畫報》為了報導北京的義和團運動和八國聯軍進攻北京而於 1900 年被派往中國的。他到達北京之後，發回了數量驚人的速寫圖片和文字報導

MR. MELTON PRIOR.

《倫敦新聞畫報》記者梅爾頓·普里爾，他在華的時間是 1899 年，即在 1898 年戊戌變法之後和 1900 年義和團運動爆發之前

MR. R. CATON WOODVILLE, R.I.

《倫敦新聞畫報》記者 R. 卡頓·伍德維爾，他來中國主要是為了報導甲午戰爭

MR. JULIUS M. PRICE.

《倫敦新聞畫報》記者朱利葉斯·M. 普萊斯，他是被派到中國報導中法戰爭的

英格拉姆的次子威廉和三子查爾斯均曾為《倫敦新聞畫報》的高管

圖像的力量

在大眾資訊傳播領域，相對於抽象的文字，圖像往往更具直觀性而更易被大多數人接受。尤其是那些遠古的神話故事或是流傳廣泛的宗教神蹟，抑或遙遠邊地的異域風光、風土人情、相貌特徵，圖畫不僅能提供鮮活的視覺形象，還能令讀者在畫面背後產生無盡的想像。現藏於大英圖書館的《祇樹給孤獨園》是唐咸通九年（868 年）刊印的《金剛般若波羅蜜經》扉頁插圖，是目前有年代可考的最早文字出版物插圖。它的出現不僅開啟了插圖文本的新時代，並由此將插圖逐漸發展成為一種新的繪畫藝術形式 —— 版畫。

版畫是透過印版媒介將圖像轉印於紙上的繪畫作品，具有間接性與可複製性。然而最初的版畫卻不是出於藝術審美的創造目的，而是源於人們對圖像複製的需求。宗教是一種最廣泛的精神性活動，需要大量的宣傳物以傳播教義。是以無論中外，最早的版畫幾乎多為宗教插畫或神蹟故事繪圖。如發現於敦煌的 8 世紀用二方或四方連續方式捺印的《現在賢劫千佛名經》。

隨著社會文明的進步和印刷科技的發展，出版業逐漸由被貴族和宗教所掌握走向平民化的商業市場。1450 年德國人谷騰堡發明了鉛合金的活字排版印刷技術，使西方印刷業發生了革命性變化，並對此後西方圖書出版業產生了深遠的影響。15 世紀時，歐洲的印刷作坊已遍及各地，並且形成許多印刷中心，如荷蘭的烏特勒支，德國的紐倫堡、奧格斯堡、科隆，還有義大利的威尼斯等城市。

書籍出版業繁榮的同時也帶動書籍插圖業的興旺。德國巴伐利亞州班貝格地區主教祕書阿伯雷奇·費斯特是西方最早為書籍配上印刷插圖的人。他在 1461 年出版了名為《寶石》的書，書中收錄了一些鳥類和獸類的故事並配有精美插圖。顯然，版畫插圖使書籍更加豐富和具有直截了當的說服力與吸引力。這就使得版畫插圖逐漸成為出版物中不可或缺的構成要素，同時也成為出版業市場競爭中的核心力之一。如明代中期，全國政治安定，經濟平穩，文化時尚觀念發生轉變，一批新興讀者群開始崛起，他們渴求閱讀消遣娛情養性的作品，而不再局限於儒家經典、學術著作或宗教讀物。社會對圖書的大量需求，刺激了圖書市場的興旺，使出版業達到了歷史的鼎盛階段，行業競爭呈現白熱化狀態。其時，版畫插圖開始全面地應用在各類小說傳奇、雜劇、詩詞、圖集、科學博物、初學識字課本、歷史、地理、人物傳記等圖書之中，出現了「差不多無書不圖，無圖不精工」、異彩紛呈的高潮，被譽為中國版畫史上「光芒萬丈」的時代高峰。與此同期，西方出版界的版畫商業市場迅速發達，不僅出現了大量職業插圖家和雕版技師，還培育出繁榮的版畫複製市場，為 19 世紀的「版畫原作運動」奠定了堅實的社會認知基礎。

在達蓋爾的攝影術發明前，繪畫除了藝術審美目的外，另一個重要功能就是記錄，即以繪畫方式將重大歷史事件、社會名流或大自然奇觀異象用視覺形象表現出來。而要將這些具有特定價值或意義的繪畫圖像進行廣泛的社會傳播則需要版畫來複製完成，於是出現了不同於一般文字書籍，也不同於繪畫複製品的讀物，那就是畫報、雜誌。

1829 年菲力彭在巴黎創辦了以畫面為主定期出版的《剪影》雜誌。這本綜合性雜誌，每期都有整張的石版畫刊出。1830 年菲力彭在《剪影》的基礎上改出《漫畫》週刊。每週星期四出版，四頁文字說明和兩大張紙質很好的石版畫，有些還用手工賦彩。1832 年菲力彭同時又創辦了《喧鬧報》，這是一種日刊，開本較《漫畫》稍小，共四頁，內容主要是對法國社會生活中各種事件的報導、評論、諷刺和教育，並配以石版畫的插圖。這兩種刊物是當時巴黎影響最大也最受歡迎的畫刊。與此同時，在英吉利海峽另一端的英國，《倫敦新聞畫報》創刊了。

18 世紀工業革命的成功使英國迅速成為西方最發達的國家和「世界工廠」。直到 1870 年代，英國在世界工業生產和世界貿易中仍獨占鰲頭。它生產著世界各國所需的大部分工業品，其對外貿易額幾乎相當於法、德、美三國的總和。它擁有的商船噸位約為法、德、美、荷、俄各國的總和，位居世界第一。同時，英國從 19 世紀初期就開始大規模地推行殖民擴張政策，至 1870 年代已占據了世界上面積最大的殖民地，號稱日不落帝國。

在這樣殖民版圖區域遼闊和眾多人文地理面貌並存的大背景下，《倫敦新聞畫報》以圖像方式報導新聞的辦刊定位，無疑使其成為當時最具「眼球效應」賣點的媒體。可以想像，當時人們透過畫報外派畫家兼記者發回的連續性圖片和文字報導不僅網羅了「天下」時事資訊、奇聞趣事、花邊新聞，同時又過足了眼癮。加之辦報人傑出的經營理念、有效的市場行銷策略和與時俱進的技術跟進，使得《倫敦新聞畫報》在創刊後的百餘年裡保持著旺盛活力。

偶然機緣，沈弘教授在英國訪學期間發現了數百卷保存完好、含有大量與中國相關老圖片的《倫敦新聞畫報》。出於學者的敏感直覺，他立刻意識到這些畫報的文獻價值，耗時十年，將與中國相關的文字和圖片翻譯集結成冊出版。我們有理由相信《倫敦新聞畫報》中有關中國的圖片和文字資料是研究中國近代和現代史的一個重要素材來源，因而具有較高研究價值。

其中大量製作精美的版畫插圖和頗具現場感的速寫，不僅為讀者展現了寬廣的 19 世紀中國世俗社會生活圖景，同時也為新聞紀實性版畫藝術研究提供了大量的範本。

新聞畫報的事件再現性功能決定這些插圖必須具有高度寫實性，透過畫面栩栩如生的人物刻畫和場景描繪還原一個虛擬的「真實」空間。這些「真實」的圖像和報導中的文字可在讀者目光交替之隙，在腦中產生類似立體視聽殘響的效果。如 1854 年 4 月 7 日刊的〈皇家劇院〉中「飛刀」雜技表演的精彩場景，一位雜技演員仰面站在一塊木板前，五把鋒利的尖刀緊貼他的脖頸兩側和腋下深深釘在木板上。因為緊張，他的雙手微張，左右平衡，雙腳扒緊地面，保持著身體的穩定。他對面的表演搭檔奮力擲出一把泛著寒光的飛刀，他面部躊躇淡定的表情與身後幾名西方女子驚愕的 O 形嘴形成絕妙對比。我想這幅插圖即便脫離了旁白性的說明文字，也依然是件傑出的獨立銅版畫作品。

從插圖的製作上看，有些是畫家的現場速寫，這些作品儘管看似凌亂，不夠工整，但畫面更樸實，有明顯的「現場感」。如 1859 年 4 月 2 日〈中國速寫：婦女髮型、洗衣方式〉其中一幀〈做像茶壺一樣的髮型〉，畫面用筆自由流暢，人物形態如同日常，沒有擺拍扭捏之感，正如畫家所言，就連畫中那位少婦不雅的坐姿也修飾地記錄了下來，充滿了生活氣息和情趣。還有一些顯然是「大製作」的圖畫，這些雕凹線法的銅版畫構圖布局考究，製作精良，富有貴氣，顯然是出版人高價聘請了頂級雕版師根據記者發回的速寫而作。從內容上看，這類作品多表現為歷史重大事件或對自己文治武功的粉飾。如 1858 年 10 月 2 日〈「中英天津條約」的簽訂儀式〉一圖，是歐洲歷史畫的典型樣式，場面宏大，人物眾多，富有儀式感。再如刊於 1860 年 8 月 11 日的〈中國報導：英法聯軍即將北上〉中的插畫，畫面上聯軍艦隊陣勢浩大，在藍天白雲下的香港九龍灣海域肅然有序地進行著兵力運輸。嚴謹的寫實畫風，精美密集的線條和豐富的明暗色調使得畫面充滿異域情調。

這些林林總總、內容繁雜的插畫穿越時空直至今日，在我們翻看閱讀時還能產生一種幻象，似能再現過去的生活場景、隆隆的炮聲、馬的嘶鳴和喧鬧的人聲……儘管一個多世紀過去了，斗轉星移，滄海桑田，而身處現代資訊高度發達社會的人們，其實也如同 19 世紀的人一樣，對圖像資訊總是充滿好奇與期待，所不同的是現代人擁有更便利快捷的圖像獲取與傳播方式，而圖像所傳遞的力量則永不減退。

中央美術學院　陳琦

譯序

沈弘

2003 年 2 月至 7 月間，我身為由英國學術院資助的人文學科訪問教授，赴英國進行短期的學術研究。此行的目的主要是研究中古英語文學，但在圖書館昏暗的書庫頂樓裡，我卻偶然發現堆滿了整整一堵牆的數百卷《倫敦新聞畫報》（Illustrated London News）中含有大量跟中國有關的老照片和圖片。於是我便臨時調整了研究重點，由此踏上了一次漫長而驚心動魄的中國老照（圖）片發現之旅。在接下來的六個月中，每天圖書館開館後的大部分時間裡，我都躲在這個僻靜的角落，屏息靜氣地觀看中國近現代史上那一場場大戲的帷幕在我眼前徐徐開啟……

轉瞬間已經過去十年了，但是當時在圖書館書庫頂樓靠窗處翻閱厚重週刊合訂本的那個場景仍歷歷在目，彷彿就發生在昨天。它使我聯想到了伯希和在敦煌莫高窟王道士的昏暗密室裡翻閱經卷的情景。當時伯希和的心情應該跟我是一樣的。

一

創刊於 1842 年 5 月 14 日的《倫敦新聞畫報》是世界上第一個成功地以圖像為主要特色來報導新聞的週刊，其影響力遍及歐美亞等許多國家。它的圖片收藏堪稱是世界上覆蓋面最廣的插圖版畫和老照片寶庫，其內容包括了從 1842 年至 1970 年的世界各國幾乎所有的重大歷史事件和社會生活的各個方面。僅僅在維多利亞女王在位期間（1837 ～ 1901），它所刊登的圖片就多達一百多萬張。

該雜誌的創始人是赫伯特·英格拉姆（Herbert Ingram）。1833 年至 1841

譯序

年在諾丁漢任印刷商和報刊經售人期間，他注意到了以下這個現象：即每當《每週紀事》(Weekly Chronicle) 和《星期日泰晤士報》(Sunday Times) 等雜誌刊登版畫插圖時，它們的需求量總是大幅度增加。尤其是 1837 年英國發生了震驚全國的湯瑪斯·格林納克 (Thomas Greenacre) 謀殺案之後，《每週紀事》結合案件的報導和偵破過程，出版了幾期帶插圖的專刊之後，銷售一下子就變得十分火爆，給當時在諾丁漢推銷這份週報的英格拉姆留下了深刻的印象。因而在 1841 年移居倫敦之後，他便決定要自己創辦一份用圖像來報導新聞的週報。經過周密的策劃，這份售價為 6 便士、內容龐雜但裝幀漂亮的出版物在 1842 年一問世便獲得了空前的成功。首期就賣出了 26,000 份，當年年底之前達到了 60,000 份。6 年後又漲到了 80,000 份，1851 年銷量突破了 130,000 份，到了 1863 年銷量已經是驚人的 300,000 份。

《倫敦新聞畫報》的成功立即引來了世界各國一大批類似刊物的跟風和效仿。法國的《畫報》(Illustration) 和德國的《新聞畫報》(Illustrirte Zeitung) 先後創立於 1843 年。美國紐約的《哈波斯週刊》(Harper's Weekly) 問世於 1857 年，倫敦的《圖像雜誌》(The Graphic) 成立於 1869 年，接著在 1889 年又出現了《圖像日報》(Daily Graphic)。《倫敦新聞畫報》又先後推出了在紐約出版的美國版和在墨爾本出版的澳洲版等。這些刊物與當地的一些插圖週刊互爭高下，呈現出了百花齊放的局面。早在 1858 年，《倫敦新聞畫報》來華報導第二次鴉片戰爭的特派畫家威格曼就已經發現，廣州的中國人非常喜歡用《倫敦新聞畫報》來裝飾他們的牆壁和平底帆船。1872 年，另一位特派畫家辛普森 (William Simpson, 1823 ～ 1899) 來中國報導同治皇帝大婚的新聞時，也曾吃驚地發現，北京的大街上居然打出了銷售《倫敦新聞畫報》的廣告，就連上海的舢板船篷的內壁上也密密麻麻地貼滿了《倫敦新聞畫報》。中國清末最著名的《點石齋畫報》最早是 1884 年作為附屬於上海《申報》的旬刊畫報所創辦的。當時《申報》的老闆是英國人，其創意毫無疑問也是受到了《倫敦新聞畫報》的影響。

《倫敦新聞畫報》之所以能在長達一個多世紀的時間內一直保持長盛不

衰的態勢，其成功的祕密就在於辦報人高標準且要求嚴格，對這份刊物的品質和品味追求精益求精。赫伯特·英格拉姆在創辦之初就幸運地得到了英國一位傑出畫家約翰·吉爾伯特（John Gilbert）爵士的鼎力相助。吉爾伯特才華橫溢，19 歲時便在英國皇家美術家協會的會展中展出了自己的作品。兩年後，他的另一幅作品又入選了英國皇家美術學院的畫展。後來他還先後被選為英國老水彩畫學會的主席和英國皇家美術家協會的會長。他用自己的生花妙筆撐起了這份雜誌在創辦初期的半邊天，如在創刊期所包含的 20 幅插圖中就有 8 幅是出自吉爾伯特之手。此後，該刊物跟皇家美術家協會和皇家美術學院這兩個英國美術界權威機構的關係一直非常密切。

1860 年英格拉姆及其長子在美國度假時因遊船在密西根湖中沉沒而不幸遇難之後，他的兩位摯友和合夥人便馬上又請來了薩繆爾·里德（Samuel Read）和梅森·傑克森這兩位英國美術界的翹楚。傑克森在其後的 25 年中擔任了《倫敦新聞畫報》的藝術編輯，為維護這份週刊在業界的領先地位做出了極大的貢獻。在 1892 年之前，英國還沒有將照片和畫家的速寫直接印在報刊之中的相關技術，必須先將它們製作成版畫，然後才能用於印刷。由於製作版畫是一項精細的手工活，所以往往需要較長的時間，這樣圖像的時效性就成了新聞出版過程中的一個瓶頸。傑克森經過多年的潛心研究，在這方面有一個重大的發明，他設法將攝影術直接運用於版畫的製作，即將照片或速寫等圖像畫面直接印在梨木板上，然後用刻刀直接在這個畫面上製作雕版。這樣就能保證在相對較短的時間內完成一幅比例準確而又效果優異的印刷雕版。憑藉這一先進的雕版技術，《倫敦新聞畫報》得以在 19 世紀後半期各種新聞畫報層出不窮的激烈競爭中始終穩居第一，保持其在業界的龍頭老大地位。

為了保持其在英國插圖報刊中的壟斷地位，該刊物還聘用了當時英國一些最有才華的作家，如斯蒂文森、哈代、吉卜林、康拉德等為其寫稿，以及聘用當時在歐洲最負盛名的一些畫家，如辛普森、普賴爾和勳伯格等為特派畫家兼記者，前往世界各地去採集和報導新聞。在硬體設置上，《倫敦新聞畫報》在業界也始終保有最先進的印刷機械和設備，而且總是採用質地最優良的印刷紙張和最先進的刻版及印刷技術。它的那些筆法細膩的版畫插圖現在看起來都堪稱是價值和品味甚高的藝術品。從 1892 年起，該刊率先採用當時最先進的照片印刷技術，開始用越來越多的照片來逐步取代原來的版畫插圖。與此同時，刊物內也開始出現越來越多色彩絢麗、印刷精美的彩頁插圖。

採用攝影新技術製作的版畫筆觸細膩，與照片幾可亂真

20 世紀前半葉對於兩次世界大戰的報導中，攝影技術作為新聞報導主要媒介的效果達到了頂峰。照相圖片以其對枝微末節的精細呈現，將這兩

次戰爭的宏大、殘酷和慘烈的場面栩栩如生地展現在讀者面前，並以前所未有的時效性和直觀性將世界各地正在發生的種種事件迅速地報導出來，使得讀者有一冊畫報在手，不出家門便能知天下大事的臨場感。在這方面，《倫敦新聞畫報》也做得十分出色。它所派往世界各地的特派或常駐當地的攝影記者從四面八方源源不斷地傳來最新的畫面和新聞報導，為讀者提供了一場前所未有的視覺盛宴。

然而正如俗話所說，「花無百日紅」。隨著攝影技術的普及和專業攝影刊物層出不窮地出現，《倫敦新聞畫報》保持了一個多世紀的業界優勢在 20 世紀中期不斷地受到挑戰。由於該刊物的定位並非高端的攝影專業雜誌，所以它原來在圖像方面的領先優勢逐漸消失，讀者群也隨之萎縮。進入 1970 年代之後，該刊物被迫從週刊改為月刊，接著又先後改為雙月刊和半年刊。到了 2003 年，它便壽終正寢，不復存在。

二

《倫敦新聞畫報》1842 年創刊之際，正是第一次鴉片戰爭剛結束之時。因此從一開始，該刊就有一定數量關於中國的連續性圖片和文字報導。對於研究西方人眼中的中國形象來說，它確實是非常獨特而典型的載體和頗為理想的研究對象。

創刊初期，由於當時英、中民間交往很少，作為插圖作者的畫家們大都從未來過中國，平時所依據的幾乎全都是第二手資料，所以他們呈現的中國形象是有明顯隔閡和偏差的。例如《倫敦新聞畫報》1842 年 7 月 9 日的一篇中國報導中關於清軍炮兵的插圖就有明顯的問題：明明是在介紹清軍的情況，但圖中兩位士兵的裝束和盔甲卻明顯不是清代的樣式，而更像是明代的。

《倫敦新聞畫報》第 5 卷第 114 號上另有一篇題為〈中國水勇〉（1844

年 7 月 6 日，12 頁）的報導如今讀來顯得更為荒誕：

> 海德公園角的「唐人館」剛剛增添了一個非常有趣的藏品。這個直接從中國收到的藏品是一個全副武裝的「水勇」，據信這是帶到英國來的唯一標本。這個水勇坐在一個豬皮筏子上，手裡拿著三叉戟等武器。在最近的英中交戰之前，他被認爲是跟英國水兵旗鼓相當的對手，但現在我們懷疑中國人一定是因用這些可憐的武器來抵抗那些習慣於「統治水面」的英國人而沾沾自喜；而這對於一個擁有活字印刷、火藥和指南針這三項現代最重要發明民族來說是極不相稱的。但有人認爲，這種「水勇」也許在和平時期用於內陸湖的捕魚更爲合適。

應該解釋的是，「水勇」是以所乘坐的充氣豬皮筏子當作「馬」。他一手拿著火繩手槍，另一隻手裡的三叉戟上套有鐵環，他就是透過搖晃三叉戟所發出的聲音來嚇唬「蠻夷」的。水勇的身上穿著普通中式服裝，褲腿捲到了大腿之上。

中國的炮兵和火炮

中國水勇

上面這個例子似乎可以說明，當時英國普通民眾對於中國的認知是非常有限且不準確的。

但這種局面很快就發生了變化。從 1856 年開始，該刊開始往中國派遣特約畫家兼記者。從那時起，凡是在中國發生的一些重大歷史事件，如第二次鴉片戰爭、太平天國起義、甲午戰爭、中法戰爭、義和團運動、八國聯軍、日俄戰爭、辛亥革命、軍閥混戰、北伐戰爭、江西剿共戰爭、抗日戰爭和解放戰爭等等，都有該刊特派畫家兼記者的現場目擊報導和發回英國的大量圖片、文字資料。除此之外，那些來華的特約畫家兼記者還特別關注中國的風土人情、生活習慣，以及社會各方面的情況，其目的不僅是滿足英國國內讀者對於中國的好奇心，也是試圖交流東西方文化間的差異。其中有關中國的數千張圖片和數百萬文字向我們展現了清末民初這一個多世紀的時間裡中國頗為綺麗壯觀的長幅歷史圖卷。

這些從西方人的視角來看中國歷史的圖片和文字具有以下幾個鮮明的特色：

1. 它們大多是關於現場的目擊報導，屬於第一手的原始歷史資料。
2. 它們對歷史事件的觀點往往跟中文史料的觀點相左，這就為我們研究歷史提供了另外一個角度的參照物。
3. 它們所報導的一些事件和中國社會生活的細節往往是中文史料中的盲點，是別處難以找到的珍貴史料。
4. 由於前後延續一百多年，其對中國報導的系統性和連續性也是許多其他西方歷史資料所不能企及的。

由於以上這幾個特點，我們認為《倫敦新聞畫報》中的這些圖片和文字資料是研究中國近代史和現代史的一個重要素材來源，也是對同時期中文史料的一個必要補充，因此具有極高的出版研究價值。

從 1857 年至 1901 年，《倫敦新聞畫報》曾經向中國派遣了至少六位有案可查的特約畫家兼記者：威格曼（Charles Wirgman, 1832 ～ 1891）、辛普森（William Simpson, 1823 ～ 1899）、普萊斯（Julius M. Price, 1857 ～ 1924）、伍德維爾（R. Caton Woodville, 1856 ～ 1927）、普里爾（Meton Prior, 1845 ～ 1910）、勳伯格（John Schönberg, 1844 ～ 1913）。他們跑遍了華南、華北、山東、山西，採訪報導了中國社會各個層面的歷史和現狀，向英國國內發回了上千張關於中國的速寫和幾十萬字的文字報導。其中威格曼、辛普森和勳伯格這三位記者表現得尤為突出。

威格曼是於 1857 年 3 月第一個被派到中國來的特約畫家兼記者。在前往中國的漫長路途中，威格曼就發回了一系列沿途采風報導：他描寫在海上看到的壯麗景觀、船上的各色旅客和水手船長、途經一些國家的景色和風情，尤其是關於東南亞華僑的生活習俗。1857 年 7 月 17 日，《倫敦新聞畫報》發表了威格曼從中國發回的第一篇戰地報導和相關速寫。隨後便是每週一期的一系列的中國目擊報導，他的視野不僅僅停留在戰事的進展上，而且還盡可能廣泛地介紹他親眼所見的各地風情，例如摘茶女、清軍旗手、婚禮、廣州市井、商船、轎子、街上的行人、廣州城在英軍炮擊所起的大火、與清軍作戰的太平軍、海盜、香港、上海港、中國的刑罰、旗幟、服裝、外國貨輪、英國軍艦、大禹陵、中英天津條約、達賴喇嘛、廣州施捨站、小偷在街上受鞭撻、繁華的商業區、佛教寺廟、中醫、香港跑馬場、香港畫家、臺灣人的生活習俗、大連、旅順、天津與潮白河、中國的春節、中國人的家庭生活、中國婦女的髮型、洗衣服的方式、琉璃廠古玩街、北京的馬車、茶館、潮白河上小孩的滑冰方式、村民的生活和娛樂方式等等。當然，身為戰地記者，他所報導的主要還是第二次鴉片戰爭的整個進程和各次具體戰役的細節，其中最重要的自然要數火燒圓明園。他的中國寫生作品和系列報導在當時的英國國內掀起了一股持續好幾年的「中國熱」。

威格曼（穿黑上衣者）正在中國採訪寫生

廣州城的一個佛教寺院，1860 年 4 月。在圖片前面的這三個外國人中，左邊是比托，中間是威格曼，右邊是一位法國記者

譯序

威格曼的數十篇隨軍戰地報導為我們留下了有關第二次鴉片戰爭的第一手珍貴史料，尤其是那些他在現場所畫栩栩如生的戰地速寫堪稱獨一無二。他的文字報導也很有特色，除了反映基本事實，如英軍和清軍雙方的參戰和傷亡人數、每次戰役英軍所攻克的炮臺數量和名稱、所繳獲或破壞的大炮門數等中文史料中往往忽略的方面之外，還經常有自己獨到而細緻的觀察和感受，能給人一種目擊報導所特有的強烈臨場感。

威格曼跟另一位英軍隨軍記者，即義大利攝影師比托（Felice Beato, 1832 ～ 1909）之間的私交不錯。如上面這張老照片所示，兩人在廣州時經常形影不離，留下了不少合影。比托以攝影見長，而威格曼則以繪畫取勝，同時文筆也相當優美和流暢。他倆在新聞報導上一唱一和，相輔相成，為後世留下了不少珍貴的歷史資料，其中比托在圓明園被燒毀當日所拍攝的六張清漪園照片是目前唯一能夠找到的現場歷史照片；而威格曼所畫英法聯軍占領的安定門甕城、城門下北京市民們圍觀英軍哨兵和《京報》記者抄寫英軍最後通牒的場景，以及英國特使額爾金勛爵在英軍護衛下透過安定門進入北京城的宏大場面等圖像，也同樣珍貴和重要。威格曼和比托都不約而同地參加了英軍派到清漪園去縱火的那支部隊的採訪報導。除了珍貴的現場圖像資料之外，兩人還都留下了文字記載和報導。而威格曼所提供的眾多細節描寫為後人考察和研究這段歷史提供了一個比較可靠的參考。

辛普森也是英國著名的寫生畫家和戰地記者，曾被派往 40 多個國家去報導當地的戰爭、風土人情和其他重大事件。1872 年，他被派往中國報導同治皇帝的娶親婚禮，該系列報導在英國引起了很大的轟動，使得西方的「中國熱」再次急遽升溫。在長達一年多的時間裡，《倫敦新聞畫報》幾乎每週都刊登他的中國報導。這些報導文章和圖片的題目包括去中國的航行、郵船在紅海、客輪上的禮拜儀式、包令爵士、在家中的中國人、北京的皇家婚禮、舉行大婚的同治皇帝、新娘的公主府、北京的街景、在北京做聖誕節布丁、中國的婚禮習俗、北京的教會男校和女校、天壇、八達嶺長城、十三陵、寺廟、街頭木偶戲、送京報的男人、死嬰塔、孔廟、國子監、射箭的滿人、英國公使館、北京的貢院和參加科舉考試的貢生、上海的當鋪、漢口的英國人劇院、天津見聞、紡線的農婦等等。辛普森不僅繪畫技藝出眾，能準確把握中國人的形象特徵，而且文筆很流暢，知識淵博，寫出來的文章很吸引人。

同治皇帝大婚是辛普森首次來華採訪報導的重頭戲，所以與此相關的幾篇報導文字描寫特別精彩，將清朝八旗如何挑選和訓練秀女、大婚之前如何在北京大街上展示各地送來的禮品和皇帝的聘禮，以及大婚那天晚上婚禮行列又是怎麼把新娘迎娶到紫禁城裡的整個過程頗為詳細地介紹給了西方的讀者。由於清朝皇族的婚禮嚴格實行薩滿教的神祕禮儀，浩浩蕩蕩的迎親隊伍必須在半夜時分從公主府出發，不同的方陣都各司其職，不僅要邊走邊舞，在大街上走出特定的路線圖案，而且還要有一個欽天監官員手持標有刻度的焚香在一旁控制和調節婚禮行列的行進速度，以便在某個吉時能讓新娘的花轎準時進入紫禁城的大門。而所有這一切都是禁止旁人窺視的。薩滿教的某些神祕禮儀有時令現代讀者頗為費解。我在翻譯的過程中曾經專門請教過北京一些研究薩滿教的學者，根據他們的評價，辛普森報導中所透露的一些皇家婚禮細節還是很有研究價值的。辛普森關於這次皇帝婚禮所畫的相關插圖也特別出彩，其中兩幅曾被選中作為《倫敦新聞畫報》的封面。

辛普森的其他報導也具有很高的歷史研究價值，例如他在 1873 年 3 月 22 日的一篇題為〈北京見聞〉的報導中詳細描述了置放在北京孔廟中十個刻有詩歌銘文的石鼓，不僅追溯了這些石鼓文的淵源和意義，而且還特意用畫筆直觀地表現了其中一個被破壞和改鑿成馬槽的石鼓。這篇報導的中譯文經本文作者在《北京青年報》的一篇文章中發表之後，武漢有一位專門研究石鼓文的學者如獲至寶，認為它給中國國寶級文物留下了一個珍貴的記載。在上述同一篇報導中，辛普森還詳細描繪了一位在紫禁城邊一條街上將盛有《京報》的褡褳放在左肩上，徒步將它們逐一發送到訂戶家中的京師傳信官。類似這樣的現場目擊報導在中文史料中也是罕見的。

動伯格是一位奧地利畫家且馳名歐洲的戰地記者。《倫敦新聞畫報》為了報導北京的義和團運動和八國聯軍進攻北京，在1900年派動伯格前往中國。當時該週報已經開始大量採用照相技術來進行背景介紹，以及人物和事件的資料報導。然而，由於當時的照相機比較笨重，成像時間較長，以及整個攝影程序比較複雜，所以戰地現場報導仍然依賴於畫家的速寫。動伯格到達北京之後，發回了數量驚人的速寫圖片和文字報導。這些報導文章和圖片的內容包括京師場景、義和團招兵買馬、過水閘的義和團、教會學校、北京的場景、西伯利亞東部的戰場、英國公使館內的聯軍士兵、中國的茶館、從天津到北京的艱難歷程、天津的冬夏場景、李鴻章在滿洲裡向蒙古人徵收貢品、滿洲裡的縣官審問俄國人、義和團的軍隊、重慶和山海關、大沽炮臺的陷落、潮白河場景、義和團的反洋教宣傳、慈禧太后、西伯利亞邊境的中國人、俄軍在天津郊區巡邏、孟加拉騎兵押解義和團俘虜、中國的剃頭店鋪、日軍騎兵的衝鋒、北京城牆上的近戰、北京的城牆、清軍在松江、八國聯軍在北京逐家搜捕拳民、見證拳民的刀槍不入、保衛英國公使館、俄軍騎兵在總理衙門、白河上的舟橋、八國聯軍進入紫禁城、聯軍軍官們一起進餐、聯軍在北堂做禮拜、孟加拉騎兵在開往北京的路上、聯軍炸西山大白塔、聯軍在天壇慶祝阿爾馬戰役紀念日、英軍經水門進入北京內城、英軍占領哈達門、英軍攀登北京城牆、聯軍占領山海關、摧毀中國寺廟、中國旅店的炕、英軍在八大處偵察、運河上帶帆的雪橇、聯軍向保定府出發、英軍押解中國苦力在豐臺搶修鐵路、八國聯軍總司令瓦德西進入北京、英俄商討共修鐵路、英軍搶劫珍寶作為獻給女王的禮物、聯軍拍賣搶來的物品、中國的經輪、瓦德西視察英軍、中國官員要求跟德國公使面談、在天津府審判拳民、關在天津衙門裡的兩個女拳民、英軍從鄉村搶來的物品和地契、北京的萬國俱樂部、英俄在天津的衝突、英軍下令拆毀天津城牆、鐵路修到北京天壇、李鴻章的直隸衙門、北京街景、美軍登上北京城牆、聯軍在天津的墓地、蒙古親王攜獵鷹出獵、中國的一個花園招待會、巴夏禮、英軍挖出清軍埋藏的德國鋼炮、醇親王向德皇謝罪、《辛丑條約》的簽訂等等。應該特別指出的是，勳伯格具有相當深厚的繪畫功力，在他的現場速寫中有不少被製作成了畫幅很大的插圖。

綜上所述，威格曼、辛普森和勳伯格這三位《倫敦新聞畫報》特派中國的畫家兼記者從不同的角度對 19 世紀後半葉的中國做了詳實而相對客觀的目擊報導。他們的系列報導視角獨特，內容充實；不僅是珍貴的史料，也是非常吸引人的讀物。如果收集比較齊全的話，這三位特派畫家兼記者的報導文章和圖片均可獨立成卷，並組成一個具有連貫性的系列。其他三位特派畫家兼記者發回英國的文字報導和圖片則相對來說要少些：普萊斯應該是被派來報導中法戰爭的，但是他在中國停留的時間似乎較長，或者他曾數次來過中國。伍德維爾來中國主要是為了報導甲午戰爭，而普里爾在華的時間是 1899 年，即在 1898 年戊戌變法之後和 1900 年義和團運動爆發之前。

三

早在 2003 年發現《倫敦新聞畫報》的珍貴史料和藝術價值之後，我就曾下決心要把這個刊物中有關中國的報導都翻譯成中文出版。到 2004 年，我就已經翻譯出了數百篇相關報導，不過由於對中國歷史和人文地理知識的欠缺，當時的譯文仍不太成熟。簡而言之，我在翻譯威格曼關於第二次鴉片戰爭的戰地報導時遇到了一些難以踰越的障礙，例如他身為隨軍記者，詳細報導了英軍所參加的幾乎每一次戰役，可是廣州珠江上和江岸兩旁建有為數眾多的炮臺，而且珠江流域還有密如蛛網的支流。英國人將這些炮臺和珠江的支流都起了英文名字，所以很難將這些特殊的英語專有名詞準確地還原成中文。我一直在試圖尋找當時的英語或英漢雙語的廣州地圖，但是到目前為止，一直還沒有找到。

另外原本想要出版《倫敦新聞畫報》中國報導系列叢書的計畫也遲遲

沒有真正實現。

2008年，聽說有人已經編輯出版了《倫敦新聞畫報》的中國報導，我一度準備完全放棄這個翻譯和出版計畫。但後來看到《維多利亞時代的中國圖像》這本書之後，發現它只是收集整理了該刊物在19世紀中所發表有關中國的四百多幅圖片，並沒有譯出原來的文字報導，而且書中尚存有各種錯誤，所以我仍對最初的翻譯和出版計畫懷有希望。

由於《倫敦新聞畫報》是以用圖像來報導新聞為主要特色的，所以有些人過於看重該刊物的中國圖像，而輕視與圖像相輔相成的文字報導。然而圖文並茂是《倫敦新聞畫報》最重要的特徵，文字報導是對那些圖像的最佳解釋，如果沒有了相關的文字，不僅圖像的內涵意蘊黯然失色，而且還會造成誤讀。關於這一點我可以舉出很多的例子。

例如《倫敦新聞畫報》第19卷，第492號，1851年8月30日，269～270頁上有一篇關於維多利亞女王在奧斯本宮招待了剛從廣州抵英的一個中國士紳家庭的報導和一幅插圖。有人據此推斷，該文所提及的那個所謂的「鍾阿泰」就是唯一參加1851年首屆倫敦世博會，並以「榮記湖絲」獲得女王所頒金銀大獎的中國商人徐榮村。但這種觀點實際上難以成立，讀者如果有耐心讀完下面這段文字報導，就絕不會認同上述論斷：

上週一我們最殷勤好客的維多利亞女王陛下在奧斯本宮招待了一位剛從廣州來到英國的中國士紳鍾阿泰（Chung-Atai）及其兩個小腳妻妾、一個小姨子。這個中國家庭所獲得的殊榮便是上面這張插圖的主題。這是迄今所知享受到這一崇高特權的首個中國家庭。由於清政府嚴禁上流社會的婦女離開中國，所以這個中國家庭能夠克服根深蒂固的偏見，舉家離開天朝帝國，必定是下了極大的決心。這更彰顯了他們的冒險精神，並且使得這一事件變得非常耐人尋味。關於在奧斯本宮舉行的這次招待會，本報在上一期中有一篇詳細的專題報導。

因涉及纏小腳的士紳女眷們出洋，這個中國家庭在廣州經歷了當局設置的各種障礙和刁難，但最終還是把所有的難題都解決了。1851

年 2 月 20 日，他們在香港登上了開往倫敦的「皮爾女士號」船。雖然這一航程花費了很長時間，但他們看起來似乎非常自在和愉快。家庭成員都住在艉樓的船艙裡，相互間經常保持聯繫，這使得他們始終能相互依靠，由於他們具有安靜而隨和的性格，很享受家庭成員間的親情，所以他們成爲家庭幸福的完美典範。對於英國的許多家庭來說，他們提供了一個良好的榜樣。在離開中國之後，船停靠的第一個地方是蘇門答臘島。在那裡該船得到了水果和糧食儲備的補給。當船的甲板上出現了馬來人那陌生而粗獷的身影時，那些中國人簡直遏制不住自己的喜悅和驚奇。船停靠的第二個地方是聖凱倫拿島。由於在過去的幾個星期裡船上的淡水供應較爲緊缺，因此給旅客們造成了很多不便。所以當人們看到陸地時，喜悅之情溢於言表。該島的總督克拉科中校、他的副官及幾位女士和紳士一起來到了船上，爲能跟這個獨特的中國家庭面對面地進行交談而感到高興。

「皮爾女士號」最終於本月 10 號到達了格雷夫森德。這個中國家庭全都安全登岸，並且受到了英國朋友們的熱烈歡迎。後者已經在此等待了一段時間，中國人給他們帶來了自己的介紹信。

他們此行的目的之一是參觀在倫敦舉行的世界博覽會。上週六他們已經達成了這個心願。由於女眷們都纏小腳（她們的鞋底只有 1.5 平方英寸大）的這一令人無奈的特點，她們顯然不適合去擠世博會的人群。一個更爲妥善的辦法就是讓她們趁上午去爲殘疾人安排的專場參觀。所以他們便穿上了本國生產的漂亮刺繡綢緞衣服，坐在舒適的輪椅裡，被人抬著去水晶宮裡轉了一圈。他們對於自己所看到的每一件物品都感到非常喜悅和驚奇。他們也受到了世博會管理委員會一位執行董事的殷勤接待，後者全程陪伴他們在水晶宮裡參觀。這個中國家庭很高興地發現每一位參展者都很客氣，想讓他們盡可能地看完那裡所展出的各種產品樣本。尤其是在法國的展區，有好幾位參展者都對他們彬彬有禮，有的甚至把展品從展櫃裡拿出來，以便能讓他們看得更加仔細。

據稱這些可愛的中國人在倫敦這個大都市裡逗留一段時間之後，還想去訪問巴黎。

上文中有幾點值得注意：

1. 這位名叫「鍾阿泰」的中國人來自廣州，而徐榮村是道地的上海商人。
2. 倫敦世博會是於 1851 年 5 月 1 日開幕的，維多利亞女王還於 5 月 7 日參觀了這屆世博會的中國展廳；而鍾阿泰一家是 1851 年 2 月 20 日才離開香港，8 月 10 日才抵達英國的，身為參展商，他不應該姍姍來遲。
3. 報導中隻字未提徐榮村參展的「榮記湖絲」，雖然參觀世博會是鍾阿泰一家在倫敦的遊覽項目之一，但他們只是在「為殘疾人安排的專場」坐在轎椅裡，被人抬著在水晶宮裡匆匆轉了一圈，甚至都沒有時間去參觀中國展廳。假如是參展商，鍾阿泰本不該帶著三個行動不便的小腳女眷去英國，而且在倫敦參觀世博會時也至少應該關心一下自己的展品。僅根據以上這三點，我們便可以得出結論：鍾阿泰不可能是徐榮村。

另一個典型的例子就是「耆英號」平底帆船及其名義上的主人「廣東老爺希生」。2010 年上海承辦了中國首屆世博會，一位最近出土的歷史人物也在網路和主流媒體上迅速竄紅 —— 他就是被譽為「中國世博第一人」的所謂「廣東老爺希生」。後者在 1851 年倫敦首屆世博會開幕式上的亮相甚至令有的作者宣稱：「西方人對於中國的敬畏之情並沒有減少……希生的形象也充滿著自信和威嚴，說明當時的歐洲仍然把大清視為一個東方大國來對待。」

這無疑又是一種嚴重的誤讀。英國《倫敦新聞畫報》上有三篇報導及其插圖可以揭開「希生」這一神祕人物的背景。原來他跟清末一艘名為「耆英號」的大型中式平底帆船遠航英美密切相關。

在第一次鴉片戰爭期間，清朝水軍領教了英軍「船堅炮利」的厲害，於是便在戰後用經過改進的新式兵船逐步更換了在戰爭中被證明是操作笨拙、行駛遲緩的那些舊式兵船。英國方面自然千方百計想要了解這些新式兵船的祕密所在，所以有幾位英國人經過了各種艱難曲折，喬裝打扮混入了廣州城，買通了一位當地的四品官員，以後者的名義買下了一艘相當於最高等級新式兵船的平底帆船，並以迂迴的方式祕密運到了香港。因為大清律法嚴禁將中國船隻售予外國人和擅自出公海，違者問斬。英國人的最終目的是將這艘船運到倫敦東印度公司的碼頭進行拆解，以了解它的內部構造，並找出它的致命弱點。

「耆英號」的載重量在 700 噸至 800 噸之間，船體長 160 英尺，寬 33 英尺，船艙深度為 16 英尺。它是用最好的楠木建造的；其船板是靠楔子和榫頭來固定，而非用肋骨將它們釘在一起的。船上有三根用鐵木製成的桅杆，主桅杆是一根巨大的木柱，高達 90 英尺，木柱底部與甲板連接處的周長有 10 英尺。船上的帆用的是厚實的編席，用一根粗大的、籐條編織成的繩子來升降，主帆幾乎重達 9 噸。船上攜帶三個巨大的船錨，船舵重達 7 噸以上，可以由位於艉樓上的兩個軲轆隨時吊起來。該船兩側的船舷上各有十個方形的窗口，那是該船配置 20 門重型火炮的炮眼。相形之下，舊式兵船隻配置了 12 門火炮，而且從炮眼的形狀大小來判斷，後者所配置火炮的口徑要小得多。

1846 年 12 月 6 日上午，「耆英號」在歡送的禮炮中從香港出發，駛向公海。船上有 30 名中國人和 12 名英國人，還有名義上身為船主的那位前清四品官員。這位字號為「希生」的「廣東老爺」後來在 1851 年的倫敦世博會開幕式上被奉為上賓，並且在目前國內眾多介紹世博會歷史的文章和論著中被吹捧為中國形象的代表，但是從嚴格意義上來說，他只不過是一位為了個人的蠅頭小利而出賣國家重大機密的貪官和漢奸。

因忽視文字報導而造成誤讀圖像的第三個例子就是《維多利亞時代的中國圖像》一書的編者在介紹辛普森〈北京見聞〉（《倫敦新聞畫報》1973 年 3 月 22 日，264 頁）的前兩張速寫插圖時將置於北京孔廟院內的石鼓和國子監內所藏的十三經漢白玉碑林分別解釋為「北京寺院裡的鐫詩石」和「北京房山雲居寺所在的石經」；而辛普森在文字報導中其實已經明白無誤地說明石鼓位於北京孔廟（the Confucian Temple at Pekin），十三經碑林藏於國子監（the Hall of Classics）。而且他還特別說明，孔廟位於國子監的東面，兩個院子是相互毗鄰的。

清軍的舊式兵船在第一次鴉片戰爭中被證明操作笨拙，行駛遲緩

「耆英號」是一艘相當於最高等級的清軍水師新式兵船中的中式平底帆船

追根究底，忽視文字報導主要還是因為閱讀和翻譯《倫敦新聞畫報》中的中國報導對於一般人來說還具有相當的難度。只是英語基礎好，並不能保證可以正確地理解和翻譯這些文字報導。要做到這一點，還必須具有廣博的中國近現代歷史和人文地理知識。但是在現實生活中，往往英語基礎好的人，歷史和人文地理知識會缺乏；而專門研究歷史和人文地理的人，則往往英語程度有所欠缺。下面還是以2008年出版的《維多利亞時代的中國圖像》一書為例，來看一下比較常見的幾種誤讀和誤譯。

第一種情況是對於英語詞彙不同含義的理解不夠準確。有些英語單字可以分別用作名詞、動詞或形容詞，其意義會有所變化。即使是同一個名詞，也可以有很不相同的意思，尤其是在跟其他單字進行搭配的時候。在關於第二次鴉片戰爭的文字報導中，"military train" 這個詞組頻頻出現，在上述那本書裡它被分別譯作「軍事行動」（第137頁）、「軍訓」（第141頁）和「軍訓人員」（第152頁），但這些譯法都是不準確的。"train" 這個英語單字作為動詞的意思是「訓練」，作為名詞有「列車」、「行列」、「系列」等意思。但是在第二次鴉片戰爭的語境中，"military train" 這個詞組則是指「軍事輜重隊」，即由中國苦力所組成、專門負責給英軍運送彈藥和糧草等補給的半軍事化組織。

在該書第 233 頁，1863 年 2 月 7 日一篇報導的英語標題 "The Civil War in China: Expedition of Imperialists, headed by British Officers, to Fungwha" 被譯作「中國內戰：英國官員率領的帝國主義者遠征奉化」。這個標題讀起來似乎有點自相矛盾：既然是英國官員率領帝國主義者遠征奉化，那就應該是公然的侵略，怎麼還能說是內戰呢？原來譯者誤譯了原標題中的兩個單字："imperialists" 在這裡是指「清軍」；"officers" 不是指文職「官員」，而是指「軍官們」。原來在 19 世紀中期，清廷為了抵禦太平軍的進攻，專門組織了一支由外國軍官華爾指揮的漢人洋槍隊，又稱常勝軍。所以正確的譯法應該是「中國內戰：英國軍官們指揮的清軍遠征奉化」。

類似的錯誤還有第 142 頁的標題「廣州第二橋司令部」，這個標題中文文理不通。究其原因，是編者將原文標題中的 "brigade"（旅）誤拼成了 "bridge"（橋），所以正確的譯法應該是「廣州的英軍第二步兵旅司令部」；在第 296 頁中，"minister" 一詞被分別譯作「大臣」和「政府部長」、「部長」，但是正確的譯法應該是「公使」；第 328 頁上的 "torpedo" 被誤譯成「水雷」，實際上應為「魚雷」；第 331 頁上的英語標題 "On Board An Opium Hulk in Shanghai" 被誤譯為「在上海一條鴉片船甲板上」，而插圖所表現的畫面是船艙裡的情景，"On board" 是指「在船上」，而非「在甲板上」。

第二類誤譯跟中國近現代史知識有關。例如第 244 頁上的英語標題 "Entrance to Ching-wang's Palace, Soo-chow" 應譯為「蘇州勤王府大門」，而非「蘇州敬王府入口」；第 85 頁的英語標題 "Mr. Consul Parkes Bidding Adieu to the Old Co-hang Mandarins" 應譯為「英國領事巴夏禮先生向老行商們告別」，而非「英國領事派克斯先生會見老公行官員」；第 258 頁上的 "Sir Rutherford Alcock" 應譯為「阿禮國爵士」，而非「阿爾柯克爵士」。

第三類誤譯跟人文地理知識相關。例如北京城原來可以分為四個不同的城區：外城（Chinese City）、內城（Tartar City）、皇城（Imperial City）和紫禁城（Forbidden City）。所以第 212 頁上的「韃靼地區」應譯為「內城」；第 228 頁上的「帝國都城」應譯為「皇城」；第 263 頁上的 "Bride's Palace" 應譯為「公主府」，而非「皇后宮殿」；第 316 頁和第 335 頁上的「福州停泊地之塔」應譯為「福州羅星塔」；第 83 頁的「阿儂霍伊·虎門要塞」（the Anunghoy Bogue Forts）應譯為「虎門亞娘鞋島炮臺」；第 134 頁上的「北灣東」（North Wantong）應譯為「上橫檔炮臺」。

在過去十年的研究和翻譯《倫敦新聞畫報》中國報導的過程中，我曾經得到過許多人的幫助，有的人我還能夠記得起名字，但更多的人我並不知道或記不住他們的名字。

在此我一併向大家表示衷心的感謝！

1857

1857

THE ILLUSTRATED LONDON NEWS

去中國的路上：亞丁和馬爾地夫

(En Route for China: Aden and the Maldives)

1857
《倫敦新聞畫報》第 30 卷，第 863 號
1857 年 6 月 13 日，562 ～ 564 頁

（來自本報特派畫家兼記者的報導）

我是在晚上到達亞丁[1]的。說我們又重新回到阿拉伯人中間絕不會錯，夜空中迴盪著他們在給船裝煤時所唱的單調號子聲。在叫喊和交談上，他們遠甚於那些埃及的同胞。天亮以後，我們划小船上岸，騎著驢子去觀賞風景，登上了那些陡峭的巨大岩石 —— 因坐著步伐穩健的驢子而毫無所懼。剛剛轉過一個彎，以白色集市建築為主要特徵、後有清真寺、前有帳篷群的亞丁城驀然映入了我們的眼簾。英國皇家第 88 團正在那裡進行實彈演習，真是震耳欲聾。我們騎著毛驢，排成單列，魚貫地向前攀登，一直走到了旗杆的旁邊。我們的兩側都是深達 800 英尺的懸崖：一邊是大海，另一邊是亞丁，而山頂的小路寬度還不足 3 英尺。軍樂隊奏起了音樂，整個場面激動人心。然後我們下山進入了城市，急忙趕到郵局，又到達集市，並且看到了印刷機。更令人興奮的是，那裡還有一些綠色的灌木。然而水庫早已乾涸，因為已經兩年沒有下過雨了！整整一個月的時間，都是驕陽似火！天熱得夠嗆 —— 華氏 86 度。我們在威爾斯親王旅館吃了早飯，嘗試著說了幾句印度斯坦語，因為那裡的居民幾乎都是印度斯坦人。吃飽飯，又抽過了菸之後，我們看到了信號彈，於是便在黑人的叫喊聲中，動身回到我們的船上去。那些黑人個個都在聲嘶力竭地吆喝，為自己的船攬客。我們只有比他們叫得更響，才能設法回到船上。我們的中轉過程非常緩慢，本來這時候早就應該到達加勒角了。包令先生是船上的

1 亞丁（Aden）是葉門的首都，瀕臨亞丁灣，自古以來就是一個貿易的中心。—譯者注

旅客之一，我們成了好朋友。麥克弗森醫生在錫蘭離開了我們，他要前往印度。

THE BEACH AT ADEN : A RUSH FOR THE CANTONMENTS.

亞丁的海灘：趕往兵站的人們

我給你們寄上一幅關於亞丁海灘的真實速寫。你們很可能會認為我在畫這幅速寫時有所誇張，但我們船上有許多人的看法卻正好相反。在遠處是正在裝煤的「印度斯坦號」輪船；另行分散的還有一些靜坐在馬背上，或是縱馬飛奔的黑人。他們中有些出於愚蠢的自負，用石灰把頭髮染成了鮮紅的顏色。在遠處，你還可以看見一隊駱駝把不同的貨物運往位於內地 3 英里處的永久性英國兵站。在圖的前景中，有一個黑人小孩正在勸說兩個年輕人買他的珊瑚。當然他要了雙倍的價格，而且還要外加小費。在亞丁畫速寫的時候，旁邊有個人看我畫了一會兒之後，竟然以他給我帶來了快活為由向我索要小費。在右面有三個男子和一名女子正在往兵站運送例行的貨物，還有一些男僕跟在他們後面跑。有些印度斯坦人，其中一名拿著綠傘，剛從城裡回來，那裡也都住著印度斯坦人。我畫了一名警察和一名士兵。士兵們的打扮從頭到腳都是白色的，連帽子上都有個白布套。兩位女子，一個是阿拉伯人，一個是印度斯坦人，穿著她們各自的民族服裝。還有許多輕便快捷的牛車。大多數士官生都買了鴕鳥的羽毛，並把它們插在自己的帽子上。海裡的那塊巨大的岩石酷似獅子，上面還修築了工事。

亞丁的人物速寫（黑人、士兵、警察、印度斯坦女子、阿拉伯姑娘）

另一幅速寫畫的是熱帶地區一個下午的場景，在酷熱中占據了支配地位的當然是懶散。有些人在睡覺，其他人在抽菸，有些不那麼懶的人正在全神貫注地玩投擲鐵環的遊戲。它類似於那種擲環套樁的遊戲，就是把圓形的鐵環投擲到傾斜木板上畫的數字上。在明輪罩上，有一位穆斯林正在祈禱。在太陽快下山時，他準不會錯過祈禱。船長把背朝著羊欄。那些綿羊都模樣相同，黑臉長耳，半是脂肪、半是尾巴，耳朵低垂……我們最討厭的還是印度液體奶油，或叫提純奶油，黑人們就用它來烹調咖哩菜餚。

太陽下山之後，船上的業餘選手們開始玩各種遊戲，而我卻寧可去欣賞那顆燃燒的火球沉入烈焰騰騰的海洋，將滿天的雲彩染成了壯麗的晚霞。夕陽西下之際，在它的正對面升起了一個熱帶的月亮，安詳明亮，令人心曠神怡。繁星閃爍，南十字星座放射出美麗的光芒，但這個如此可愛的月亮就像地球上所有美的事物一樣危險。在月亮下面睡覺甚至要比在正午炙熱的日頭下睡覺更加危險，據說它會給人帶來各種意外的不幸，比如扭了脖子、瞎了雙眼、歪了嘴巴等等。聽！這是茶點開始的鈴聲。我們下到船艙裡去喝茶和咖啡，若要跳舞和唱歌就上甲板，若要打牌便待在船艙裡，消磨夜晚的光陰直至上格羅格酒的時刻。等到格羅格酒喝完之後，愛湊熱鬧的旅客便又回到了上甲板，在那裡盡情歌唱，直至深夜。有一天在馬爾地夫附近的海面上，我們遭遇了大雨，而現在每天晚上都有閃電和流星。儘管有蠍子之類的訪客前來參與，我們還是很快就回艙休息，並且一直睡到第二天早晨 6 點。客艙侍者會送來茶並叫醒我們。

熱帶印度洋上的一個下午

1857

THE ILLUSTRATED LONDON NEWS

前往中國的英國海軍艦隊

(British Gun-Boat Flotilla en Route for China)

1857

《倫敦新聞畫報》，第 30 卷，第 864 號
1857 年 6 月 20 日，601 ～ 602 頁

停泊在樸茨茅夫港的英國皇家海軍「震怒號」護衛艦和其他英國炮艦

前往中國的英國海軍艦隊到達馬德拉群島

THE ILLUSTRATED LONDON NEWS

去中國的路上：從錫蘭到香港

(En Route for China: From Ceylon to Hong Kong)

1857

《倫敦新聞畫報》第 31 卷，第 868 號
1857 年 7 月 11 日，27 ～ 29 頁

1857

香港，1857 年 5 月 12 日

我的上一封信寫自錫蘭。但因僅是鄰近觀望，我沒有寫任何關於這個國家的東西。我們於 11 日一大早就到達了。在最近看過貧瘠的國家以後，眼前綠油油的植被令人心曠神怡。我們享用了一頓真正熱帶的早餐 —— 鳳梨、香蕉，還有橙子。上岸時，我們沒有受到趕驢人的攻擊，卻有許多戴梳子、留長髮的人懇求我們買各種寶石。為自己購置了中國雨傘之後，我們就出發了，雇了一輛馬車，穿過椰子林和其他熱帶樹林。景色十分迷人：頭上是藍天，遠處是更加蔚藍的海洋，雪白耀眼的海浪衝擊紅色礁石、拍打沙灘。樣貌奇特、看上去惹人喜歡的當地人，他們的棚屋半遮半掩地藏在香蕉樹叢中，孩子們在椰子樹之間盪來盪去 —— 總之就像一個美夢。大路的每一個轉角都帶給我們新的美景，直到我們到達肉桂園。我們在這裡下車，吃過午餐，彈奏鋼琴，然後就走出去，駕著馬車回到旅社，在那裡吃了晚飯。溫度計顯示有 90 度，但幫我們扇蒲葵扇的人勇敢地履行著自己的職責，怡人的牛奶潘趣把時間消磨過去，直到傍晚的陰影警告我們該回到木屋裡去了。我們坐上了一條造型非常奇特的船 —— 僅僅是一截圓木，還有舷外浮標使船不至於傾覆 —— 然後爬上了「北京號」輪船。

6 天後我們到了檳榔嶼，這裡美麗的山丘覆蓋著常青樹和密林：小鎮本身就沉睡在棕櫚樹、椰子樹、芒果樹、大蕉樹，以及其他熱帶樹木的樹蔭裡。我們於下午 7 點登陸，在鎮裡轉了一圈。中國人居住區很有趣，商店很像法國店鋪，天朝人忙得如同螞蟻一樣。我們搭乘了一輛四輪大馬車駛向由蘆葦搭成、十分獨特的撞球室。這裡有一群惡棍般的英國商人水手和船長在遊樂、咒罵、橫行，就像英國人在海外常常做的那樣。霸道的英國人把他的手杖或棍棒打在可憐的阿拉伯人、埃及人和趕驢的夥計身上，不為別的，就為了顯示他比他們更強。

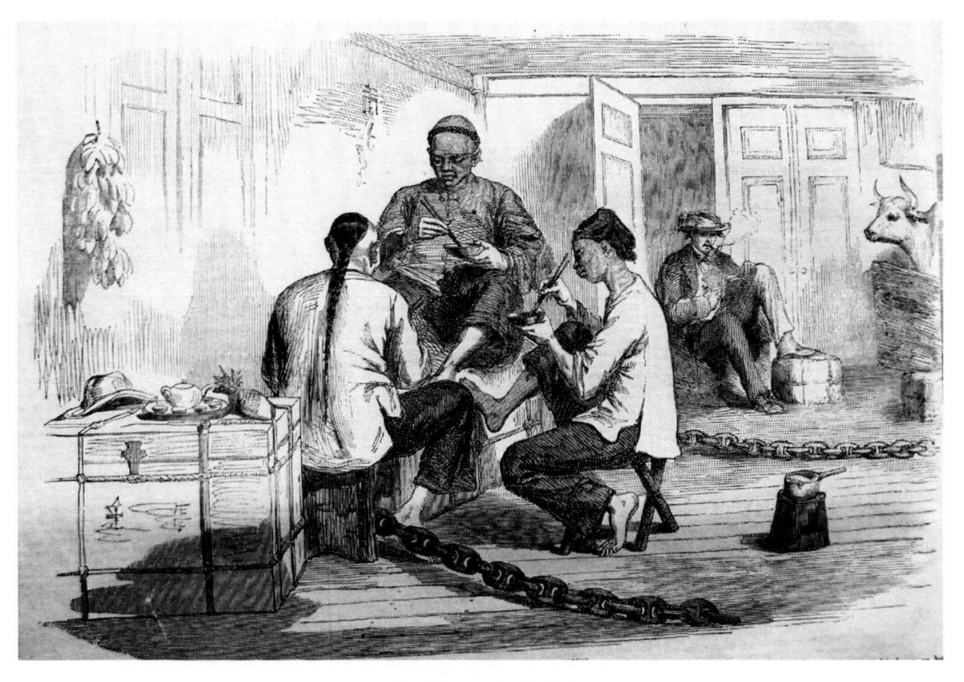

香港的中國人在吃飯

我們離開檳榔嶼：海水發出閃閃粼光，美極了。三天後我們到了新加坡：已經是晚上了。我們駕車穿過肉荳蔻種植園；空氣中可以聞見各種氣味。我們造訪了一位紳士，坐在走廊下，觀看明亮的閃電。房間裡蝙蝠飛舞，蜥蜴在屋頂上爬，蟋蟀和蟬發出的噪聲十分響亮。我們回到旅社，在那裡發現了一群比在檳榔嶼的英國人更粗暴的人在玩保齡球和九柱戲。我們在蚊子形成的幕布下上床睡覺，第二天早上在棚子一般的露天餐廳裡用了早餐。我們走出去，遇到了成群的中國人，真是熱極了。我們又躲進了撞球室，但那裡太熱了，「沒法玩，」就像中國人所說的那樣，「太熱了。」

1857

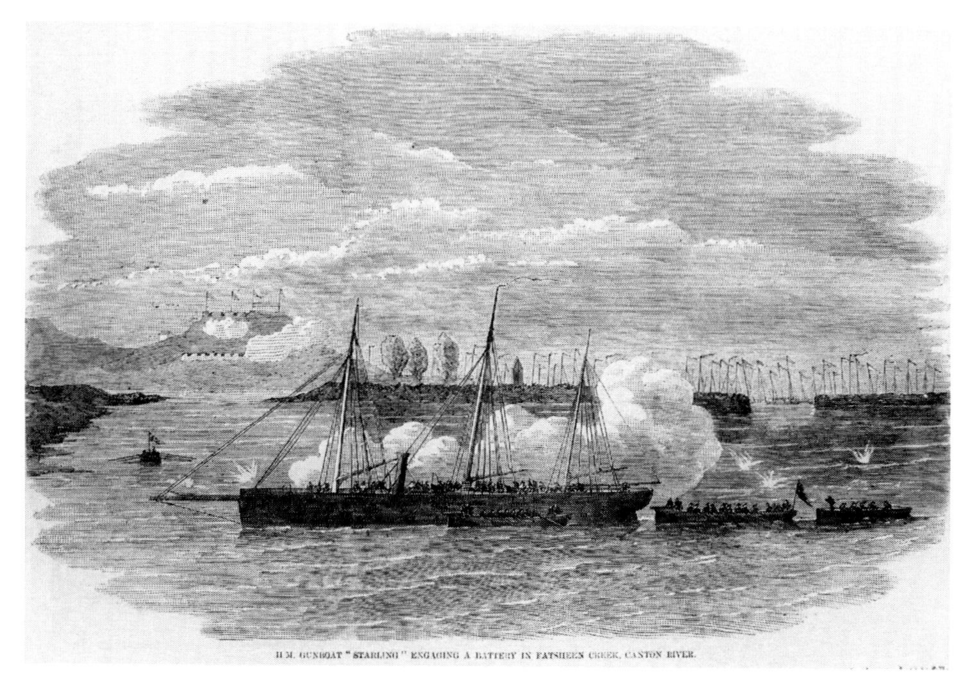

英國皇家海軍炮艦「歐椋鳥號」在珠江佛山水道上與敵交戰

看完整個新加坡，我們又回到了旅社。離開這個島，我們坐了幾天輪船，天氣一直很熱，直到到達香港的兩天前才突然間變成涼爽的陰天。4月29日，可以看見天朝的海岸線了，天灰濛蒙的，很冷，風颳得猛。我們在早上到達香港，這個地方看起來極小。許多舢板掉轉方向，一些軍官上船來見第59旅司令格雷厄姆上校。我划船上岸，驚奇地發現香港比我想像中的大多了。房子是英國風與其他的什麼風格相混合的式樣，帶有陽臺。皇后大道很寬，路邊開滿商店。海港被群山圍著，山頂在天氣不好時總是消失在雲層中。對面是中國大陸。海邊的九龍小村莊很漂亮，但人們認為去那裡不太安全。

從「北京號」輪船上卸鴉片

跟隨「北京號」輪船上的詹姆斯醫生走遍了小鎮後，我們回到船上用晚餐。從船上看香港的夜景很美，日落時有划舢板的中國人在「請神」，即用敲鑼打鼓放鞭炮的方式向神表示敬意。晚上，城鎮裡燈光爬上山坡的效果令人十分好奇。第二天下雨，天氣陰沉，溫度下降了 5 度。狹窄的中國街道昏暗、煙霧瀰漫，苦力們戴著他們巨大的錐形斗笠，是很獨特的一群人。同其他東方人的冷淡比起來，天朝人的活動令人振奮。他們的店鋪看上去很像歐洲的，畫家很多，他們從銀版照相上臨摹下來的微型人像畫得極好，你可以得到當地人關於任何東西的畫，和在巴黎的一樣好。

前幾天我們乘坐吉布先生的「輕步兵號」快艇，跟格雷先生和亞當·斯科特先生去了一趟廣州。我們隨身攜帶兩把左輪手槍和一支步槍，以防萬一。鄉下的中國人像法國人一樣彬彬有禮。我們走到任何地方都受到小男孩的禮遇（"chin-chin" 的意思是你好、謝謝等各種問候）。植被真是美極了。格雷先生戴著一頂很大的木髓製的帽子，留著漂亮的鬍鬚，穿著藍色外套，繫著皮帶，皮帶上掛著他的左輪手槍。亞當·斯科特先生戴著草帽，穿著白色法蘭絨衣服、白色褲子，帶著極重的獵鞭。他們恭謙的僕人則帶著一把巨大的中國傘，圍著紅色腰帶，上面佩有左輪手槍。我們翻山越嶺，長途跋涉後登上那艘美麗的遊艇，駛往赤柱，那裡駐著一些馬德拉斯步兵，一些軍官身著克里米亞常服前來把我們帶到涼爽宜人的軍營。迄今為止，我們認為中國人是糟糕的民族，就像大多數英國人認為的那樣（那些像亞當·斯科特先生一樣了解他們的除外）。我們一直在鄉村周圍，只遭遇到來自當地人的注意和想要取悅我們的願望。船駛過一些美景時我們平靜下來，沒有一絲風，我的朋友擔心會不會遇到海盜，於是左輪手槍上了膛，我們隨著潮水漂盪。我下去睡覺了，醒來後又回到了甲板上。那兩個英國人在月光下睡熟了，船上的中國人中 8 至 10 個人朝各個方向蹲坐著。景緻美極了，我划著平底船，沒有一絲風。已經 12 點多了，我打著瞌睡，就在這時突然被跳起來拔出手槍的一位紳士驚醒了。有一隻漁船跟在我們後面划著槳，我們叫苦力告訴他們，如果他們再不停下來的話我們就要開槍了。他們沒有停，我們瞄準了，但由於他們再次被警告時便停了下來，並沒有更多的事情發生。凌晨 2 點我們到達香港。城鎮裡只剩下持槍的警察。我回到船上睡覺。第二天我到香港島另一邊的一個村子裡去看戲。我們帶了一把左輪手槍、一柄橡木棍和錘子，足夠的餅和麥酒。我們好脾氣的苦力們精力充沛地拖著，買辦跟著我們。到了村子後，鋪著竹子、蓋著傘干頂棡樹葉的大臺子很快搭好了。我們穿過天朝人群，在他們中間坐下。他們非常高興。表演十分生動，就像洋涇浜英語裡所說的那樣："Plenty Mandarins, and some piecy wifo; allsame that Frenchy sing-son, you Sare? Number oneally plopper."（有很多官員，還有些漂亮的夫人，你知道嗎？跟法國歌裡唱得一模一樣，棒極了。）官員的背上都插著真正的旗子，士兵們身著深藍色戲服，圍著腰帶（同樣是真的）、戴著竹笠。表演精彩極了，像法國的歌舞雜耍。每一幕的名字都貼在戲臺兩側整潔的框裡。樂隊也不錯。觀眾甚至比法國的表現得更好：沒有一點聲音，除非有什麼滑稽的事出現，才會全場大笑。我從未見過如此好脾氣的觀眾。離開時，我感到極其滿意。

上了輪船，我們碰到了一位極有紳士風度的中國人，他是頭等艙的乘客。他坐在桌前，使用刀叉，如同紳士一般飲雪利酒，吃東西 —— 事實上，他「確實是一位紳士」。但沒有任何乘客注意到他 —— 而他的待遇比狗還不如。為什麼呢？因為他是中國人 —— 因為我們在廣州跟當地人打了一仗。

除少數人外，香港居民就像亞歷山大港居民一樣，十分勢利，只認錢，或更認衣服。我在「北京號」上感受到了最大的友善和親切。我會一直記住在甲板上度過的那些愉快的夜晚。

我在一艘鴉片船上享受了最好的艙位。

在插圖中我畫出了正在辛勤卸下大包鴉片的苦力。左邊戴著木髓帽子的軍官正在記下貨物的數量，印度兵正把數字記在石板上 —— 東印度公司的水手想要確保「一切都正確無誤」。輪船開走後，鴉片便被裝小包運走。貨物上所署的船名為「威廉要塞號」。在另一張插圖中，中國人正在吃 "chow-chow" —— 這是一種用筷子吃的食物。「北京號」上有這樣的乘客。他們的小烹調鍋在右側，茶具在左側，香蕉掛在牆上，鳳梨作為甜點。

THE ILLUSTRATED LONDON NEWS

中國速寫：香港
(Sketches from China: Hong Kong)

1857

《倫敦新聞畫報》第 31 卷，第 869 號
1857 年 7 月 18 日，73 ～ 74 頁

1857

香港，1857年5月24日

（本報特派畫家兼記者報導）

因為明亮晴朗的天空、香檳酒宴和觥籌交錯的午宴等振奮人心的因素，你們在天朝的通訊員會認為飽受中傷誹謗的香港是世界上最令人愉快的地方，以及天朝人是友善而禮貌的，也就不足為怪了。至於中國新聞——我們看見英國報紙上寫著阿龍和四個同謀已被處決！當眾所周知這裡的人喜歡透過無中生有和誇大事實來自娛自樂時，你還能指望什麼？就在昨晚，一位朋友告訴我們，所有的軍艦都開到珠江上游去了——「一位紳士看見它們去的」。之前我們聽說它們不打算去，最後，有一艘船確實是去了！如果道聽途說在這裡已經發展到這個地步，就難怪我們在英國有如此製造娛樂的智慧了。

CHINESE SAMPANS IN THE HARBOUR OF HONG-KONG.

香港港口裡的中國舢板

在中國畫速寫

可憐的阿龍平安無事，他的「處決」也純屬虛構。他並沒有投毒，同一般的中國人（他們所受痛苦與我們一樣）一樣無辜。中傷一個國家、誹謗一個民族，而你對這個國家和民族的了解甚至不如對月球上的居民，這種做法實在是太糟了。居住在這裡的英國人從不與當地人接觸，他們對當地人又能知道些什麼呢？他們把最誠實的生意人與海盜、清朝官員劃為一類人。因為某些人的過錯，所有的人都受到謾罵和不公正的判斷。不，我們要對付的不是中國人，我們必須追擊並捉拿的是清朝官員，他們才是所有惡劣行徑的根源。清朝官員在麵包中下毒，「薊號」事件也是清朝官員製造的。他們阻止我們進入廣州城。中國人民對外國人並不排斥。這些我都是從在中國住了 10 到 12 年的英國人那裡得知的，他們與內地和沿海的居民都有廣泛交往，且說法不帶有偏見。事實上，他們是最有發言權去描述當地人的，而他們就是從著火的廣州十三行逃出來的紳士，本應極其痛恨中國人，但他們說中國人並非是一個好戰的民族，而是一個本質上熱衷於商業的民族。走遍天涯海角，要找到像他們那樣勤勉的民族真是太難了。

THE ILLUSTRATED LONDON NEWS

中國速寫：香港群像

(Sketches from China: Portraits of Different People)

1857
《倫敦新聞畫報》第 31 卷，第 870 號
1857 年 7 月 25 日，88 ～ 89 頁

我們在本週的畫報上刊登了本報特派畫家兼記者的四幅速寫，他的信也隨這些畫作一同到達，在上一期畫報上已有所摘引。在描繪這些有代表性的群像之前，讓我們先來看一下特派記者的附言：

我發現中國人非常聰明，他們有驚人的天賦，和我以前聽說的完全不同。我和他們相處得很好。孩子們長著你所能想像的最明亮的眼睛，非但不醜陋，還可稱得上是最賞心悅目的小傢伙。他們的衣著比我們的青少年要超前很多，經常穿一件白色絲綢（或其他布料）的寬鬆上衣，夏天的時候也不穿襯衣，裸露著脖子，他們還穿寬鬆的褲子，在膝部用一條綢帶綁著，遮蓋著長襪子。長襪向下伸到整個鞋中。長襪擋住蟲子，不讓它們爬到人的腿上。這種鞋並不會損害穀物，也不是皮質的，因此不會太熱。寬鬆的褲子會令人大喜過望，因爲它非常涼爽。他們的頭剃得很整潔，精心編成的辮子也非常整齊。在這裡的所有人都普遍承認這種服裝的優點。苦力們穿的更加寬鬆，他們只穿上衣和褲子。

有一件事情我不能不講述，那就是英軍捕獲中國平底帆船，並把它們交給清朝官員。許多起義者已經被迫逃到海上，並且裝備了大量的船隊。眾所周知，大清帝國並沒有正規的水師艦隊，而這些起義者

必須生存，因此他們對所有的船隻進行敲詐。只要對方付款，他們可以提供護衛，保護對方去任何地方，以防止海盜劫掠。許多沿海鄉村沒有任何辦法護衛自己的船隻，也沒有辦法能夠防止海盜的侵襲。他們會向起義者的船隊支付大量傭金，以此來保障自己居所的安全，甚至能夠襲擊海盜。這些船隊都是在香港或者澳門進行裝備的，英軍對於這些不幸的起義者的船隊會不分青紅皂白地進行襲擊、毀壞、焚燒，並把它們交給清朝官員。前幾天又有一艘船被捕獲，那個船長留著長髮，戴著起義者的紅色頭巾和飾帶。

香港的中國姑娘

我給你發了一張中國女孩的素描群像。坐著的那個女孩穿著淺藍色絲織罩袍，很厚而且有許多摺痕，就像我們在古畫中看到的僵硬的錦緞那樣。她穿著好幾層褲子，外面的是黑色的，頭上圍著一條絲巾，沒有打結，僅是像你看到的那樣圍在那裡。這種絲巾一般都是藍色或粉色格子的，她還穿著一雙厚底的鞋子，出門時再撐上一把傘就構成了她的全部行頭。在室內時，她們會脫掉外面的罩袍，換上一件像她身後的女孩穿的那種衣服，這種衣服可以是白色或者藍色，甚至是黑色的，但是白色的看上去最漂亮。她總是戴著耳環，一個是藍寶石的，另一個是金的，她還戴著藍寶石的手鐲。

1857

CHINESE GIRLS.—SKETCHED AT HONG-KONG.

香港的中國姑娘

CHINESE BARBER.

中國的剃頭匠

1857

中國的剃頭匠

一個苦力在去幹活的路上，坐在路邊剃頭匠的攤位上剃頭。他的腳邊放著他用竹篾編的斗笠，那種斗笠非常實用，既可以遮雨又可以遮陽，有的斗笠裡面還有一些繩子，上面繫著煙桿。正如您在畫中看到的，他們在走路的同時也在曬魚乾。有時你會看到一個竹篾斗笠上面蓋滿了魚。他的斗笠旁邊是一根扁擔，苦力無論走到哪裡都會帶著他的扁擔。苦力總是坐在剃頭匠的工具箱上，箱子裡面裝著剃刀、肥皂等，邊上還有一個盛水的器皿，與其相連的棍子頂端有一個獅子雕像。在圖中首先給人們留下深刻印象的就是那兩位剃頭匠。另一個顧客的辮子已經被解開，第二位剃頭匠正在給他梳頭。旁邊還有一個苦力扛著竹槓在觀看，他帶著完全真實的苦力的表情 —— 張著嘴，露出牙齒。那棵樹是印度榕樹，樹幹很粗，葉子卻很小。

英軍印度士兵在香港做飯

在這個簡陋的食堂裡，人們用竹蓆作爲隔板把英軍印度士兵中的印度教徒和穆斯林分開，因爲這些人不能在一起吃飯。而隨和的中國人就沒有這種荒謬的思想。

第 59 步兵團的印度馬德拉斯邦士兵

我給您發了一些關於英軍第 59 步兵團的素描，這些素描都是在格雷厄姆上校的監督下完成的，因此你可以相信它們的眞實性。它們從最易觀察的角度展示了士兵們的風采。這是唯一允許士兵戴太陽帽的地方，可以讓他們穿白色衣服的地方也非常有限。格雷厄姆上校關於士兵穿著的看法堪稱所有指揮官的典範，即讓士兵們穿得越舒服越好。

SEPOYS COOKING.—SKETCHED AT HONG-KONG.

英軍印度籍士兵在香港做飯

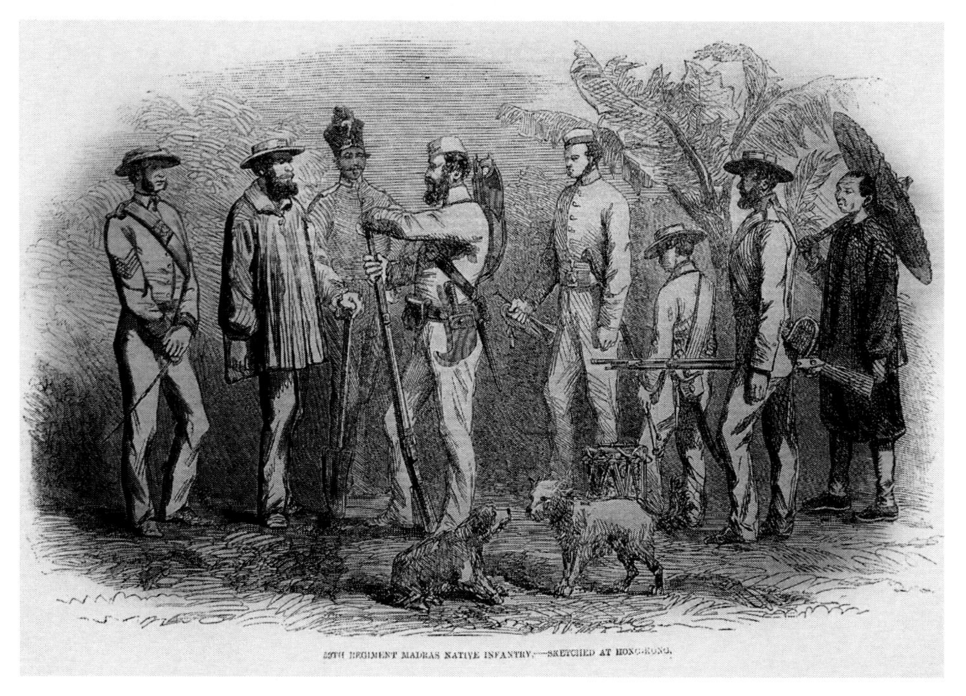

59TH REGIMENT MADRAS NATIVE INFANTRY.—SKETCHED AT HONG-KONG.

英軍第 59 步兵團的士兵裝束

1857

我們為特派記者的紀錄附了一張非常有趣的圖片，它來自福鈞先生最近出版的《居住在中國人的中間》一書，其中描繪了一段運河上繁忙的景象以及一種宗教性的朝拜行為：

> 每一條船上都擠滿了朝拜的人們，最明顯的是一些女人，她們都穿著節日的盛裝。破曉時分，這種景象更加清晰。現在，爲了讓乘客們上岸，每條小船都離運河岸很近。我很同情那些女士。可憐的人們！她們挪動著纏過的小腳，很困難地走過運河岸和小船之間的窄木板。幸好船夫和其他人都很殷勤地盡其所能給予幫助，大多數女性都成功地到達碼頭上，沒有出什麼事故。運河兩岸有大量成列的轎子和轎夫，焦急地等待著僱主。如果一個看起來有錢的人沒有乘坐這種交通工具，那肯定不是轎子主人的問題，因爲他們總是出價很急切。事實上，就我觀察到的許多例子而言，許多情況下那些朝拜者還沒有準備好、還在猶豫不定時，就已經在轎子裡被抬起來了。這種轎子製作得相當輕便簡單。只用兩根竹竿組成，中間橫綁著一塊較小的木板，人就坐在這木板上，前面略低的地方綁著另一塊板，乘客把腳搭在那裡。一般女士們或者孩子們乘坐時，轎子會非常輕。我發現有時竹竿上會綁著兩三個這種座位，而兩個很健壯的苦力仍能很輕鬆地抬著這些乘客。
>
> 我的早茶是在周圍全是這種「草」的地方喝的，旁邊的山上是星星點點的茶園。之後，我就加入了這個混雜的行列，和他們一起到了阿育王廟。當我走到運河盡頭的小村外，爬上了不遠處一個稍高的小山丘時，我看到通向小廟的那條山路上的長長的隊伍。這種景象既古怪又奇特。無論我向前看還是向後看，都能看到各種年紀的男男女女，他們走向那個無名神靈的祭壇去敬拜。他們離開了自己居住的村莊，一般都按家庭或者同行的隊伍分成不同的群體。這些群體大多都有一兩個僕從，僕從們帶著供他們恢復體力的食物和一把雨傘。無論年齡大小，所有的女士（沒有坐轎的）都拿著一根長棍走路。一方面可以

防止她們絆倒，另一方面也可以使她們順著路往前走。她們大多穿著各種顏色鮮豔的絲質、綢緞或縐紗的衣服，其中藍色似乎是最主要也是最受歡迎的顏色。我一路向前走，超過路上一群又一群人。那些女士似乎是出於禮節需要，都顯得非常靦腆矜持，她們不說也不笑。有時會有半老的女士好心屈尊回答我的問題，但這種情況非常罕見。

在鄉下，男人們很喜歡講閒話，女士們也是如此。只有在我超過她們加入到另一群人離她們稍遠的時候，才能經常清晰地聽到一陣銀鈴般的笑聲。笑聲來自一位美麗的女士，但一分鐘之前，她還顯得矜持端莊，似乎一生中也不會有這種輕佻的舉動。

很快我們把目光從當地人的小山丘上轉移到另一派毫不遜色的自然美景上。我的身後是一個巨大而豐饒的山谷，我在夜裡經過的那個也是這樣。它的四面八方都與通航的運河相交，山谷裡到處都是勤勞而快樂的人們。現在是「美麗的五月天」，這個山谷被濃翠的稻穀密密地遮蓋著，青蔥可愛。隨處可見人力或畜力的水車，從周圍交叉的運河水引出一道道水流注入稻田中。山腳下有許多茶園，我就站在它們附近。雖然有一些星星點點的刺柏叢以及顏色更深些的松樹，茶樹構成了整幅山景的還是茶樹。在這裡明朝的古墓隨處可見，只是它們一般都已經破敗不堪。而且，這裡也沒有了那些巨石雕成的人或者動物 —— 它們曾構成了古代陵寢的標誌。很長時間以來中國古代統治者們最後的居所都已無跡可尋。人類的偉力不過如此！山上再高一點的地方已經開墾出來，這裡將種植夏天的作物，即蕃薯和玉米。它們之後又是長滿草和矮灌木叢的荒地，看起來好像中國工業永遠不會超過種植業。無論是上面還是下面，路邊、樹籬，以及任何一處沒有耕耘過的地方，都開滿了繁盛的野花。樹籬上最後的春花還沒有枯萎，連翹還仍然掛在樹叢中，各種野薔薇、繡線菊、鐵線蓮還有紫藤已經迫不及待地開了花。再高的地方，許多黃色和白色的花、將山坡描繪得很鮮豔。黃色的是美麗的山杜鵑，它們比我們在歐洲或展覽中見到的顏色都要鮮豔得多，花朵也更大；白色的是小小的棣棠花。山上還有許多其他顏色的杜鵑花開在其中，或者分散在周圍，都非常漂亮。現在時間還早，太陽剛剛爬到東邊的山頂，小露珠在花朵和葉子上閃閃發光。雲雀等音色優美的歌唱家的口中流瀉出婉轉甜美的歌聲。我欣喜地看著眼前展開的這幅優美的景象，心裡想，大自然現在已經是這樣美，那麼它在人類墮落之前，在人類依然聖潔的時候，會是什麼樣子的呢？

在下一頁，福鈞先生為我們描繪了中國野餐的奇特景象：

天氣很熱，我看到眼前有一片長著竹子和松樹的林子，可以遮擋太陽強烈的光線。在這裡我又和敬神的人群待在一起，他們正在樹蔭下野餐，都拿出了自己的食品，看起來都是精心準備過的。雖多次受邀加入他們，分享他們的家常食品，但都被我婉拒了。希望我的拒絕方式和我得到的邀請同樣禮貌。由於長途跋涉，許多人看起來都很疲憊，而且腳很痛，但所有人似乎都快樂滿足，整整一天我也沒有看到任何一例醉酒或其他任何異樣。中華民族是一個冷靜安寧的種群，雖然他們在騷亂的時候會出現異乎尋常的吵鬧，但是鮮有鬥毆行爲。在農村地區，喝醉酒的事情極少，甚至在人口稠密的城市也很罕見。在這些方面，秩序落後的中國完全可以和同等級的英國人，甚至印度人相比。

當太陽稍偏西時，光線已經不像之前那樣強烈，我離開那座廟，向山裡走去。不久，我努力描繪的那幅神靈崇拜的紛繁景象就被排除在我的視野之外了。我一直向前走，偶爾會意外地走進一個寧靜偏僻的山谷，那裡有勤勞的人們正在忙著田裡的農活；或者走到一個山坡上，看當地人正在採摘最早一批茶葉。這裡沒有明顯的貧困，當然也沒有壓迫。勞動者很強壯、健康，心甘情願地在勞作，而且他們無拘無束，認爲「值得被僱傭」。這裡也沒有在印度或者其他東方國家中能夠看到的那種懶惰或者諂媚之輩。

這些評論，與我們的畫家對中國人的印象一致。

香港

我們的畫家在上週的信中提到的那位《時代》的通訊記者，已經到達了香港，下面是他對那裡的第一印象：

我們面前出現了一條低矮的不規則丘陵線，它幾乎和大陸上略高的山脈混雜在一起，顯得貧瘠而破碎。浮雲在山峰間輕輕掠過，大而微暗的太陽沉落在山後，周圍籠罩著一抹薄薄的霧氣。一個熱情的蘇格蘭人說它很像西歐的島嶼，只是沒有歐洲土地肥沃。隨著漸漸消退的暮色，霧氣越來越重，所有人都不禁要問：「我們奔波一萬公里，要看的就是這些嗎？」天色暗了，我們的船改變了路線，繼續向前滑動。我們注意到了許多輪船的燈光以及遠處岸上的光線，很像我們在夜裡坐火車穿過巴斯時看到的景象。然後就聽到有聲音說「站到一邊，船要拋錨了」，我們到達了香港。

這個島上到處都是漂亮的房子，但是已經無力爲越來越多的人提供住處。許多廣州的逃亡者再加上其他原因，使這裡顯得很擁擠。今天上午，我在一位朋友家的陽臺上度過。我們一直認爲，應該按歐洲人的思路來規劃維多利亞城，而且我們設想要使它的風光令蘇格蘭的洛蒙德湖和朗河相形見絀。我們要發揮聰明才智和想像力，建造一座漂亮的不夜城，在水邊和山上都建上臨風的小屋。我們要讓湖中停泊著各國輪船，讓東方的陽光傾灑到所有的山上。海港中停泊著由 64 艘歐洲商船組成的艦隊，其中 10 艘是輪船。美國佬和荷蘭人的國旗與英國國旗一起在空中飄揚。還有一艘帶著三排炮的加爾各答的船，上面飄著旗艦的旗幟。在這艘巨輪的比照下，那些魯莽的小炮艦縮小成了一個斑點。我們毫不關注「敵岸」的中國，雖然橫跨過去就是敵人的領土 —— 它的石山好像是從最後一排船舶的後面升起的。海峽中間矗立著一圈像火山口一樣的淺礁石，它灌入了藍色的海水，並在中間空洞裡形成漩渦，如果不是這圈礁石，石山可能顯得還要靠近些。

如果和當地一位商人一起進餐，你會發現當你們在門外作別時，會有一個荷槍實彈的馬來士兵在門廳處擔任警戒。他還會跟你解釋房子的設計，所有伺候吃飯的長辮子當地人都會跟歐洲人的臥室隔離。如果你的主人陪你在住所周圍走幾步，他會謹慎地按著自己的左輪手槍，並且如果當時已是9點，而且走了十步都沒有遇到一個武裝的巡警上前盤問的話，他會感到心神不寧。

THE ILLUSTRATED LONDON NEWS

佛山水道之戰

(The Battle of Fatsham Creek)

1857

《倫敦新聞畫報》第31卷，第872號
1857年8月8日，129～130、136～137頁

本報第146頁是詳述這次英勇戰鬥的官方通訊，感謝《泰晤士報》駐香港的特派記者，提供了本頁印刷的插圖，下面所引對這次戰鬥的描述也來自他的詳細紀錄：

離佛山水道的河口2英里處，有一個地勢低矮的較長的島嶼，叫做風信子島。對面左岸有一座陡峭的山峰，山的後面，這條支流在更上游的地方，又分成兩條小支流，分別向左右流去。這些地貌特徵勾畫出了我們的戰場。從泰晤士河邊的特威克納姆眺望附近的星襪山，你所看到的左右兩條支流跟佛山水道的景象非常相似。海軍部製作的地圖還算不錯，但兩條支流的位置不太準確，小島與相交叉的兩條河流之間的距離也太大。

英軍攻擊珠江上的清軍水師

這是我們交火的戰場。在這座小山上修築了一個要塞，那裡放置了 19 門火炮。沿著兩條河流以及橫跨過小島上游的水道停泊著 72 艘中式兵船，它們巨大船尾上設置的火炮是爲了控制小島兩邊的河道。要塞的對岸建了一個有 6 門火炮的炮臺，那 70 艘兵船的炮火能橫掃小島兩邊狹窄的水道。要塞和炮臺的炮火也會在兩岸投入戰鬥。這就是英軍要進攻的目標。

在此期間，「烏木號」炮艦一直沿珠江和佛山水道前進，天漸漸地亮了起來。它無疑進入了清軍的炮火射程之內，山頂的要塞已經全力向這個穩步推進的目標開火。開始是一般的齊射，接著就是一輪又一輪急促的連續轟擊。然後，對面岸上的炮臺也開火了，炮彈的呼嘯聲顯得出奇的近，有時浪花會飛濺到甲板上。幸好，清軍無法使用他們最喜歡採用的跳彈，因爲他們的火炮在高高的山上，而且在 900 碼距離之外移動的小輪船是一個很小的目標，不易被擊中。炮彈離我們很近，就在我們周圍，但是我們並沒有被擊中。

我們到達了風信子島，並沿著左側水道逆流而上，正對著要塞駛去。

但此時凱佩爾卻認爲他已經受夠了，現在必須執行海軍艦隊司令的命令。他來到有信號旗的「香港號」炮艦的明輪外殼處，迅速地用目測的方式測出了水深，並且插入到了「烏木號」與堤岸之間。在那裡他簡直就像是一個正在享受美好時光的人。他的藍色褲腿捲到了俄式長筒靴的上面，頭戴白色水手帽，瘦小而充滿活力的身軀，與生俱來的爽朗笑聲 —— 眼前這位極爲低調的男人隨時準備投身於槍林彈雨之中，而在他身邊是隨時準備跟他發起衝鋒的人們。

遊戲很快就結束了。首先是一陣炮火的轟擊和爆炸聲。一道白色的煙柱升往高空，頂部擴散開，就像一根多利斯圓柱。經過了一陣炮擊之後，炮聲停息了下來，炮火的濃煙也散去了，所有槳划艇的乘員都奔波於兵船之間，後者形成了兩列縱隊，幾乎望不到頭 —— 它們有的剛剛被點燃，有的已經在熊熊燃燒，但所有的船都已擱淺和被遺棄。水兵們從一艘船上解救出一位老人和一個孩子，他們本來被捆在一門火炮上，留下來讓火燒死。在另一條船上，也有一個女人和孩子被用竹繩捆在一門發射 32 磅炮彈的火炮上。還有其他許多船水兵無法進入，上面也有可能藏有一些受害者。

我們俯瞰著那些橫跨在佛山水道上的兵船，並且眺望那蜿蜒而去的河道在遠處以直角的形式向左彎去。我們視線所及右邊河道上的兵船距離都比較遠。但是那裡的戰鬥幾乎是在同時結束的。左右兩條河道裡的這些覆蓋了很大一片水域的兵船最終都被我們擊沉或被大火燒毀。我們現在也有閒暇來弄清它們的數目 —— 總共有 72 艘船。

額爾金勛爵到達新加坡

英國派往中國的特命全權公使額爾金勛爵於6月3日乘坐大英輪船公司的「新加坡號」客輪到達了新加坡。在英國皇家海軍的「香農號」軍艦到來之前，勛爵會在這裡逗留。之後，他將搭乘「香農號」前往中國。

勛爵在政府大廈舉行了一次招待會，許多歐洲人和當地居民出席了這次招待會。

在勛爵發表正式的演說之前，當地商會副會長帕特森先生向勛爵致了歡迎辭。

6月9日，一個中國商人代表團專門拜會了額爾金勛爵，並且發表了演說。關於這次演說的內容，一位記者在新加坡寫了一篇專題報導，時間是1957年6月17日：

> 額爾金使團在新加坡訪問過程中最有趣的一件事情，也許就是接見了一個居住在這裡的中國商人代表團，並且聆聽了他們的演說。在此前的一兩天，他曾經舉辦了一個招待會，出席招待會的是來自各個國家的在新加坡當地的頭面人物。勛爵的答謝辭中有一段話似乎是專門針對那些中國商人的。華人是新加坡社會一個非常重要的組成部分，他們的總人數達七八萬，並且包括了本地一些最富有的商人和所有的工匠及商鋪店主。因此他們想要作爲一個單獨的群體，來表達在這種場合下的情感是正常的，也是合理的。於是，在總督布隆戴爾先生的引薦下，一個中國商人代表團在政府大廈專門拜會了額爾金，由發言人用中文宣讀了他們的致辭，同時也上交了一份致辭的英譯稿。額爾金勛爵隨即用英語答謝，由於他們很少有人會英語，布隆戴爾總督的馬來語譯員隨後進行了翻譯。中國代表團的發言人名叫金生，是一位富有的中國老紳士的兒子，精通英文。他曾就讀於馬禮遜博士在馬六甲創辦的學校，並在那裡學習了英文。應該特別指出的是，由於他的中國同胞普遍被指「忘恩負義」和「缺乏感情」（我懷疑這是事

實），他充滿感情地向我們表達了對於所得到的幫助以及贊助人的敬意。他可能是代表團中唯一能聽懂額爾金勛爵發言的人，但中國人似乎都是很好的演員，他們無一例外地裝作能夠聽懂且都全神貫注，在每一句話結束時都很嚴肅地點頭表示同意。我猜想，他們是透過小金生先生確定了該點頭的時間。中國人把寫著額爾金勛爵答謝詞的文件用一條長的紅綢布包好，在充滿敬意的氣氛中放到了一個小男孩捧著的精美小盒子中，然後他們以遠比英國代表團更爲優雅的方式鞠躬行禮，並就此告辭。

額爾金勛爵出使中國

（本報記者報導）

5 月 31 日星期天，「新加坡號」輪船載著去往中國的額爾金勛爵和阿什伯納姆將軍於深夜 11 點鐘停泊在檳榔嶼附近。

第二天清晨，額爾金勛爵和阿什伯納姆將軍由卜魯斯先生、俄理範先生、羅亨利先生和副官馬洛克上尉陪同，在 19 響禮炮聲中登陸，並在防波堤上受到常駐參贊劉易斯先生和一些檳榔嶼官員的迎接。由於迫不及待地想要在短暫停留時盡可能地參觀這座島嶼，一行人立即騎小馬登上了山頂，在那裡可以看到整個島嶼壯觀的全景。把這個島和大陸分開來的狹窄海峽中點綴著許多丘陵地形的小島，島上長滿青蔥茂盛的熱帶植物。遠處就是覆蓋著濃密森林的威利斯省，小溪從密林中蜿蜒而過，其間散布著甘蔗種植園。

有一大群士紳等候在劉易斯先生的房子門口，為了能跟從山上歸來的額爾金勛爵共進早餐。在早餐結束之後，有兩位中國商人的代表前來拜見額爾金勛爵。他們身穿深藍色的寬鬆絲綢長袍，其中一人的帽子上還有用黃銅做的頂戴，這說明他還是位官員。這些士紳的臉上掛著笑容和洋洋自得的表情，似乎對額爾金勛爵跟他們講的幾句話感到非常自豪。他們趕在額爾金勛爵之前到了碼頭，以便能看著他離去。從插圖中我們可以看到他們在碼頭上排列成一行。在他們的前面有警察手握警棍，不讓閒雜人等靠近，人群中有中國人、馬來人、摩爾人、馬拉巴爾人、孟加拉人、僧迦羅人和蘇門答臘人。他們的舉止和服裝展現出了各自民族的特點。這使得碼頭上的場面既新奇，又美麗如畫。

額爾金勛爵在檳榔嶼登船前往中國

「新加坡號」軍艦下午起航離開了這裡，並於 6 月 3 日的早上抵達了新加坡。阿什伯納姆將軍及其參謀部成員立即繼續前往香港，而額爾金勛爵則留在了新加坡，等待「香農號」軍艦的到來。

THE ILLUSTRATED LONDON NEWS

在中國的戰爭：流溪河之戰

(War in China: The Battle of Escape Creek)

1857

《倫敦新聞畫報》第31卷，第873號
1857年8月15日，156頁

下面這篇關於埃利奧特準將率領英國軍艦於5月25至27日進攻清軍水師兵船的報導是《泰晤士報》駐華記者撰寫的，我們在此予以轉載：

從珠江向東流去的共有四條支流。最北面的那條就叫做流溪河（下圖）。第二條河是增江，它實際上是流溪河的一條支流。往南4英里處就是淡水河的入口；再往南4英里處有一條大的支流，被稱作東莞水道。在圖表上只標明了這四條支流的河口。據説它們在更加內陸的地方相互連通，但我們對這一點一無所知。

在流溪河的上游5英里處，有一支清軍水師兵船艦隊已經潛伏了一段時間，戰鬥就是在那裡開始的。

5月25日星期一上午，乘坐「香港號」炮艦的埃利奧特海軍準將率領「大鵲號」、「船閘號」、「椋鳥號」和「富比士號」等炮艦，拖著「剛毅號」、「大黃蜂號」和「保民官號」等艦載艇及其水兵，進入流溪河，遭遇了停泊在河對面的41艘清軍水師兵船。每一艘兵船都在船首裝備了一門射程較遠的能發射24磅或32磅炮彈的大炮，另外還有4至6門發射9磅炮彈的火炮。當「香港號」進入它們的射程之後，第一發炮彈就擊中了「香港號」炮艦，在緊接著的幾分鐘內，炮彈像雨點般落在了「香港號」的甲板上。這時，在後面的英軍炮艦也趕了上來，並立即開炮回擊。那些清軍水師兵船以密集的炮火跟英軍炮艦對峙了一會兒。要操縱高聳在兵船船首那門既無遮蔽物也沒有支撐腿的大炮是需要有很大的勇氣和定力的。

COMMODORE ELLIOT LEADING GUN-BOATS TO THE ATTACK OF MANDARIN JUNKS IN ESCAPE CREEK, MAY 25, 1857.

1857 年 5 月 25 日，埃利奧特海軍準將率領軍艦在流溪河向清軍水師兵船發起了攻擊

BURNING OF TWENTY-SEVEN JUNKS TAKEN IN ESCAPE CREEK, MAY 25, 1857.

1857 年 5 月 25 日，焚毀被捕獲的 27 艘清軍水師兵船

過了一會兒，雙方似乎陷入了混戰。它們都是靠划槳或風帆來驅動的快船，其中有幾艘兵船掉頭朝流溪河的上游開去。一旦這樣做，它們的火力就大大減弱了，因爲他們船尾所裝備的火炮口徑較小，而且往往故障較多。蒸汽機驅動的英軍炮艦緊追不捨，但是河水的深度變淺了。炮艦的吃水深度在 7 英尺至 7 英尺 6 英寸，而清軍水師的平底帆船的吃水深度只有 3 英尺。所以炮艦一艘接一艘地觸底擱淺，但海軍準將的命令是「不顧一切往前衝」。大型炮艦後面拖著小船，於是就像在河裡快速行進的輪船那樣，人們迅速地跳上那些小船，一邊操縱船頭的火炮，一邊划槳追擊敵人。最終所有的炮艦都擱淺了，清軍水師兵船仍在逃竄，而划槳艇在後面緊追不捨。這樣做實屬不易，因爲那些清軍兵船都是快船，每條船上都有 40 名士兵在拚命地划槳，使它們飛快地掠過水淺而又多漩渦的河道。然而在後面追趕的那些小船船頭的火炮轟鳴聲不斷，當小船與兵船並排而行時，兵船上的兵勇們往往會在放一陣排槍後，從兵船的另一邊跳下水去，游到對岸，然後消失在對岸的水田裡。

英軍在流溪河的主河道裡捕獲並燒毀了 16 條清軍水師兵船。有 13 艘兵船靠拚命划槳而最終逃脫。頭頂的太陽十分毒辣，出現了不少中暑的病例。有一條兵船在慌亂中誤入了河道右邊的一個河灣，結果又慢慢地退了出來。由 10 條兵船組成的一個清軍水師船隊沿著左邊的河道行駛，想從那裡逃往廣州。然而船上的兵勇們已成驚弓之鳥，當後面有四條小船追上來時，他們全都嚇破了膽，紛紛棄船而逃，結果船被當場燒毀。

第一天的戰鬥就這樣結束了。

然而埃利奧特準將對於繳獲 13 條兵船的戰績並不滿意。他懷疑在珠江的支流上還有大量的清軍水師兵船存在。

第二天就被用來堵兔子窩的四個地洞。「大黃蜂號」的福賽思艦長被留下來守衛流溪河。「剛毅號」則用它的舷側炮來把守淡水河的入口。「保民官號」的埃吉爾艦長負責把守東莞水道。就這樣，所有通向珠江的出口都被封閉了。埃利奧特海軍準將和他的炮艦，以及炮艦拖著的所有小船，於星期三早上出發前去探尋東莞水道。在 12 英里的航程中，他們只見到水面，沒看見一艘清軍水師兵船。然而海軍準將卻望見了一座非常漂亮的寶塔，他前一天在流溪河上見過。這件事使他相信這幾條河一定是連接相通的。他還遇到了一個中國人，告訴他自己有四個朋友於星期一逃往了那個以寶塔爲主要地標的城市，後者的名稱我們現在知道就是東莞。因此他下了炮艦，乘坐槳划艇在水田間又前行了 12 英里，在小河的一個拐彎處，他發現東莞城已經近在咫尺。在炮臺的下面停泊著一隊清軍水師兵船，其中有一條大船還頗爲富麗堂皇。中國人對於這次不期而遇感到措手不及。英軍突然開火，高聲吶喊，衝上前去。清軍兵勇們一槍未發，就跳水逃命去了。

然而接下來的卻是最難纏的一場戰鬥。那些水師兵船必須燒掉，但是那條大兵船最好是能夠拉回去。但是船隊目前就在城中央，那些水師兵勇都在房屋上面用火銃槍向英國水兵們開火。海軍陸戰隊隊員們不得不在城裡組隊開展巷戰。英軍發現在那條大官船的甲板上堆著炸藥，還有導火線從那裡一直通到了街上。官船附近的一座房子被點火燃燒了起來，結果把那條官船炸到了空中，差點還連累了英軍官兵。

THE ILLUSTRATED LONDON NEWS

香港速寫

(Sketches from Hong Kong)

1857
《倫敦新聞畫報》第 31 卷，第 873 號
1857 年 8 月 15 日，176 ～ 178 頁

香港「歌仔戲」

《倫敦新聞畫報》在 7 月 11 日的記者來信中曾經專門描述過香港的這種公共娛樂方式。上面插圖所描繪的場景是香港一個村莊的戲臺，臺上正在表演的那種輕歌舞劇被極為形象地稱作「歌仔戲」。臺下有些觀眾正在用雙手撐住自己的身體，以防被人群擠出他們的位置。

另一張插圖所描繪的是一個編席大棚。香港專門為英軍的印度士兵們建造了兩個這樣的編席大棚，其中之一作為廚房。它們所用的建築材料是

毛竹，在建造過程中沒用一枚釘子，而是用非常巧妙的方式使用了籐條。當然，這兩座編席大棚是中國人建造的，因為印度人並非人類中最聰明的民族 —— 他們整天除了睡覺，就是在吃東西。這兩個編席大棚長度驚人，中間部分是放置武器的，大棚兩端則是印度士兵睡覺的地方。圖中的歐洲人軍官是我們特派畫家的繪圖同伴卡姆萊特上尉。他在帽子四周圍了一塊結構複雜的遮陽巾。這種帽子是白色的。他把鑰匙跟手帕繫在一起，這種做法很有印度特色，因為印度人的衣服上沒有口袋。印度士兵們腳上都穿馬德拉斯拖鞋。

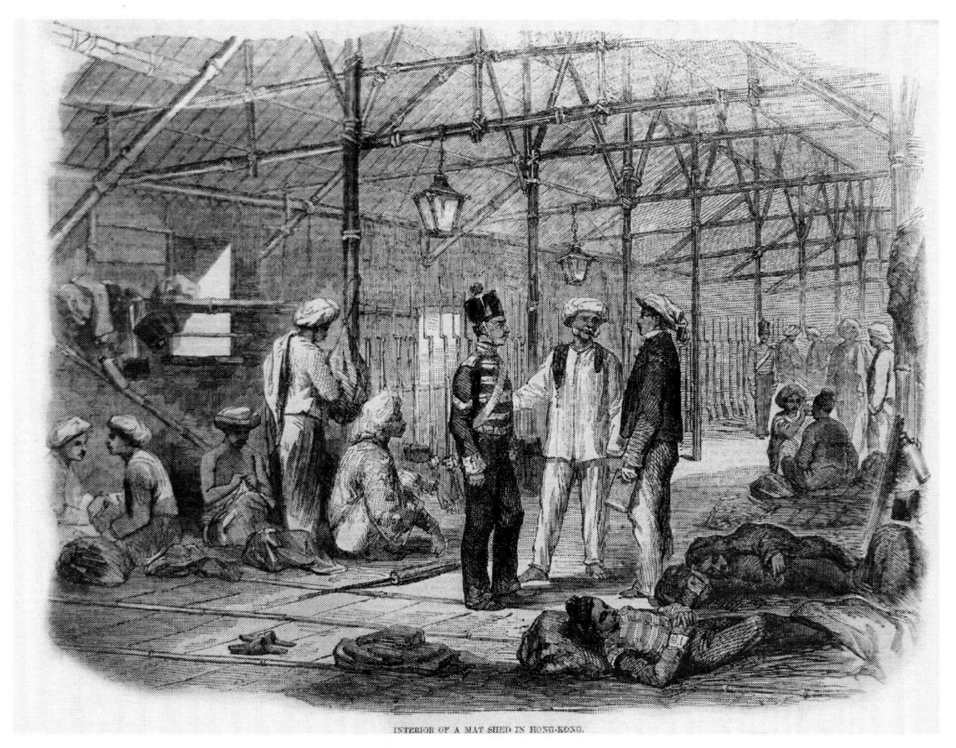

INTERIOR OF A MAT SHED IN HONG-KONG.

香港一個編席大棚的內部

1857

香港的閱兵場

(The Parade at Hong Kong)

1857
《倫敦新聞畫報》第 31 卷，第 873 號
1857 年 8 月 15 日，177 ～ 178 頁

香港閱兵場

一個晴朗的下午就是香港島上最美麗的場景。樂隊歡快的曲調、晴朗的天空、殖民地居民和樂師們的白色禮服，與之形成對比的是穿深色衣服的中國保姆，她們跟英國人的孩子們聚集在一起，另外還有英國和葡萄牙的仕女們身穿華麗的圈環裙，這種時尚已經到達了世界上的每一個角落，下一步就連中國的姑娘們也會來趕這種時髦。中國人毫無例外，穿的都

是最質樸的衣服。香港的本地人雖然臉部特徵並沒有像希臘人那麼稜角分明，可是他們的臉看上去還是挺令人賞心悅目的。我們這裡也有手推童車。軍官們都集合在茅舍裡。戴著足球帽的海員們成群結伴地在散步。印度人、葡萄牙人和帕西人都戴著各自形狀獨特的帽子。在你的面前是一座大教堂，一大堆風格醜陋的石頭，破壞了香港本地的東方情調。圖的左面是英軍第 59 步兵團的營房，以前我們也畫過它的速寫，再後面是港口，裡面集中了來自世界各國的船隻，而且它們被熱帶的太陽所點亮，直到大海又變得閃閃發亮。在閱兵場與大海之間是一條通往香港城裡的道路，路的兩旁都種了大蕉樹，樹下坐著為了填飽肚子而來回叫賣食物的小販以及賣茶葉的商人。在這些商販的周圍是那些購買食品的人 —— 有的蹲在地上，用竹製的長桿菸斗來吸入菸草的芳香。有一位算命先生，更遠處有一個變戲法的藝人（當警察不在場的時候）。三三兩兩的漂亮姑娘，穿白色制服的士兵，裝飾華麗的歐式馬車，有的是由中國車夫駕馭，有的則沒有。抬著女士們和懶惰先生們的轎夫，騎在馬背上的中國佬，脫去制服的印度士兵，就像驚慌之中從床上跳下來似的，身上捂著床單或伸手能拿到的任何東西，戴著黑帽的勢利小人 —— 以上這些就是對一個有樂隊演奏的香港傍晚的溫和描述。

THE ILLUSTRATED LONDON NEWS

在中國的戰爭：佛山水道之戰、抬轎子的苦力

(The War in China: The Battle of Fatsham Creek, Chair Coolies)

1857

《倫敦新聞畫報》第 31 卷，第 875 號
1857 年 8 月 29 日，212 頁

1857

佛山水道之戰

佛山水道之戰

上面這張插圖描繪的是英軍在中國水域上打的一場漂亮仗。下面所附關於這場戰役的文字描述出自香港一位《泰晤士報》記者的生花妙筆：

> 當凱佩爾海軍準將在黎明時分從我們這條船旁邊經過之後，就直奔風信子島右邊那條河道溯流而上，直到進入了那個裝備有6門火炮的炮臺和清軍水師兵船的炮火射程之內。他的船就在那裡掉了個頭，等「鴴鳥號」趕到時，海軍準將便換到了那條船上。但由於那條炮艦吃水深，不能再往上游去，所以他便上了自己的槳划艇，並立即率領「加爾各答號」、「麻鴉號」、「尼日爾號」等艦艇的拖船，冒著炮火衝了過去。英軍登上了那條橫跨在河道上，已中彈起火的清軍水師兵船。跟往常一樣，清軍水勇們一見敵人逼近，便放出一陣弦側排炮，點燃一根導火線，然後從船的另一側跳水逃走。英軍的槳划艇剛剛離開，那條兵船就爆炸了。凱佩爾和他手下那幫高聲吶喊的敢死隊員闖入了35條清軍水師兵船中間，冒著槍林彈雨，硬是把清軍水勇們從他們的兵船上趕跑了。中國人的罐狀臭彈、三叉戟，還有那種設計奇巧的捕人漁網等，全都沒派上用場。那種捕人漁網可以出其不意地罩住整條

槳划艇上的人，像捕捉鯡魚那樣，然後就可以用梭鏢透過網眼將敵人刺死。要做到這一點，中國佬就必須等到敵人的小船跟兵船貼近平行時才行，但他們膽子太小，做不到這一點。海軍準將高喊道：「小夥子們，別停下來。把這些惡棍留給炮艦和後面的人，向前衝啊！」他們以雷霆萬鈞之勢，橫掃了清軍水師兵船的船隊，憑藉自己的勇氣趕走了敵人，幾乎沒有給後援的英軍留下什麼可接著幹的事情。英軍的槳划艇一路開著火，沿著空蕩蕩的水道，向縱深地區進發。有些小船被清軍水師兵船擊穿了船體，也許有些小船會留下來，去追一名清軍的逃兵。然而凱佩爾仍然奮勇向前，不管他走到哪裡，後面總會有些人跟著他。英軍的船隊由4條槳帆並用船和3條吊桿船所組成，每條船的船頭都有一門炮，他們很快地離開了那些已經被繳獲的清軍水師兵船，又向前推進了4英里。但現在他們看見了清軍水師兵船的桅杆，心裡明白一場惡戰即將來臨。再往前一點，他們就會碰上自己的對手和一個最難啃的清軍據點。

在他們目前所到達的佛山水道處，有一個形狀像羊腿的小島躺在河道中央，寬的那一端正對著英軍的船隊，而在窄的那一端則排列著20艘清軍水師大兵船，有的停泊在水裡，有的則被拖到了岸上。這種陣勢的結果就是，英軍若要進攻清軍水師兵船，就必須經過兩條河道之一，這兩條河道都是漏斗形的，而最狹窄的那個瓶頸處也就是那20艘清軍水師兵船炮火集中的焦點。有一條河道的最狹窄處已被設置了木樁，所以船不能通過，而另一條河道的狹窄處只能容兩條小船並排通過。凱佩爾及其手下馬上向著這條危險的通道衝了上去，那3條吊桿船在試圖這樣做的時候卻都擱淺了。

英軍的船隻剛剛出現在那條狹窄的河道上時，那些清軍水師兵船船頭發射32磅炮彈的大型火炮就同時向他們發射了20發炮彈，還有大約100門小口徑火炮在150碼的距離之外向他們發射了大量的榴彈。那情景眞是十分可怕。凱佩爾正在用撐篙爲那些吊桿船測量水深，並且冒著槍林彈雨回去救那三條吊桿船。後者重新啓動，再次試圖通過那個狹窄的河道。凱佩爾所乘坐的槳帆並用船並不是一個大目標，它在兩分鐘內被炮彈擊中了三次，一顆 32 磅的炮彈擊中了卡尼少校的胸部，把他撕成了碎片。他死的時候一定沒有任何感覺。年輕的巴克是「保民官號」炮艦上的海軍候補少尉，手指上戴著一枚哥哥遺贈給他的戒指，後者死於英克曼。他也被彈片擊中，受了致命傷。海軍準將的槳划艇艇長也被打死了，小船上的所有人都受了傷。但是奇蹟並不在於有人被打死，而是在於還有人活著。科克倫海軍上校的上衣袖口被彈片劃破，但是人卻安然無恙。一顆圓形的炮彈擊中了「保民官號」艦的槳划艇，炮彈貫穿了船頭船尾，但居然沒有碰到一個人的一根毫毛。「維克多，這下可眞是好險啊！」凱佩爾對他的隨從參謀說，當時有一顆炮彈從他們倆的腦袋之間擦過。幸運的是，維克多是一個純粹和質樸的英國水手，當時他正好向前俯身，用手帕當止血帶，爲一名剛被炸斷手臂的水兵止血，否則那顆炮彈早把維克多的頭給轟掉了。

我第一次開始欣賞海軍艦隊司令那個進攻計畫中所包含的富有遠見的智慧。透過率領船隊穿越淺水的河道，他不僅在炮艦因淺灘和不明障礙物而擱淺時利用了漲潮的優勢，而且在發動進攻前還確定敵方的兵船都停靠在岸邊，因爲他知道只有在所有船隻都停靠在岸邊時，才能把河道空出來，讓其他船隻通過。這樣清軍水勇們就不得不要麼戰鬥，要麼逃跑。假如他在剛開始漲潮時就發起攻擊，那麼清軍水師兵船都還漂浮在水面上。有些落在最後面的兵船因被擊毀或燒毀而沉沒，這樣河道就會被堵塞，其他的兵船就會逃脫，並消失在只有中國人才知道的那些迷宮般的支流中。

當凱佩爾海軍準將回到他的旗艦上時，已經是 3 點了。他的船就下錨在戰鬥開始前清軍水師兵船停泊的地方。

沒有一艘清軍水師兵船被遺留下來，由於是木船，所以一旦燃燒起來，火勢便會迅速蔓延到其他船，因爲這些船對於英軍並無用處，所以他們也不會冒著生命危險去救火。儘管如此，那些兵船火炮射出的炮彈橫衝直撞，還是具有很大殺傷力的。太陽下山時，從旗艦的甲板眺望遠方，那景色既奇特又壯觀。槳划艇上都裝滿了半開化的戰利品。各式各樣的旗幟隨風飄揚，有的旗幟上還畫著肥胖福神的巨大圖像。清朝官員的官服和褲子隨處可見。埃利奧特海軍準將的手下幾乎每人都有清朝官員的官帽和狐尾。他們當然也爲海軍準將本人保留了一套，但是必須承認我從未見他戴過這種官帽。在我們周圍視線所及的地方，在彎彎曲曲的溪流迷宮之內，有 89 條清軍水師兵船在冒煙或燃燒。每隔 5 分鐘，就會傳來震耳欲聾的爆炸聲。廣州人曾經說過，埃利奧特海軍準將征戰流溪河，只繳獲了幾條被遺棄的漁船。從他們自己的門廊，他們就可以看到和聽說佛山水道上發生了什麼事情。那天晚上，兩位精疲力竭的海軍準將並排躺在「烏木號」的甲板上。6 月 1 日那一天就是這樣結束的。

香港的轎夫

為了展現香港的吸引人之處，我們的特派畫家畫了大街上一對正抬著轎子走的苦力。類似的交通方式在我們的時代已經從倫敦消失了。作為對香港街景的一種描繪，這幅畫既生動，又富有代表性。我們同意《泰晤士報》記者的說法，即轎子的外形有點像蓋·福克斯用來炸議會大廈的炸藥。然而轎子的門簾是拉開的，這在香港的夏季應該是很舒服的。街上路人的寬帽、雨傘和扇子表示那裡很熱。圖中的一塊招牌上寫有肖像畫家「宋嘉」的名字，他或許還是攝影師的一個競爭者。

香港的氣候一定是變化多端的。我們上面所說的那位記者這樣描寫道：

他們告訴我們，香港有四個月乾爽的冬季，就像英國的春天那樣，氣候溫和，令人心曠神怡。這樣，你也許還可以試圖徜徉在納瓦修築的冰雪宮殿。在這些冬季的月份到來之前，我們將飽受風溼病的騷擾，並因火爐般的熱度而耗盡體力。然而香港還是非常健康的，很少有英國人死在這裡。確實，香港人對於奎寧和藍藥片的消費量很大。然而當這樣的藥品都失效時，英國人就會求助於大英輪船公司。這時剩下的唯一問題就是他們究竟是想短期離開、永久離開，還是繼續留在香港島。

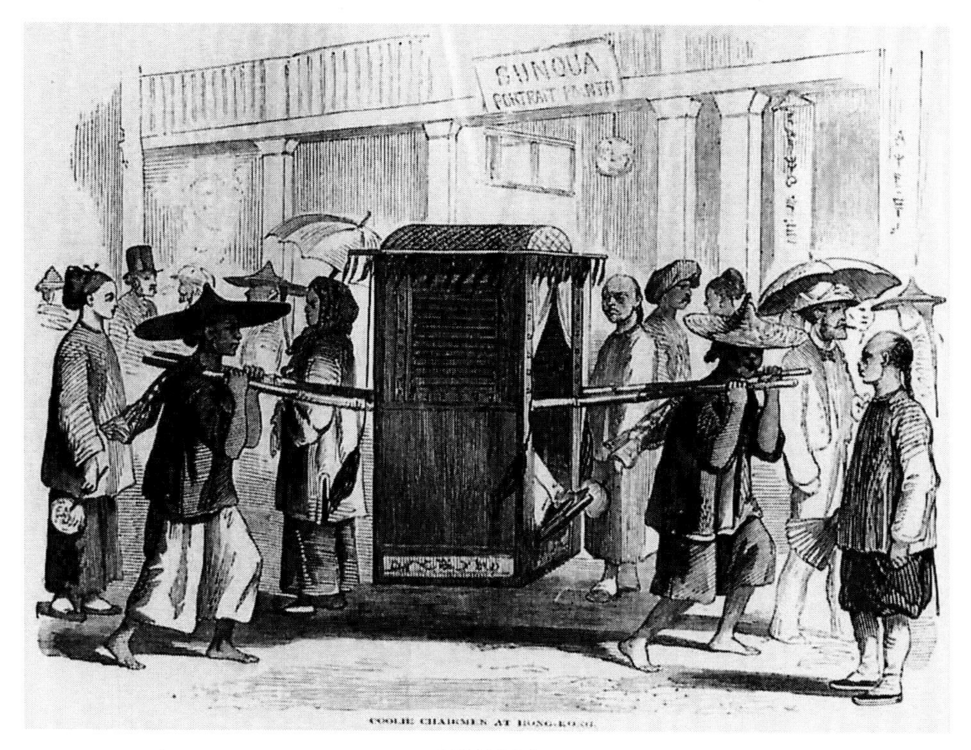

COOLIE CHAIRMEN AT HONG-KONG.

香港的轎夫

英國皇家海軍的制服

(Naval Uniform)

1857

《倫敦新聞畫報》第 31 卷，第 877 號
1857 年 9 月 12 日，268 頁

（從左至右）助理海軍總軍士長、海軍副總軍士長、海軍上尉、海軍中校、海軍上將、海軍中校（一等）、海軍上校（任職不到三年）、大副、海軍軍校學生、海軍軍官候補生（少尉）、海軍總軍士長

（從左至右）海軍軍校教官、助理主記總監、醫務總監、海軍醫院總監、海軍總司令的祕書、艦艇機械教官、主記總監、總機械師、助理機械師

THE ILLUSTRATED LONDON NEWS

在中國的戰爭：馬尼拉之行

(War in China: A Trip to Manilla)

1857

《倫敦新聞畫報》第 31 卷，第 878 號

1857 年 9 月 19 日，288 ～ 290 頁

馬尼拉，1857 年 7 月 4 日

（本報特派畫家和記者的報導）

馬尼拉距香港只有三天的航程，有好心人讓我免費搭船到達了那裡。由於馬尼拉是一個風景宜人的可愛島嶼，加上我感覺到香港雨季的惡劣氣候對自己造成了不良影響，所以我十分高興地接受了這個能令我恢復活力以便能堅持報導這場戰役的機會。我們深入到了島內。馬尼拉是個可愛的地方，由於地震頻繁，這裡的房子都只有一層樓高。最特別的是印度人和歐亞混血兒把襯衫穿在褲子外面。一些襯衫是由鳳梨纖維織成的，上面有刺繡和彩色條紋，十分昂貴。一些衣著考究的人竟戴著黑禮帽，穿著黑褲子、擦得錚亮的靴子和白襯衫！姑娘們則穿著一種透明的由鳳梨纖維織成的寬袖刺繡緊身胸衣（這種鳳梨纖維織物要比平紋薄紗細布更薄），以及有明亮格子花紋的賽亞裙（襯裙）。賽亞裙外邊還罩著毛氈，毛氈總是飾有條紋，並且顏色要比衣服更深一點。她們的頭髮總是往後梳，或者垂至腳後跟。她們的手十分可愛。我從早到晚都在為她們畫速寫。在這個熱帶天堂，每一寸土地都風景如畫，姑娘們更是造化的完美傑作，我懷疑歐洲最優雅的貴婦能否與她們相提並論 —— 當然，我是指那種與生俱來的典雅風度，因為她們有時也隨地吐痰，還抽雪茄、嚼檳榔。我見過真正的馬尼拉人 —— 一群在商店裡的印度（移民）姑娘。她們戴著很大的竹篾斗笠，鄉下婦女常戴這種帽子，可以有效地遮陽擋雨。馬尼拉隨處可見帶著公雞的印度老人。你總能看見抱著雞到處走的人，因為鬥雞是他們主要的休閒活動。他們（印度人）大都很懶，而華人則很勤勞。我不知道要是沒有我們的華人朋友，這塊殖民地會變成什麼樣子。西班牙人很少勞作，而當地人幾乎從不幹活。所有的商店都是由華人經營的，進行農業生產的也是華人，華人還是商人（當然也有英美商人）。事實上，在東方，只要有錢賺的地方就有這些天朝子民如螞蟻一般在那裡埋頭苦幹，而且從沒時間去消遣。這些印度人是傑出的音樂家，這裡的軍樂隊是我所聽過最好的，全由當地人組成。在美麗的夜晚，隨處可以聽到小夜曲和其他音樂。節制的華

人在長時間的工作之後，還要在商店中的椰子油燈旁工作到深夜，之後可能還要去散步，走一走，以便第二天又能精神抖擻。而且華人從來都是好脾氣，總能跟漂亮的印度姑娘開個玩笑，說一口流利的西班牙語，並且優雅地吸馬尼拉雪茄。這裡還有一種風俗，就是當晚禱的教堂鐘聲敲響時，每個馬尼拉人都脫帽、肅立、祈禱，無論敲鐘的時候他們是在做什麼。我敢說，即使一個正在偷東西的傢伙也會停下來祈禱，然後繼續行竊。這裡的英美商人就像兄弟和教士那樣生活在一起 —— 沒有紛爭，都是一團和氣，蓄著鬍鬚，在辦公室裡吸菸。在這個島上只有一種宗教，因此，這裡不像香港有那麼多敵對的教堂。

這是一個奇妙的地方。走進任何一棟房子，你都會受到熱情的歡迎，尤其是印度人，他們把白人的造訪當作是極大的榮幸，他們會立即給你拿來雪茄和檳榔。帝汶人和葡萄牙人的混血兒以及歐亞混血兒跳的阿巴納舞是這裡最受歡迎的舞蹈。他們穿得很像印度人，但並不身著毛氈。這裡的舞會服裝是白色夾克和褲子。蘭謝舞曲在這裡風靡一時。蘭謝舞曲堪稱美妙永恆，還有比在舊世界最偏僻的角落聽到這種古老音樂所產生的效果更奇特的嗎！美金和烈酒、行話和利潤等消除了印度人身上的單純，他們滿腦子想的都是金錢。無論是在埃及的沙漠中，還是在錫蘭的可可樹林裡 —— 那些具有雙重特性的華人，或是懶惰的印度人總是在喊著同一個詞：金錢！

從內陸的旅行返回之後，我們又恢復了健康和活力。首先要歸功於渣顛先生，這位著名的東方商人在他的三桅帆船上裝滿了供我們遊歷時所需的日常用品：各種開胃提神的軟飲料；整箱各種形狀和大小的呂宋菸，從巨大的「帝國牌」到更實在的「四號」；用不完的茶葉和稻米；用於防範強盜和打飛鳥的獵槍和左輪手槍；棕櫚席（墊子）和枕頭以及身著襯衫服侍我們的男僕。我們的裝束極為簡單。從湖上出發，我們向洛斯巴尼奧斯駛去。到達目的地後，我們走進一間房子，讓人把墊子以最涼爽的方式搬進另一間房。然後，點燃雪茄，準備午休。

MANILLA WOMAN: WALKING DRESS.

外出散步的馬尼拉女子

MANILLA GIRL: INDOOR DRESS.

室內的馬尼拉女子

在炙熱的白天，大家都平躺在鋪在地板上的墊子上，有人在打盹，有人在閱讀。這時，房子的主人走了進來，熱情地歡迎我們的到來，並堅持要為我們準備一些吃的。儘管我們告訴他，我們隨身帶來了食品，他還是堅持要款待我們，拿來了一些啤酒，還帶著我們跟他一起跳舞，這是一頓愉快的晚餐。我們備好馬要去聖克魯斯，據稱只要騎兩個小時即可到達。當我們到達洛斯巴尼奧斯附近的一個島嶼打獵時，太陽快要下山了。我們搭乘兩艘獨木舟來到了一個可愛的島嶼，島上長著野生的茶樹以及各種壯觀的樹木和稀有植物。月亮升起來了。我們發現自己的馬匹有著奇怪的馬鞍 —— 前端有很大的凸起，後端高聳，並以繩索代替韁繩。那些馬駒完全不知馬梳或馬蹄鐵為何物，但看起來別有風姿。跟隨我們的有一個西班牙軍官和一個戴著寬邊菲律賓帽（這是一種很大的由馬毛覆蓋的竹篾斗笠）的當地士兵。經過反覆擺放馬鞍，並聽夠了他們的西班牙語詛咒和印地語驚呼之後，我們終於騎馬出發了。一路景色宜人，植物生長繁茂，美麗的芭蕉樹叢夾雜著椰子樹和竹林：所有這一切都在迷人的月光下閃閃發亮。我們不時地經過當地的一些村莊，那裡的房子都是用聶帕棕櫚樹葉（華人用這種葉子製作他們的雨衣）蓋成的，並且全都由竹竿來支撐。

接著我們發現了馬路對面的一個監牢，門廊由尼巴櫚蓋成，繫著鐘。鐘不時地敲響，以表示獄犯是醒著的。我們繼續前行，到了一個村落便停下來休息以恢復精神。然而，我們整晚都在馬鞍上，而不是像預想的那樣只要騎兩個小時。碰到的每個人都告訴我們聖克魯斯很近了。接著開始下雨，而聖克魯斯還未見蹤影。從晚上 9 點一直騎到早晨 4 點，我們終於到達了村莊，找到了官員的房子，癱倒在墊子上，一直睡到 6 點。早晨陰沉沉的。我們吃了巧克力，洗過澡，用過午餐，然後，騎上馬繼續向馬雅海出發。

這次我不用馬銜，而是用繩索繞在馬鼻子上來駕馭我的馬，還用上了木製的馬鐙。我敢保證我們看上去十分怪異。我極其不情願離開聖克魯斯，它是一個美麗的、徹頭徹尾的印度村莊。然而，我們還是騎馬離去。男僕在前面，墊子捲起來放在馬駒上，食物在它們馱著的籃子裡。前面兩個印度人吮著甘蔗，其中一個提著茶壺，因為我們整天都喝茶。道路越來越美麗，也越來越陡，椰子樹越加茂密，然而，夜晚就要降臨了，四處都有閃電劃過，天黑得無法看見在樹上發出奇妙聲音的怪鳥，道路也彷彿永無盡頭一般。開始下雨了。最終我們看見數英里外山上的一道光，便朝那裡去了。螢火蟲四處飛舞，一些樹木完全被它們所覆蓋，我從未見過如此可愛的景象，夜的黑暗使它們越發明亮。月亮升起來了，當我們到達馬雅海對面的時候，它已經很亮了。但是看看我們要走下去的路！形狀和大小不一的石頭以及下坡的坡度使我們不得不下馬。我們在一個很深的山峽裡。一條山澗從路邊流過，真美。在峽谷的腳下，我們淌過溪流，我的馬差點跌倒，但我穩住了，走過一條布滿碎石且幾乎是垂直的路。我們到達山頂，進入村莊，直接到總督的家裡。找到了睡覺的地方後，我們又騎馬去拜訪戈本納道希羅。他是一個正宗的印度人，十分歡迎我們。我們把墊子鋪在地上，吃晚餐，抽雪茄，然後上床睡覺。山上的夜晚非常寒冷。清晨在太陽出來以前，到處都掛著閃閃發亮的露珠。我們動身到清冷的山澗中沐浴。這是一個無比浪漫的地方：一座斷橋，一座破敗的竹橋；一個狹小的幽谷，裡面熱帶植被一直長到山頂，灰白水龍骨和椰子樹長得漂亮極了。游完泳，我們走回主人家裡喝茶。（待續）

馬尼拉：乘坐獨木舟的遊客

1857

在中國的戰爭：香港

馬尼拉，1857 年 7 月 4 日

（本報特派畫家和記者的報導）

珠江上游一直有一艘「鬥鵠號」軍艦在游弋，結果造成眾多中國兵船的損失和清軍兵勇的傷亡，也有不少英國士兵陣亡和受傷。當然，在英軍大部隊到來之前，形勢不會有什麼實質性的改變。而且，由於印度事件，我想英軍大部隊還需要一段時間才能到達這裡。我們做任何事都必須依靠大量的兵力，除非所有軍隊集結完畢，或者更多的增援部隊抵達，否則無法正式開戰。

溯河而上討伐流溪河清軍水師兵船的遠征由埃利奧特海軍準將率領，於 5 月 25 日發起。緊接著就是在 27 日對鋸齒溪的草蓆船發動了另一場襲擊。雖然英軍方面有 31 人受傷，但戰役還是成功的。更加激烈的佛山水道戰役是由海軍艦隊司令親自指揮的。當然，你們肯定已經得知了這條消息。

熱帶的雨季簡直令我在歐洲見過的所有壞天氣都相形見絀。降雨量真是大得不可思議，而且持續數天，偶爾還伴有打雷和閃電。香港的情況糟糕透了。你無法在戶外做任何事情，室內又沒有什麼娛樂活動，而且這裡的環境極不衛生。我給你們寄上一幅描繪苦力的素描，他們穿著完全由樹葉編成的雨衣。雖然看上去非常古怪，但這種衣服確實能夠有效地擋雨，而且他們巨大的竹篾帽還可以當雨傘。

另一幅圖是關於中國佬最熱衷的娛樂活動。在欣賞過幾個小時對音樂最奇特的闡釋，並抽完了好幾袋菸之後，中國人及其妻妾們便轉移到了晚餐桌旁，桌上香噴噴的魚肉和熱氣騰騰的茶水極為愉悅地刺激著他們的嗅覺神經，於是大家都把筷子紛紛伸向碗裡的紅燒肉和米飯，並用小巧的湯匙不斷地去盛湯。此類宴席十分普遍，事實上，這些就是天朝子民們的宵夜。

COOLIES AT HONG-KONG, IN WET WEATHER.

香港的苦力們在雨天穿著蓑衣

CHOW-CHOW (CHINESE SUPPER) AT HONG-KONG.

廣州的晚宴

THE ILLUSTRATED LONDON NEWS

馬尼拉速寫：騎馬旅行

(Sketches in Manilla: Traveling on Horseback)

1857
倫敦新聞畫報》第 31 卷，第 877 號
1857 年 9 月 26 日，313 ～ 314 頁

（本報特派畫家和記者的報導）

上一期刊登了記者訪問馬尼拉的特寫報導，未完待續。本文為那一篇文章的續文，還有兩幅特派畫家的寫生作為插圖。第一張畫描繪了在一個店鋪門口購物的一些馬尼拉姑娘，有一位男人懷裡抱著一隻公雞，圖的前景也有幾隻雞，這反映出當地人喜歡鬥雞的特點。第二幅插圖的場景在下面會有專門的描述。

正當我們坐下來享受時，一位不耐煩的德籍美國人衝進屋來，以喬納森兄弟特有的急性子，要我們動身繼續旅行。所以我們就騎上了馬，把手帕纏在頭上，用來遮陽。（我們把特派畫家關於崎嶇道路的速寫留在下一期刊登。）我們最終到達了山頂，坐在一個路邊酒店的遮蔭棚下，喝了一些椰子汁和牛奶，重新上馬，在更為平坦的道路上又趕了一程。一路上景色優美，涼風習習。來到一個巨大的瀑布邊，我們停下來吃了一頓印度風味的午飯：我們蹲在地上，用手指從大蕉樹的葉子裡抓米飯吃，從椰子殼裡吸取椰子汁。僕人們用兩段毛竹來點火，他們在最大的一塊竹片上鑽了一個洞，並在洞裡刮下刨花來，我看得津津有味。這一切都是在很短時間裡完成的。他們（至少有些人）身上掛著一種叫做「大砍刀」的長刀，它既可以用來劈柴，也可用於防身。狼吞虎嚥地吃完午飯，我們又上馬，一直趕到了路易西安納。我們那位德籍美國朋友這次騎了一匹好馬，一路跑在前面。我們到了一位牧師的家裡，一下子就把他家裡給住滿了：在菲律賓人們可以走進一個陌生人的家裡，並占據整個房子，就像是在自己家一樣，

這種風俗真是很有趣。牧師回來後發現我們所有人都躺在草蓆上。他對我們表示歡迎，並給我們雪茄菸、麵包、巧克力和蛋糕。我們跟他交談了很長時間，一起友好地抽著雪茄。跟平常一樣，這座房子似乎是屬於每一個人的。房子裡住著很多印度人，一會兒出現在大堂裡，一會兒又消失得無影無蹤。現在我們新的驛馬已經準備好了，於是我們便誠摯地向牧師表示感謝。告別了這個令人羨慕的人群，他就要去房子的後面做彌撒禮。在騎馬翻越了美麗的群山之後，我們經歷了一段泥濘不堪的下坡路 —— 馬到了這裡都滑倒了。那位美國人不喜歡這個地方。一位澳大利亞籍的保加利亞人則顯示出了他高超的騎術。向前勉強走了一段之後，我也不得不下馬，因為地實在是太滑了。那段下坡路很長，天正好下起了大雨，我被淋得像一隻落湯雞，幾乎無法再從這泥濘和陡峭的下坡路走下去。我鬆開了馬的韁繩，聽憑其自己走。同伴們都走到了前面，我一個人落在了後面。幸運的是，我遇見了在同一棵樹下躲雨的僕人和其他人。於是我又重新上馬。到達了目的地之後，我們歸還了驛馬，並乘坐一條蜘蛛船渡過了河。我們走進一座房子，在草蓆上躺了下來。由於酷暑、疲勞和溼氣，我有一點發燒，但是因為出了一點汗，又睡了一個通宵，所以身體就全好了。

第二天是基督聖體日，所以我們去參加了彌撒，並且見證了一個在內地從未見過的、多姿多彩的禮拜儀式。教堂裡有一整塊地方都擠滿了身穿五顏六色豔麗服裝的姑娘，她們全都戴著面紗。每一種賞心悅目的色彩都集中在了教堂的這一部分，而在另一邊則全是穿著襯衣的男人。樂隊（教堂裡總是有樂隊的）在彌撒儀式結束時奏起了極為歡快的華爾茲舞曲，這令我們大吃一驚。人群走出了教堂，在街道上跪了下來，這時一位牧師在一個戶外聖壇上開始祈禱。祈禱完畢之後，我們回到了教堂裡面，享用了咖啡、巧克力、茶和水果。然後我們又乘坐蜘蛛船回到了聖克魯斯。河上的景色很美，兩岸覆蓋著可可樹。我看見了一條鱷魚，向它開了一槍，但是沒有打著，只打著了一隻大蜥蜴。晚上 8 點時，我們登上了一艘三桅帆船，在那裡吃了一頓愉快的晚餐，然後回去睡覺。

MANILLA GIRLS SHOPPING.

正在購物的馬尼拉姑娘

第二天我們回到同一個地方吃了午飯，然後躺在甲板上的一個涼棚下面抽菸喝茶，之後去了卡蘭巴島戈本納道希羅的聶帕櫚樹葉小屋，跟他談租用馬匹的事宜。我在插圖中描繪了當時那個十分迷人的場景：穿著條紋襯衫的印度人在抽菸和工作，我們的朋友安德魯斯在安排購買馬匹。竹製地板，含有竹片、樣子像梯子的臺階，因為這種房子總是離地 8 到 10 英尺高。得到了馬匹之後，我們又出發了，這一次走的是一條好路。路上有很多印度人來回奔波，在我們的前面還有一些馱馬。我騎的是一匹漂亮的矮馬，所以一溜快跑地跟一群印度人走在前面。我試圖用套索來套捕不幸的水牛和無辜的小雌馬，但是都沒有成功。我們不斷地往前趕路。驕陽似火，四周的空氣似乎都要燃燒起來了。深色的傘干頂櫚昂然而立，與西方的天際形成了強烈的對比。

在卡蘭巴島為租用馬匹而討價還價

當天黑下來時，螢火蟲出來了，我們到達了聖托馬斯，我的同伴們被遠遠地落在了後面。到塔納納時已經是晚上了，我們去了一位牧師的家，喝完香檳酒，點上雪茄菸，這時快活而好客的牧師回來了。他脫去身上的牧師黑袍，穿著襯衣出來跟我們打招呼。度過一個愉快的晚上後，我們舒坦地躺在草蓆上，進入了夢鄉。次日一早起來之後，先去游泳，然後回來吃早飯——那房子裡擠滿了前來圍觀我們的印度人。我與牧師一起出去散步，並很快就喜歡上了這裡所有的村莊。午飯之前我們就躺在那裡，一邊嚼著檳榔，一邊抽著雪茄菸，還品嘗了橘柚的味道。去了一下河邊，回來吃午飯——茶、米飯和雞肉可以盡情享用，然後就是午睡。我們又去了另一座印度人的房子，這是一座按照本地式樣建造的低矮建築。這裡似乎每一座房子都是對別人開放的——這種博愛的友情我從未見過。我們很早就上床睡覺了。

打死了一隻烏蛛後，一覺睡到黎明。由於那天是星期日，所以牧師去主持了彌撒，然後就像印度人那樣，整天都泡在鬥雞場裡，只是回家吃了午飯。當我們請他喝香檳酒時，他臉上笑開了花。那些印度人也陪著他笑，牧師回到家睡了一會兒之後精神就好多了。他請來了一支樂隊，大家又是跳舞，又是唱歌。

順便提一句，我忘了提及星期六去看薩爾霍山的旅行，那真是棒極了。那天晚上，天一片漆黑，我的馬也失了前蹄。由於不認識路，那個下坡顯得又陡又長。那位德籍美國人是這次荒唐夜遊的發起者，他怒氣沖沖地一會兒哀求，一會兒又懇請我們放慢點腳步，並且詛咒那條倒楣的道路。那天真是有趣。那位牧師騎馬技術精湛，就像是聖經裡的寧錄。但事情總有個結尾，很快火山就出現了。已經升起的月亮向我們指示了火山的位置。我們催馬回到了牧師的家裡，直接用手指抓雞肉吃了晚飯，然後躺下睡覺。半夜 12 點的時候，我們都醒來前往火山。我們去了湖邊，天好像要下暴雨。由於絲毫沒有想要看火和火山灰的欲望，我就獨自走掉了。天亮後，其他人繼續騎馬出發，只剩下我們三個人一直等到牧師做完彌撒回來。我們狼吞虎嚥地吃了米飯和雞肉。牧師的房間裡擠滿了圍觀我們的當地人，為了給他們助興，我們用左輪手槍放了一槍。我們又騎馬回去，累得全身骨頭都散了架，對於無休止的勞頓感到厭惡。但那位美國人一刻也不給我們安寧，每次剛到一個地方，他就想要離開那裡，以及聚集在那裡的姑娘們。

我們於星期一離開了那位好心的牧師。他正忙於安排一場鬥雞比賽，我們看到他的最後一眼是那位仁兄在一群印度人的簇擁之下，蹲在他的穀倉裡，為他那隻參賽的公雞加油打氣。聚集在一起為我們送行的人群也很棒。我們騎馬走過了我所見過的最深厚的沃土，我敢說馬尼拉的道路是世上獨一無二的。走完了這段泥路之後，我們快馬加鞭地疾駛過了卡拉巴島上的村莊，以求補回失去的時間，然後跳下馬，把它們拴在木樁上，聽天由命。我們登上三桅帆船，升起了西班牙的國旗，大聲歡呼。開始喝香檳酒，抽雪茄菸，躺下來睡午覺。後來去了熱隆尼埃爾的故鄉哈拉哈拉，正式地在他家裡住了下來 —— 吃晚飯、睡覺。第二天又冒著大雨重新上路，回到了馬尼拉。我們風塵僕僕的模樣引起了人們的極大興趣。(未完待續)

THE ILLUSTRATED LONDON NEWS

馬尼拉速寫：碎石路與早餐後的閒暇

(Sketches in Manilla: A Macadamised Road and Leisure after Breakfast)

1857

《倫敦新聞畫報》第 31 卷，第 880 號

1857 年 10 月 3 日，340 頁

A MACADAMISED ROAD IN MANILLA.

馬尼拉的一條碎石路

上面這張插圖所描繪的是馬尼拉的一條印度碎石路。「這樣的一條路，假如在路面上鋪設尖銳的碎石頭，對於阻止一支軍隊的前進，將是最為有效的手段。在陡峭的下坡路上，要想徒步在碎石上行走是不可能的。我無法理解那些可憐的馬是如何從這樣的路走下去的。然而卻有印度婦女騎著馬在這樣一條路上下自如。那些婦女坐在馬鞍上的姿勢的確是十分優雅。」第二張插圖所呈現的是在馬尼拉剛吃完早飯時的一個奢侈場景。

AFTER BREAKFAST IN MANILLA.—(SEE PRECEDING PAGE.)

在馬尼拉吃完早飯以後

馬尼拉和香港速寫

(Sketches of Manilla and Hong Kong)

1857
《倫敦新聞畫報》第 31 卷，第 884 號
1857 年 10 月 17 日，384 ～ 386 頁

1857 年 8 月 2 日

（本報特派畫家兼記者報導）

在舉國關注印度「叛亂」之時，你們這些「遠西」的良民一定幾乎忘卻了我們這幫天朝子民的存在。然而我們還是活得好好的，根本就沒有被熱帶的毒日頭給烤糊了，恰恰相反，我們依然精神飽滿。但在缺乏重大新聞的情況下，還是讓我來問你們一句 —— 你們還在抱怨英國的潮溼嗎？倘若果真如此，那你們就不免有點痴人說夢了，如果你們在雨季時來到這裡，就會承認自己錯了。你們也許會發現，自己擦得閃亮的皮靴上長出了一小簇蘑菇或別的菌類，而你們的外衣上會呈現出青綠色，並散發出一種跟河邊地窖相似的氣味。上面所說的只是一些熱帶雨季普遍存在的現象，然而當你遇到滂沱大雨連續不斷地下上十天十夜，並夾雜著雷鳴閃電和呼嘯狂風，以及我們於七月份在馬尼拉所遇到的洪水時，你們就會衷心地感嘆自己以前根本就不知壞天氣為何物。我絕不會忘記那些印度人是如何歡天喜地，站在齊腰的水中仰天大笑，並向任何走近他們的中國人身上潑水，以此取樂。我們也經常在街上游泳，但這種消遣並不好玩。我們整天坐在住房的窗臺上畫速寫。一會兒，滿滿一船姑娘和小夥子會經過這裡去雪茄菸工廠上班。又過一會兒，我們會看到滿滿一船的西班牙人，渾身溼透，打著冷顫，卻興高采烈。我們的住處本身就是一個縮微的海洋，海水最淺處也有 3 英尺深。

1857

馬尼拉在洪水季節中的一條街道

菲律賓土著步兵

"SOIREE MUSICALE" AT MANILLA.

馬尼拉「小夜曲」

CHINESE NURSEMAIDS ON THE PARADE-GROUND, HONG-KONG.

在香港操練場上的中國保姆們

我們走出房門去觀察周圍的情況，儘管腳上既沒有鞋，也沒有襪子，身上穿著奇怪的衣服，可我們還是從划船中獲得了樂趣。房子對面住著一戶英國鄰居，我們總是隔水相望，互相打招呼。可是跟別的事情一樣，雨也有下完的時候。古老的太陽又恢復了它明亮的光芒，並在很短的時間內就把門前的爛泥烤乾成了塵土。由於英軍揮師去了印度，對華戰爭暫時告一段落，我想籲請「英國國內的民眾」關注一下馬尼拉的土著步兵，因為他們可以成為派往中國的一支精兵。他們都急切地盼望著前往中國，而且每一個印度人都自認能夠頂得上六個中國佬。他們強壯耐勞，性情溫和，只喝水和吃米飯，能夠經受得住風吹雨打的考驗。你們可以從我寄給你們的寫生中看到他們長什麼模樣，穿什麼衣服，以及那些把臉盆倒扣在頭上的人是如何適應在驕陽下作戰的。在打仗時，每一位士兵都戴著用竹篾製成的斗笠，下面往往還有白色的圍巾。這個斗笠對於遮擋陽光十分有用。假如英軍中有幾個團這樣的士兵，那該有多好！他們跟中國人的習性那麼相近，而且不像英軍中現有的印度士兵那樣有種姓間的隔離！這事很值得考慮，無論如何，我們可以從菲律賓人中組建一支印度人的軍隊。他們軍營的整潔和個人的衛生僅次於荷蘭人，每個士兵都有一個裝衣服的皮箱，此外還有背包、斗笠和彈藥筒，從下到上放得整整齊齊，上面還寫有部隊和個人的番號。營房內的角落有兩個放臉盆的架子，上面放滿了黃銅臉盆。靠牆中央放的是擦拭槍械的工具，再過來一點，在作為連隊守護神的聖徒畫像前，堆放著士兵們的槍支。每一個營房裡都住著 100 名士兵，屋裡找不到一處積有灰塵的地方。藍色的窗簾擋住了陽光，而開著的窗戶則送進習習涼風。一切都顯得有條不紊，井然有序。

緊挨著營房的就是軍士長們的私人房間，裡面放有紙、筆等書寫用品。牆上掛著就音樂原理向士兵們提出的問題。每一張音樂書桌上都放著閃亮的黃銅油燈，而樂器都放在一個玻璃罩內，顯得一塵不染。屋裡有幾塊供擺放樂譜的木板，使用時就架起來，用完以後再收起來。到了晚上，它們還可以當作絕好的天花板。在士兵們練習打鼓的時候，這些桌子便可在很短的時間內收起來。士兵們都站著吃飯，而且光用手指。吃完飯以後，那些飯桌就被卸掉了腿，靠牆或靠樹幹擺放。他們沒有床鋪一類的累贅品，因為跟其他菲律賓人一樣，他們是睡在墊子上的。我認為，對於英軍來說，這些人將可以成為很省錢的士兵。當然，軍官們都是西班牙人。他們的軍裝十分整潔 —— 深藍色的短上衣，單排鈕扣，白色的「緊身長襯褲」，以及圓頂的法國式軍帽。就連工兵的全副裝束也很搶眼：持黑壺的士兵們頭戴類似於法國士兵的軍帽，身穿棕色荷蘭麻布製成的軍服。

1857

馬尼拉速寫：市井小販

(Sketches in Manilla: Chinese Chow-chow Sellers and the Meat Market)

1857
《倫敦新聞畫報》第 31 卷，第 884 號
1857 年 10 月 24 日，405 頁

我們從本報特派記者在馬尼拉的生動寫生作品中又選出兩幅速寫來繪製成版畫插圖。它們分別反映了市場上的兩個場景：一幅畫描繪一群華人小販在賣醬菜，另一幅圖則描繪了一個肉類市場的場面。圖中的肉販子們都已經賣完了肉，正等待著挑著一塊塊的肉脯一起回家。那些肉塊的表面都爬滿了蒼蠅，以至於幾乎連肉的顏色都看不見了。在馬尼拉的華人大多都包著頭巾。還有許多人把他們的頭髮披在身後。在第一張插圖中，前面最右邊的那個人使我們聯想到了馬尼拉最熱門的遊戲 —— 鬥雞。

在馬尼拉街頭賣醬菜的華人小販

馬尼拉的一個肉類市場

馬尼拉速寫：菲律賓的夏天

(Sketches in Manilla: The Heat of Summer in Philippines)

1857

《倫敦新聞畫報》第 31 卷，第 889 號
1857 年 11 月 28 日，529 ～ 530 頁

馬尼拉，1857 年 9 月 15 日

（本報特派畫家兼記者報導）

1857

由於夏季的酷熱令人難以忍受，整個香港已經變成了一座空城。所有的香港人都去了上海或別的還能找到一絲涼風的地方。鄙人選擇了菲律賓，因為這裡宜人的氣候、繁茂的植物、友善的居民和好客的商人使得它成為東方最迷人的地方，一旦見識之後，便使人終生難忘。我認為這裡的商人（無論是英國人、美國人或德國人）之間的真摯友誼和兄弟情義，以及他們的殷勤好客和精誠團結，無論在世界哪個角落都是很難找到的。還有那使我們如醉如痴的舞蹈，雍容華貴的麥士蒂索混血兒服裝，優雅的哈巴涅拉舞，男女之間用西班牙語的調情，以及每個人都互相認識的氛圍，使人感覺完全像是回到了家裡。就連房屋本身的特徵也很吸引人 —— 那種怪異的牡蠣殼窗戶在晚上全都是開著的，你從街上就可以清楚地看到屋內的居民。

馬尼拉的迎娶行列

假如你走進門去的話，就知道自己會受到禮貌的接待，儘管你根本就不認識他們。當你要告辭的時候，漂亮的女主人會告訴你把這裡當自己的家，不必感到任何的拘束，並希望你能再次來訪。假如她看到你拿出一支雪茄菸，就會召來一位僕人，吩咐他去拿 pavete （當地方言），也就是點火棒 —— 在中國稱作焚香。於是你點燃了雪茄。這裡的人抽雪茄的樣子就像土耳其人抽水煙那樣。

馬尼拉人在踢足球

1858

THE ILLUSTRATED LONDON NEWS

馬尼拉速寫：華人音樂會

(Sketches in Manilla: Chinese Musical Party)

Jan. 2, 1858
《倫敦新聞畫報》第 32 卷，第 896 號
1858 年 1 月 2 日，20 ～ 21 頁

（本報特派畫家兼記者報導）

我們繼續上星期《倫敦新聞畫報》的速寫和報導。

在廣場上女王伊莎貝爾二世畫像的旁邊有兩個人像，我開始以為是木雕像，代表女王陛下身旁的兩個衛兵。我覺得這倒是個別出心裁的好主意，因為用木雕的衛兵來站崗是絕不會疲倦的。這兩個衛兵身著盛裝 —— 頭戴三角帽、手持畫戟。但我後來才發現他們原來是真人，每 30 分鐘換一次崗。我從來沒有看到過比這更不尋常的事情了，因為我盯著他們看了很長時間，也沒有看出他們的肌肉有絲毫的動彈。廣場上用以照明的燈是一個盛著椰子油和一根燈芯的普通平底無腳酒杯 —— 這實際上就是我們平時晚上點的油燈。由於女王的特殊狀況，整個城市會不時地像這樣布置起來。到了晚上，街上許多印度人就把布包在頭上，並在下巴處打個結，看起來就像是患了牙痛病。那天晚上在廣場上可以看到三頂女帽，但我認為自然的髮型要更好看些，我很高興地看到大部分菲律賓女子都是如此。紳士們一般都穿白色的衣服，也有一些穿黑禮服、戴黑禮帽的。另有一些混血兒和一兩個印度姑娘。廣場上還有小孩，一群頑童手裡拿著焚香，死盯著那些手裡拿著雪茄菸的人，一定要等點著了他們的菸以後才肯離開。廣場上所有的人都在交談，抽菸和調情；廣場外面則停著馬車，馬車周圍是正在跟車內乘客竊竊私語的紳士們。紳士們都在抽菸，婦女們則拿著扇子。這就是廣場上舉辦露天音樂會時的一般情景。這裡的僕人們似乎在不斷地惹其主人們生氣。他們自說自話，又極其懶散，但你可以隨心

所欲地鞭撻他們。

一次華人音樂會

CHINESE MUSICAL PARTY IN MANILLA.

馬尼拉的一場華人音樂會

有一天晚上，我聽見熟悉的中國樂曲從一座樓房的窗口傳來，那裡坐著幾位姑娘。從對面一位朋友的房子裡，我可以看見那個房間裡的情景：一群華人正在吃晚飯，興致勃勃地相互敬酒；有一個樂隊正在演奏，一個小夥子正扯著尖嗓子唱一首很流行的曲子，那聲音就像是半夜時分的貓叫 —— 假如說貓能一邊扮鬼臉，一邊唱歌的話。姑娘們滑稽地盯著樂隊的演奏，她們的手裡拿著豎琴，當那位男孩結束了貓叫般的演唱時，她們便用西班牙語唱了起來，但她們的曲調似乎是從鼻子裡哼出來的，而且起伏不定。在馬尼拉最流行的曲調是黑人歌曲〈我要徹夜騎馬到天明〉，它的歌詞是用西班牙語譜寫的，描述歌手的左半身是如何變得「比粥湯還要虛弱」，而心中則燃燒著愛情，以及一個熱戀中的人所使用的類似說法。那些姑娘看見我們在窗口看，就邀請我們過去，於是我們便在嘴裡叼上了哈瓦那一號大雪茄，向那座房屋的樓上走去。中國佬一見我們便起身鞠躬，並把我們帶到了餐桌旁，那裡的酒杯都盛滿了發著氣泡的香檳酒。一個好像叫葉天可的人一定要我們當著他的面把酒喝下去。酒喝完之後，我們對姑娘們獻上了殷勤，在她們的耳旁說了些甜言蜜語，如「缺了她們，生活會變成一片空白」等等。她們的回報是讓我們嚼檳榔，我們玩得很開心。有人建議樂隊奏中國音樂，於是姑娘們便賣力地唱了起來，我想她們的歌持續了一個小時左右，時間這麼長，以至那個拉胡琴的小夥子累了以後站起身來，另一個小夥子接替了他，繼續毫不間斷地演奏那動人的樂曲。我想那歌詞一定是有關忠貞不渝的愛情，但我所能區分的只是這首歌的某些部分聽起來就像是 "bow wow, wow, wow, bow wow"。你們在看這張速寫時，也許會想知道那小夥子拿在手裡的是什麼樂器，這是一種被他用來打發時間的長橢圓形紅木杖。最後這首歌終於唱完了。豎琴又開始演奏起華爾茲舞曲，接著就是西班牙舞蹈，然而那些華人兩者都不會跳 —— 正如那天在香港有一個人被問到為什麼不會跳舞時所回答的那樣："Suppose my wantchee dance can catchee one piece coolie man and makee look see dance pigeon!"[2]（假如我要看跳舞的話，我可以找個苦力來跳給我看啊！）我們在那裡又待了一會兒，一邊看姑娘們表演西班牙舞蹈，一邊觀察在座的華人，其中有些人顯得很有教養。夜已經很深了，姑娘們準備離去，於是我們向主人們道了晚安，便護送姑娘們穿越黑暗的街道回家。

打撞球的印度人

這裡幾乎找不到一個沒有撞球桌的村莊，我在速寫中所描繪的情景每天晚上都可以看到。你們所看到的撞球兜是用線吊起來的；撞球桌的中央還擺有十柱戲，這就跟西班牙人的玩法一樣。這是一個生動的場景，我對此百看不厭 —— 這群神情懶散的人的臉上所露出冷漠的表情顯示出他

2 洋涇浜英語—譯者注

們從來就不知道生活的焦慮和艱辛。圖中那隻無處不在的公雞正站立著打盹。撞球桌的裝飾十分簡陋，並非名牌。然而這些傢伙卻玩得十分嫻熟。撞球室裡並不供應飲料，但雪茄菸卻是數量充足。人們每天晚上都這樣昏昏欲睡地坐在那裡觀看撞球比賽，直至晚上 10 點。我覺得世界上再也找不到一個比菲律賓更適於畫家寫生的國家了：每一個商店都是一幅畫，每一座房子都能提供令畫家如醉如痴的場面和風景。無論是人群的造型、色彩，或是其他各個方面，全部都是一位畫家所夢寐以求的。

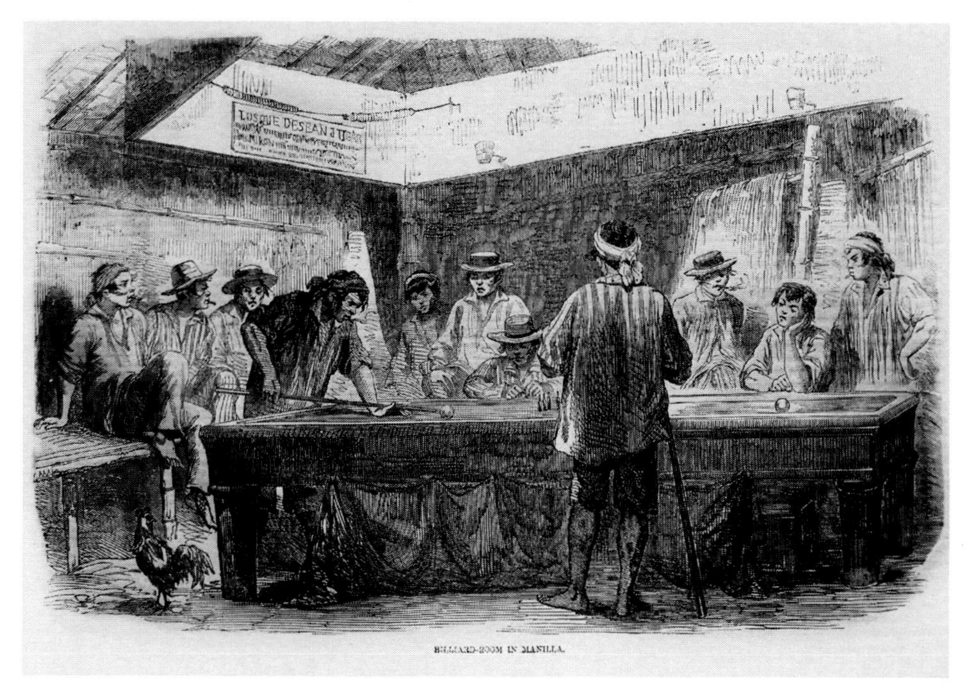

馬尼拉的撞球室

理髮店

這張速寫是我在法國領事的住宅裡畫的：跟往常一樣，懶散是籠罩整個畫面的主題。理髮店的旁邊是一個小吃店。這樣的商店到處都有，而且很容易開設：兩副竹榻，幾根竹竿，再加上一個用聶帕櫚樹葉做成的屋頂，便可以讓小吃店開張了。到了晚上，它還是一個很舒適的臥室。圖中的女子前面放著一只圓形的小籃子，裡面通常盛有檳榔果，它儘管很難嚼，但還是非常有益健康的。然而公共清道夫的角色還是由我們的朋友豬玀來扮演的。公雞雖然腿上拴著細繩，但也跟周圍的人們一樣自得其樂。所有的印度人都把鬍子刮得精光，無疑這要比留鬍子涼快得多，所以我也這麼做了。這樣做準沒錯 —— 刮鬍子的習俗適合炎熱的國家，而留鬍子的習俗適合寒冷的國家。

BARBER'S SHOP IN MANILLA.

馬尼拉的理髮店

聖塞瓦斯蒂安的主要街道

這裡有各種式樣的聶帕櫚葉房屋，以及街道盡頭的教堂，它們可以讓人領略馬尼拉郊區的景色。由於天氣乾燥，道路是圖中最亮的部分，而陰影則顯得灰暗和輪廓分明；教堂經過了粉刷；街道兩旁的人行道是用熔岩鋪設的，途中還可以見到普通的牡蠣殼窗戶。街上的行人中有華人、印度人，歐洲人很少會頂著太陽徒步上街。男人們手裡經常拿著陽傘，這令我感到好笑。這條街一直通向我們住的房子，在教堂的後面。因此進城的時候，我必須經過教堂往這裡過來。早上和晚上，這條街都擠滿了菸草工廠的女工。有一天，我參觀了其中一個工廠，那裡有 8,000 個姑娘在捲菸草，即用石頭敲打菸草，其嘈雜聲震耳欲聾，我以前從未聽到過，簡直就像是一場激烈交火的戰鬥。幾乎所有的姑娘都很年輕，但並非都長得很美。她們蹲在墊子上，一邊工作，一邊交談。我以前從未見過這麼多的姑娘，不瞞你們說，這場面真有點令人手足無措。她們被禁止在工廠裡抽菸，早上 8 點上班，直到下午 6 點太陽下山才下班。

CALZADA DE SAN SEBASTIAN, A SUBURB OF MANILLA.

馬尼拉郊區聖塞瓦斯蒂安的主要街道

1858

THE ILLUSTRATED LONDON NEWS

中國速寫：香港的街市與碼頭

(Sketches in China: Gilman's Bazaar and Victoria Harbour in Hong Kong)

1858
《倫敦新聞畫報》第 897 號，第 32 卷
1858 年 1 月 9 日，45 頁

香港，1857 年 11 月 11 日

（本報特派畫家兼記者報導）

自從我的上一篇報導寄出以來，英軍並未做任何的調動，阿什伯納姆將軍也沒有前往印度。說真的，這裡發生了那麼多的變化，人們往往很難相信他們所聽到的消息。美國駐華公使於本月 5 日到達了香港，幾天後美國海軍準將也來了。迎接的禮炮幾乎就沒有停過。幾天前，第二批英國海軍陸戰隊已經到達，第三批也將於近日抵達。下星期英國的炮艦就將溯珠江而上，據說戰役將在月底打響。幾天前，有兩個中國人從廣州出來，其中一人說廣州城裡儘是八旗兵，而另一人則說廣州城裡沒有軍隊。於是人們對於情報的可信度會有一個大概的印象。與此同時，英軍於夜間在操練場上練習支帳篷，另一支準備前往廣州的苦力輜重隊承擔起馬匹的工作 —— 拉炮車、背彈藥等等。他們總共有 700 人。苦力們剛剛領到了他們的制服 —— 一頂小小的竹篾斗笠，上面還有個帽頂；胸前斜挎著一根布條，其餘的服裝均是中式的。他們似乎都對輜重隊中使用的洋涇浜英語感到非常好笑。我不知道他們在戰爭中的表現將會如何。

這裡的氣候依然非常的炎熱，扇子和雨傘是每天不可或缺的物品，而幹活的中國人身上只穿長褲。天氣一般都很晴朗，灼熱的陽光，綠色的樹葉，塵土飛揚的道路和蝴蝶並不使人感到已經是 11 月了，除此之外還有我們已經習慣了的濃霧和潮溼。英軍士兵仍穿著白色的夏季制服，顯得很精神。我相信這裡是唯一還讓英軍士兵穿夏裝的地方。兩天前，我畫了一幅

香港全貌的速寫，因為我在《倫敦新聞畫報》上還沒有看到過這樣的一幅圖。由於寫生時受到陽光的曝曬，我手上的皮膚都被灼傷了。

GILLMAN'S BAZAAR, VICTORIA, HONG-KONG.

香港維多利亞的吉爾曼街市

1858

11月12日。今天天空灰濛濛的，幾乎有些陰冷，因為昨晚下了一夜的雨。我們不時地會碰上這麼一個陰冷的天氣，而它對於我們皮膚所起的效果，使我們感覺有些異樣。在經過了好幾個月的連續毛孔擴張之後，皮膚開始皺縮，手也變得粗糙。

香港的維多利亞港

目前的水果供應還很豐富，馬尼拉的大蕉、柚子和甘蔗風光依舊。我現在住在一戶華人的家中，自己有一個舒適的房間，沒有窗戶，但有一個雕刻非常精美的中式床架，我把床墊就鋪墊在那個床架上。我用廣東話來訂購我的早飯。早飯十分簡單，只包括茶（不限量的）、好多雞蛋、大蕉和麵包。我按當地的習俗喝茶，不放牛奶或糖。這就使我花掉了一個多先令的錢。午餐時我吃甘蔗、大蕉，以及喝更多的茶。有時候我跟一群華人姑娘一起進餐。我並沒有不喜歡中式的晚餐，她們吃什麼，我也吃什麼，但幸運的是，迄今還沒嘗到過狗肉。菜餚以魚為主，還有大量的米飯。我起勁地用筷子夾菜。人們把米飯盛在一個小瓷碗裡。在未鋪設桌布的桌子中央放著用各種配料做成的菜餚，人們用筷子夾取想吃的東西，不時地給坐在身旁的女賓夾一筷美味佳餚，對方也會回敬你一筷。吃剩的骨頭就放在桌子上。你開始吃自己碗裡的米飯。光用筷子很難把米飯送進嘴裡，在撒了不少米粒之後，你終於成功地吃完了一碗米飯。然後你再把碗遞過去，要一點燒酒充作飲料 —— 這種中式威士忌實際上就像是用米煮出來的米湯。喝完燒酒，晚餐就結束了。這時有人會端上一個大的黃銅臉盆。人們把嘴和手洗乾淨之後，就會抽上一支中式水煙筒。由於菸斗很小，還要透過水去吸菸，所以每次只能真正吸上三小口，要彌補這個缺陷也不難，你只要手裡拿一張點著了的紙卷，等你要吸菸時，就把火吹旺了，然後把它對著另一隻手裡拽著的水煙筒菸斗，猛吸一口！

我沒有給你們寄過有關小腳女人的速寫：事實是在香港很難碰見過了「甜蜜的 17 歲」，又長得不討人喜歡的女子，而我對於女性充滿了熱愛，不想因畫小腳一類的事觸犯她們。這裡的姑娘們全都非常樂意我給她們畫像，我剛剛給我最喜歡的一位姑娘畫完了一幅油畫肖像。她一直待我很好，把我的衣服送去洗，給我買來甘蔗，送我蛋糕以及在各方面善待我。可姑娘們都不願意將自己的畫像登在《倫敦新聞畫報》上。"Me no wantchee you puttee me datlusee paper."（「我不要你把我登在那份爛報紙上。」）總的來說，除了喜歡香港之外，我還能做些什麼呢？

我給你們寄上一幅吉爾曼街市的速寫，這是香港一個很有特色的地方。請注意那些掛出來晾乾的衣服，而且別錯過那些像花圈一樣懸掛在街道之上的香腸。這裡還有兩三條跟它風格相同的小街。到了傍晚 6 點吃晚飯的時候，街上到處都瀰漫著炊煙，使人禁不住要掉眼淚。中國人的房屋沒有煙囪，因此煙就只能從邊上專門開的一個窗口逃逸出來。在街景的後面是維多利亞峰高聳的山頂，房屋的下半部分完全被店鋪所占據；樓上一般都住著女眷，她們坐在窗口，把腳擱在窗戶外面。挑著板鴨的苦力就站在街上盯著你。我不確定為什麼要把鴨子弄成扁扁的形狀，也許是為了便於裝運。街上還有許多小孩。

另一幅有關維多利亞峰的速寫包括了城市的全景。渣甸坊就是圖正中央那些旗杆後面向海裡突出的碼頭。你可以清楚地看到維多利亞峰的山脊輪廓，海中長著椰子樹的那一小塊地方是奇力島，在它的後面就是軍艦和其他船舶。它們幾乎每天都在鳴放禮炮。

今天是 11 月 13 日，俄國駐華全權公使到達了香港，禮炮齊鳴，震耳欲聾。如果他們繼續這麼做的話，那麼攻打廣州的彈藥就會不夠了。

我想你們都會同意我的看法，即認為香港是個不錯的地方。

在操練場上正在舉行一場英國海軍代表隊對陸軍代表隊的激烈的板球比賽。旁觀的中國佬們看到運動員動如脫兔地奔跑，都驚訝得張大了嘴巴。

前幾天，「震怒號」軍艦起程前往馬尼拉，去把剩下的炮艦帶回香港。

THE ILLUSTRATED LONDON NEWS

中國速寫：割稻、中式房屋
(Sketches in China: Rice-harvesting and a Chinese House)

1858
《倫敦新聞畫報》第 32 卷，第 898 號
1858 年 1 月 16 號，60 頁

（本報特派畫家兼記者報導）

11 月 1 日，我跟一位朋友出外散步，深入到了香港的內部，看到了農民們頂著烈日，收割稻子的過程。全村人傾巢而出，在水田裡搶收晚稻，田裡絕大部分的勞動力都是婦女，這可能是因為男人們都出海打魚去了。水稻生長的高度約為 2 英尺 6 英寸。由於地形不規則，所以每塊水田的周長都在大約 50 步左右。稻穀首先是在露天一個用竹篾葦子圍住的桶裡進行脫粒的，一個男子用雙手抓住一把稻子，將穀穗在桶的邊緣反覆敲打，然後將敲打下來的穀穗拿到用一塊用中式瀝青鋪成的堅硬地面上去進行再

次脫粒。耕地是用一種非常原始的犁和一頭很小的牛來完成的，因為地質比較鬆軟，且沒有摻雜任何小石塊 —— 這倒是不錯。在把耕地耙平了之後，就可以再種一次甜薯或是花生。婦女們在工作的時候，把嬰兒背在身後。參加勞動的人似乎並沒有年齡的限制。隔壁的一塊地上還長著甘蔗。

CHINESE HARVEST, HONG-KONG.

香港的中國人在收割莊稼

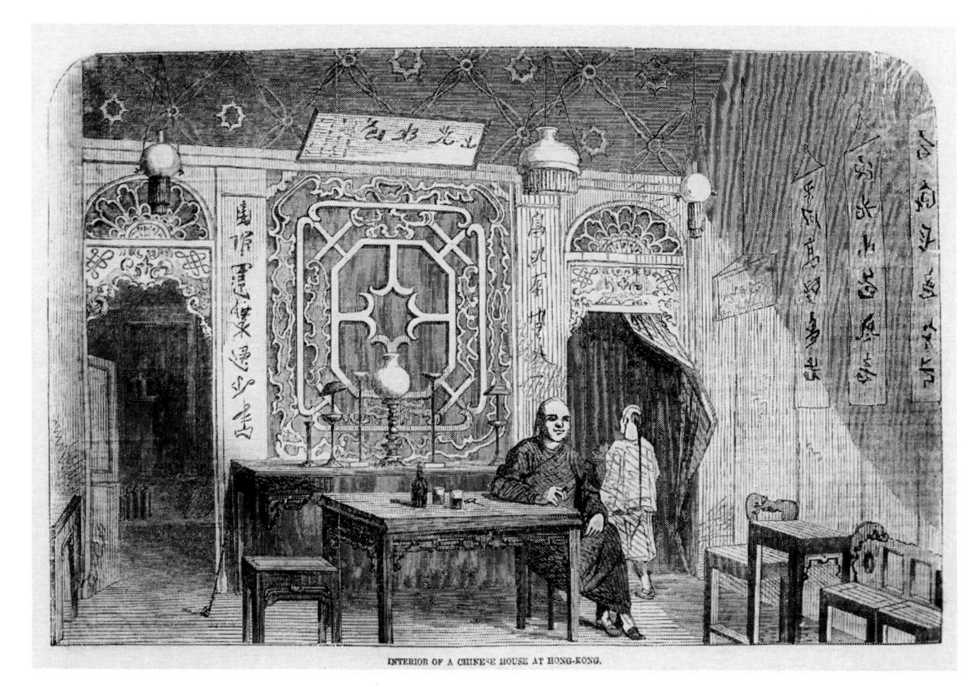

INTERIOR OF A CHINESE HOUSE AT HONG-KONG.

香港一個中國人家庭的內部

我還要寄給你們一幅關於中國人住房內部的速寫。中國人家裡所有的東西都放得井井有條，所有的東西都有它確定的位置，而且一塵不染。我不知道有哪個民族能比中國人更愛清潔。屋內的裝飾物顯得有點怪異，但都令人賞心悅目。一位本地的商人此時正好坐在桌子旁邊抽雪茄。我們剛一進屋，他就為我們端來了啤酒、雪茄菸、水和餅乾，隨後就跟我們聊了起來。牆上掛著對聯和圖畫。你可以從圖中看到，屋裡到處都有燈。

我們偶爾有「上岸休假日」，水兵們都乘機大吃大喝，並盡情地跳舞。他們有許多人已經有一年沒有上岸了，所以他們的狂歡是可以原諒的，因為這裡的小酒店多如牛毛。酒店的牆上裝飾著描繪歐洲人生活的圖畫。酒店裡坐滿了男女顧客，而門外總是站著一群向裡面窺視的中國佬。有一天，我走進一家商店，坐下來畫速寫，但周圍聚集了一大群中國佬，以至於繼續畫下去都很困難。他們總是如此喜歡任何圖畫類的東西，所以假如你想要去戶外寫生，就得冒著被旁觀者擠壓窒息的危險。

THE ILLUSTRATED LONDON NEWS

中國畫「大敗鬼子真圖」

(Chinese Drawing of the Fatsham Creek Affair; A Sporting Tour in Governor Yep's Land)

1858

《倫敦新聞畫報》第 32 卷，第 899 號
1858 年 1 月 23 日，77 頁

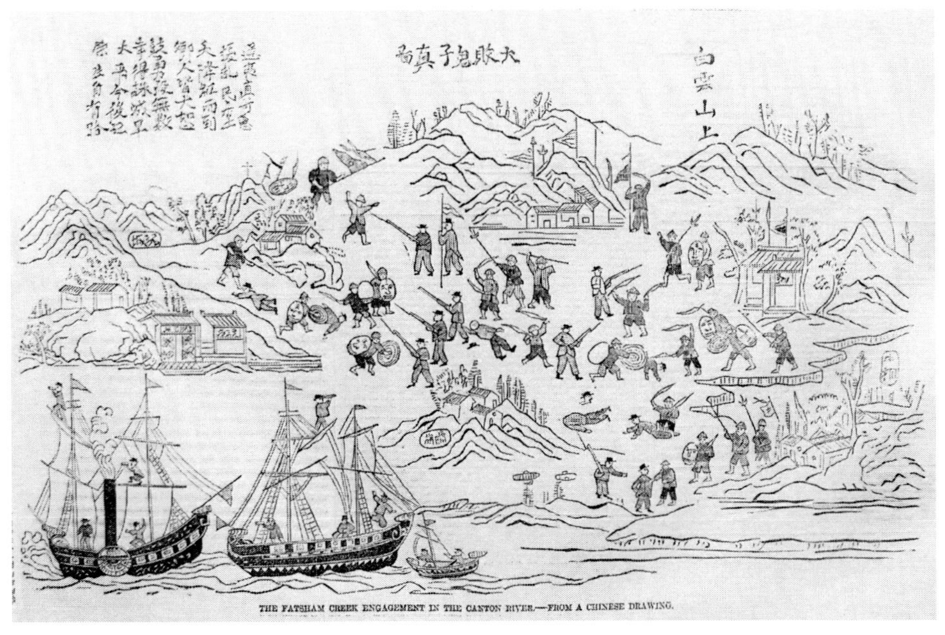

在珠江上發生的佛山水道戰役 —— 根據一幅中國畫繪製

我們首先要感謝一位記者把一幅描繪去年 6 月佛山水道戰役的中國畫帶給了我們。原圖是彩色的。穿紅衣藍褲的是英國海軍陸戰隊隊員，水兵則是藍衣紅褲，軍官們都穿綠色的上衣。位於右下方的那個人就是被捕的

凱佩爾海軍準將。左邊的那條火輪船就是凱佩爾海軍準將的旗艦，右邊那條船是一艘炮艦。

這幅畫是「漫遊者號」軍艦上的一位軍官在離佛山水道不遠處的東平水道（Moneupenny Creek）一艘炮艦上服役時得到的。

深入葉總督管轄腹地的一次狩獵經過

（本報記者報導）

我應邀參加一支狩獵隊伍，前往離海岸約30英里的內地。持悲觀看法的朋友們說：「別去，你們一定會被清朝官員逮住的。」他們臉上帶著不解的表情，用手在脖子上抹過，向我們暗示結果可能會如何。然而1857年11月2日下午2點，我們登上了一艘輪船，出發前往東博寮海峽。在那裡我們用輪船拖上了一條全副武裝，作為我們護衛艦的縱帆船，還有兩條裝滿了為我們開路的苦力的大舢板，然後向內地進發。退潮對我們不利，前進的速度很慢。

當夜幕降臨的時候，我們剛剛駛出了航道。波浪的衝擊使輪船和縱帆船都碰到了一起，而鼓滿的風帆更使得兩條船相互碰撞。還有，雖然海洋和風力都竭力使我們避開一塊大礁石，但由於船員的頑固，我們差點葬身海底。輪船搖晃得太厲害，坐著很不舒服，所以我們都跳到了縱帆船上，不久就在那裡睡著了。第二天早上，我們發現船已經靠近了大鵬灣。我們上了輪船和舢板，到了中午，就在一個美麗的小海灣裡下錨休息。輪船在最裡邊，縱帆船上的大炮朝外，隨時準備痛擊在此海域出沒的眾多海盜船。我們於夜晚登陸，先偵察了一下獵物的情況。村民們很客氣地給我們送來了茶水，只要是有的東西他們都願意賣給我們——這些位於山谷之中的農莊景色很美，村前有大片的稻田，正在成熟的稻穗呈現出棕黃色，像金子般閃耀，使人感到和平與安寧，根本就沒有我們所預期的那種恐懼感。

A SHOOTING PARTY LANDING AT HAM SING, UNDER THE KELLENHORN MOUNTAIN.

狩獵隊在位於山腳的一個中國村莊登陸

第二天早晨，我們跳上了舢板，藉著日光看到了我們狩獵隊頭領所指定的地點。他在中國狩獵已經有年頭了，深諳在哪個隱蔽之處可以找到野雞。上岸後，我們坐轎子來到了打獵的地方，以便能節省體力（「調整你的體力，先生。」就像攀登白朗峰時，嚮導會提醒你的那樣）。我們來到了一座有希望能打到獵物的山前，喝了一杯熱身的酒，便列隊上山。每一位獵人都有一名中國苦力幫他登上險峻的山坡。獵狗們吠叫著在前面探路，苦力們敲打著灌木叢，偶爾會有一隻野雞從灌木叢中飛起來，緊接著就是一連串的槍聲。有時一隻被擊殺的獵物會使我們情緒高漲。直到上午10點左右（從太陽的位置來判斷），有一個人跌倒在地上，接著又是一個，我們的頭領沒有別的辦法，只好可憐一下我們這幫人，指著某處陰涼的地方，讓我們在那裡坐下吃早飯。

中國村民為我們抬來了桌子和凳子，似乎跟我們在一起很開心。早飯擺上桌以後，我們便試圖平息自己的飢餓感，可在經歷了一番劇烈運動之後，這並非一件輕鬆的任務。有人喝啤酒，有人喝香檳，有人抽雪茄，然後躺下休息，午後的涼爽促使我們再次去狩獵。黃昏時分，我們回到了自己的輪船上，晚餐之後，便進入了夢鄉。

我們連續幾天坐舢板換了好幾個地方狩獵，在陰涼處休息吃早飯，天黑時回到船上。但所有的樂趣總得有個頭。星期六，我們不得不返回香港。輪船還得從海上繞著走，而狩獵隊員則從陸路穿過地峽，在經過了一段旅程之後回到了香港。他們的頭顱還長在脖子上，而且為他們從中國村民那裡受到的款待感到非常得意。

THE ILLUSTRATED LONDON NEWS

在中國的戰爭：葉名琛、船女、寺廟與水兵

(The War in China: Commissioner Yeh, Sampan Girl, Joss House and the Crew of a Gun Boat)

1858

《倫敦新聞畫報》第 32 卷，第 903 號
1858 年 2 月 13 日附刊，169、176 頁

上月 18 日，英國海軍的旗艦到達並停泊在虎門島附近，此後每天都有其他軍艦陸續到達這裡。我給你們寄上一幅有關珠江和英國皇家海軍軍艦所處位置的小型示意圖。「亞克托安號」的巴特艦長榮幸地占據了最前面的位置，即跟澳門要塞平行，離廣州城大約有 5 英里的距離。說來奇怪，自從我們撤離荷蘭炮臺以來，就沒有再進行過偵察活動，同時對老朋友葉總

督及其手下兵勇的行動也一無所知。目前這種無所作為的狀態極其單調乏味，而且對我們來說沒有任何好處：我們也許不能夠主動出擊，但當然可以把珠江這條大河的每一個支流和運河都摸清楚。這樣的疏忽將來遲早會有人追悔莫及，因為這麼好的機會不太可能再有了。此外，從政治的角度來看，英國軍艦到處游弋的情況肯定造成了一種顯著的效果。

兩廣總督葉名琛 —— 根據中國畫家的一幅作品繪製

自從上次那封信寄走了之後，我們有些軍艦開始向珠江上游駛去。「南京號」和「戲謔者號」停泊在高島附近；「西比爾號」、「賽馬號」和「奇襲號」停泊在黃埔；但本文所附的珠江示意圖對於讀者來說，也許要比描述文字更加有用，因為它們標示出了每一艘軍艦的位置。「麻鴉號」軍艦運載了 3 門迫擊炮，它們將被安放在河南島上，這樣就可以將廣州城輕易地置於它們的射程之內。

你可以想像，每一個人都想大幹一場；天知道，在一個有害於健康的氣候裡浪費一年多的時間以及日復一日的單調生活會是什麼樣的滋味。無論是誰，其耐心總會有個限度。目前的狀況迫使我回想起一首過去流傳甚廣的打油詩：

查塔姆伯爵，刀劍出鞘，
怒目而視理查·斯特羅恩爵士 ——
而理查爵士也虎視眈眈，
跟查塔姆伯爵針鋒相對。

與此同時，葉名琛仍然頑固不化，我們不禁要讚賞他的勇氣和耐力。我寄給你們的畫像是有依據的，因為這是從當地一位造詣極深的畫家作品中臨摹來的。大家都相信中國人從廣州運走了他們的貨物和動產，並在地下埋了許多地雷，以便能炸死盡可能多的番鬼。葉名琛本人親自督辦此事。我希望在下一篇報導中能夠向你們描述英軍是如何成功地摧毀所有這些防禦工事，並占領廣州城的。這裡主要的，或者應該說是唯一的消遣就是在海岸邊散步，當然每個人都帶著武器。有一天，「南京號」軍艦派了一大批人上岸 —— 幾乎有 300 人。到了一個適當的地方，我們便以「番鬼」的方式，恢復了內在的本性：照例從周圍引來了一大群衣衫襤褸的中國人。軍樂隊奏起了〈在我們像吉普賽人那樣流浪的日子裡〉和〈波利，能跟我交朋友嗎〉以及其他能讓人開懷大笑的樂曲。天朝子民將我們圍得嚴嚴實實，小孩站在前面，大人站在後面。我們「英勇的軍隊」躺在草地上，盡情地放鬆和享受。凡是眼睛能看到的地方，都是一片蘿蔔地，這情景使我們的士兵們雅興大發。那天發生的唯一一次遭遇戰就是抓到了許多鵝，但後來都付了錢。軍號聲一響，士兵們都跳起身來，而那些本地人都逃之夭夭，正好把場地空了出來，以便能讓英軍列隊返程。

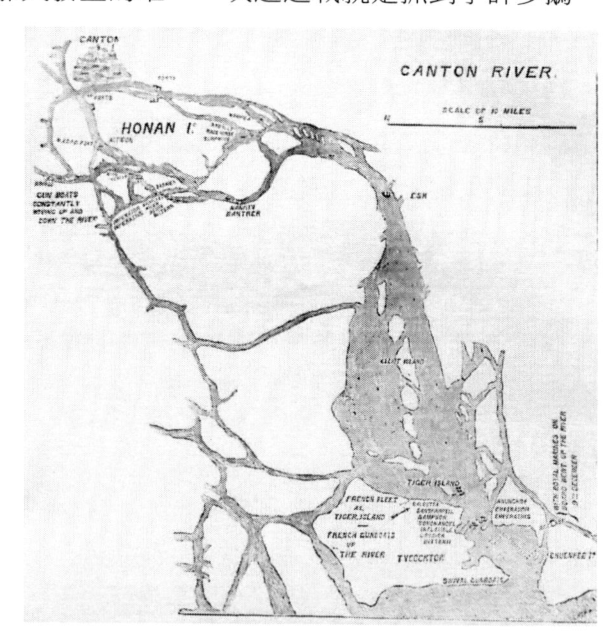

標明炮艦位置的珠江示意圖

JOSSHOUSE (TAE PING SHAN) AT CANTON.

廣州的太平山寺廟

SAMPAN GIRL ON CANTON RIVER.

珠江上的船女

1858

水兵們在炮艇上做禱告

我寄給你們一幅在珠江上畫的船女肖像速寫，是我幾天前寫生的時候畫的。它可以使你們了解船女是怎麼划船的：她們總是側著坐。她的髮型就像我們所起的綽號那樣，活像是一把「茶壺」。它看上去很得體，可是卻需要相當長的時間才能梳成這個樣子。

另一幅速寫畫的是一個寺廟 —— 名為太平山 —— 這是本地最好的寺廟。前幾天我去了那裡。我絕對忘不了那個情景。有兩名婦女在那裡祈神拜佛，但那種方式簡直太不像話了！我們剛走進去，她們就開始跟我們一起放聲大笑。接著，她們俯下前額，一直碰到地板，然後又開始互相捉弄起對方，例如從她們跪著的墊子上面摳下幾根棕須，插到對方的頭髮上。其中有一個甚至站起身來，就著菩薩塑像前的蠟燭點燃了她的菸。虔誠這個詞，她們似乎根本就沒有想過。那位抽菸的女子肆無忌憚地抽菸、玩耍和祈禱。一位穿著黃色袈裟的和尚正在念經，但顯得心不在焉。人們在寺廟裡走來走去，一邊大聲地說著話，有一位男子在往空中拋一個嬰兒。還有那些面目猙獰的金剛 —— 他們足以使人在晚上夢魘纏身！我們離開了那兩位女子，走進了對面的一個商店，我在那裡坐下來畫速寫，但周圍一下子圍上了那麼多的中國人，使我連作畫都很困難。那些傢伙是那麼喜歡圖畫一類的東西，使得我們在戶外寫生得冒著被人擠壓窒息的危險。他們並不是想要妨礙你，但除非他們認為自己是透明的。不管怎麼說，我還是畫了這張速寫。站在寺廟石階上的是一些苦力，而在寺廟兩隻石獅子前面的分別是賣小吃的流動小販。

我還畫了一幅〈水兵們在炮艇上做禱告〉。這是星期天早上在珠江上畫的。艦長正在主持禮拜儀式，而水兵們坐在炮腳架的鐵柄上聽他講。圖面的背景是上橫檔炮臺。關在鳥籠裡的金絲鳥使得這個場景令人感到很溫馨。

我另外還寄上一幅有關葉名琛剛頒發的銀質「無畏」勛章的速寫，實際的勛章要比速寫中的更大。

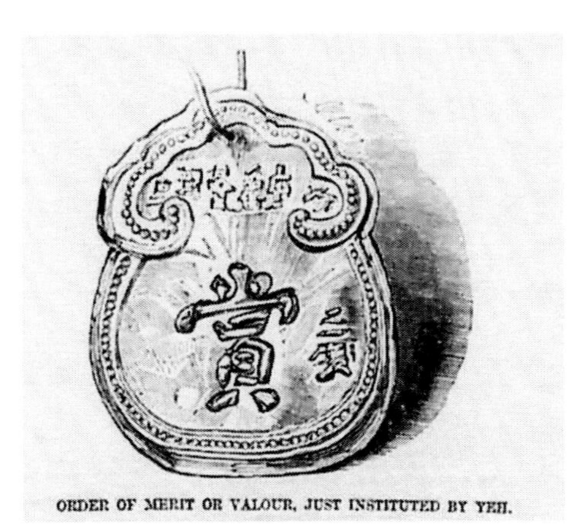
ORDER OF MERIT OR VALOUR, JUST INSTITUTED BY YEH.

葉名琛剛頒發的銀質「無畏」勛章

THE ILLUSTRATED LONDON NEWS

在中國的戰爭：來自《陸上郵報》與《追蹤報》的報導
(The War in China: News Reports from Overland Mail and Moniteur)

1858

《倫敦新聞畫報》第 32 卷，第 904 號
1858 年 2 月 20 日，193 ～ 194 頁

從我在珠江上畫的速寫中，我挑出〈一幅小販船主人和他的兒子〉給

你們寄上。這位老派的中國人一直向我們提供雞蛋和水果，因而他值得我們來報導一下。他在頭上戴了一頂冬天的帽子，我很懷疑我們的低頂寬邊軟氈帽就是抄襲了這種帽子的式樣，因為兩者的顏色和質地是完全相同的。也許你們會對小孩特別的裝束感到好笑，然而當看到他腿上綁著繩子，你們就會困惑不解了。可這個必要的預防措施是為了不讓這個小不點掉下船去。這小孩的帽子式樣新穎，而且他的衣領是「360 度全方位包住的」。他的脖子上掛著兩塊麻將牌和一串「銅錢」（方言中的讀音為 "chin"），這小東西身上裹了不少衣服，可是天知道，雖然現在是冬天，但他還是熱得滿臉通紅。船主的妻子在船艙為他準備晚飯，因為時間已經是下午 5 點了。廈門小姐正在幫助她母親做家務。兩個兒子都在船上用中文教書，同時研究我們的大炮和作戰部署。我期望到了下一次戰爭爆發時，他們已經完成學業。

英國旗艦「加爾各答號」到達虎門要塞

CHINESE BUMBOAT MAN AND CHILD, IN CANTON RIVER.

小販船主人和他的兒子

我再給你們寄一張有關 11 月 20 日（星期三）「加爾各答號」軍艦被「山姆森號」拖進香港的速寫。海軍陸戰隊隊員們都站在上横檔炮臺的山牆上歡呼它的到來。在他們的下面，即畫面的左邊，是一個中國人開的麵包店，隔壁也是由中國人開的洗衣店。那些傢伙把衣服放在石頭上敲打，會把你的衣服撕成碎片。山上只長草，沒有樹。

一位軍官在珠江上所寫家信的摘錄

由「阿得雷德號軍艦」運載的最後一批海軍陸戰隊隊員已經到達，這使得英軍總數達到了 1,800 人，這並不包括海軍艦艇上的另外 1,000 名水兵。有 300 名炮兵和相同數量的第 59 步兵團士兵可以供海軍艦隊司令調遣，但人們並不認爲後者眞的會參加戰役。有傳言說，將會從印度調遣部隊來，因爲那裡的暴亂現在已經被鎮壓。英軍的困難並不在於奪取廣州城，而是在於守住它，因爲城裡有幾乎 100 萬的人口，而我們的人卻只有這麼一小撮。城裡有迷宮般的狹窄街道（約有 156 條街），20 英尺寬，街旁是低矮的房屋。這個城市位於平原上，西面被江河所包圍，而且位於一座相當高的白雲山山腳下。城市的後面就是一個山脊的終端，那裡有三四座不太高的山丘，但也足以形成對城市的制高點。在這些山上建有要塞，並駐紮著八旗兵。在上次戰爭中，這些要塞曾被英軍占領，廣州守軍不得不爲之交納巨額贖金。廣州城的城牆底部有 25 英尺厚，城市呈方形，周圍有郊區的房屋圍著，或者說幾乎全都是。停泊的軍艦不斷增加，每天都有新的炮艇到達，而軍艦部署的位置也不斷向珠江上游推進，對被我們稱之爲「末日之城」的廣州逐漸縮短距離形成包圍圈。我們認爲，葉名琛及其幕僚出於對英軍力量的偏見和輕蔑，無法意識到他們對抗世界頭號強國的做法是多麼徒勞無功，儘管自從香港被割讓以來，英國文明的奇蹟展現在他們面前已經有整整 17 年了。這尤其表現在戰爭軍需品上，如我們的輪船和蒸汽機 —— 這些都是他們不可想像的。我們的武器若僅靠他們的工藝技術根本就無法企及。還有我們的進取心、我們的商業貿易、我們的貨船，以及我們自給自足的能力。雖然他們實施正義的法律在很大程度上是建立在明智和正義的基礎上的，然而執法者本身的腐敗卻是徹底且普遍的。現在他們就要得到一個教訓，即他們的排外做法早已過時，現在他們必須成爲國際社會的一個基本成員。

對於本報上一期有關奪取廣州的電報式簡短報導，我們現在可以增添一點關於轟擊和成功攻入廣州城的細節報導。

下面所附的具體報導取自12月30日的《陸上郵報》：

我們一直急切地尋找來自廣州的新聞，並透過「負鼠號」軍艦簡單地獲知在12月28日凌晨6點，英軍開始用大炮轟擊廣州。到了中午，當炮艇離開後，東炮臺受到了英法聯軍的攻擊。

在法國炮臺和荷蘭炮臺這兩個要塞之間停泊了25艘炮艦，還有軍艦上的小艇。荷蘭炮臺已經改造成了一個迫擊炮的炮臺。法國炮臺本來也想這麼改的，但後來這個計畫被放棄。聯軍的炮擊開始後不久，整個廣州城郊外都燃起了熊熊大火，火焰從城內冒出，四處擴展。大家都認爲，在總攻的命令下達之前，炮擊還將繼續下去，而總攻將在明天發起。然而，海軍和陸軍的將領們都沒有宣布他們的計畫，可是炮擊造成的可怕後果，以及從大口徑火炮和迫擊炮不斷射出的炮彈在中國人心裡所造成的恐懼，都說明總攻即將到來。因此，過了晌午，由第59團士兵、炮兵、法國海軍陸戰隊隊員和水兵們組成的登陸部隊，據說還有一些印度兵，總共大約2,000人開始上岸，並朝著東炮臺方向進發，而水兵旅則準備向西包抄進攻琶洲炮臺和長洲炮臺這兩個要塞。據信，這些任務必須在28日內完成，到了29日（昨天），就要開始進攻四方要塞。這樣的話，俯瞰廣州城的制高點都將被我們所控制。

對於聯軍提出有關全權代表的要求，葉名琛的回答是額爾金勛爵最好和平地解決這個問題，就像前一次文咸爵士所做的那樣，當時他（文咸爵士）還因此被冊封爲爵士。爲了證明這一點，葉名琛還讓一家香港報紙刊登一則有關這段趣事的聲明。至於美國人，他對他們幾乎一無所知，也根本就沒有意識到還有法蘭西這麼一個民族的存在。

推遲對廣州的轟擊完全是出於英國海軍艦隊司令的人道主義意願，即讓所有的婦女和兒童在英軍發動總攻之前能有機會逃離。巴夏禮領事爲這個目的而撰寫的布告已經廣泛散發並張貼。

當費希爾船長和45名坑道工兵和地雷工兵搭乘「亞丁號」軍艦到達之後，「負鼠號」已於昨晚離港前往廣州。

《郵報》在提及12月13日「戲謔者號」軍艦的皮姆海軍上尉率13名水兵登陸時受到一大隊兵勇伏擊這一不幸事件（本報以前對此有過報導）時，也證實了下列事實，即經常爲本報從中國和菲律賓發回栩栩如生的速寫的那位先生是面臨著多麼大的危險，它還記錄了英軍隨後對當地人的報復：「《倫敦新聞畫報》的記者跟登陸的士兵在一起，起初人們以爲他已經被敵人捕獲，但後來他又現身，泅渡過了好幾條河，並幸運地潛水逃了出來。第二天登陸去焚毀那個村莊的英軍部隊跟『兵勇們』有一個遭遇戰。後者勇敢地頂住了第一次齊射，但在刺刀面前終於潰敗了。據報導，死傷十分慘重。」

歌賦要塞現已被占領。

我們從香港《陸上記錄報》的附刊上得知，歌賦要塞已於12月29日下午2點到3點間被英法聯軍所攻占。

法國人的報導

（星期六的《追蹤報》）

巴黎，2月13日

法皇的政府收到了裡戈爾·德熱魯耶海軍少將的公文急件，講述了攻占廣州的一些細節。

英法聯軍於 12 月 28 日在廣州登陸。

由於裡戈爾·德熱魯耶海軍少將能夠部署的兵力很少（約 900 人），麥可·西摩爾海軍艦隊司令把最突出的位置，即每個進攻縱隊的先頭部隊這一位置留給了法國登陸部隊。這一富有同情心的舉措使法軍官兵深受感動。英法聯軍的隊伍開拔到了廣州城下。

28 日那天，聯軍跟清軍展開了遭遇戰，林則徐要塞被攻占。法國海軍陸戰隊的軍士長馬丹·德帕利耶先生第一個將法國國旗插在了要塞的頂上。

到了 29 日，聯軍向廣州的城牆發起了全面攻擊。「變幻莫測號」軍艦的二副帕蘭德首先衝到了城牆的缺口處，並將我們的旗幟插上了城樓。緊跟在他後面，並用火力掩護他的是同一艘科爾維特式輕巡洋艦一門大炮的指揮官，以及一名叫洛裡耶的水兵。裡戈爾·德熱魯耶海軍少將補充道，每一位士兵都奮勇爭先，不甘落在英軍士兵的後面，為捍衛法國皇家軍隊的榮譽而盡心盡力，使得法軍的軍威大振。少將提到科利耶陸軍上尉、範尼雷和韋里奧等人展示了他們的勇氣。公文急報以下面這段文字作為結尾：

> 廣州已經被英法聯軍所征服。城市北面的要塞似乎已經被放棄。對於這樣一次全面的總攻來說，我們的傷亡微乎其微。我正跟麥可·西摩爾海軍艦隊司令一起努力鞏固英法聯軍所獲得的勝利成果，從聯軍軍艦上發射的炮彈威力強大，對於我們的勝利起了很大的作用。

1858

THE ILLUSTRATED LONDON NEWS

在中國的戰爭：激戰廣州
(The War in China: Fierce Fighting in Canton)

1858
《倫敦新聞畫報》第 32 卷，第 904 號
1858 年 2 月 27 日，220 ～ 222 頁

廣州，珠江

（本報特派畫家兼記者報導）

上次剛剛寫完 12 月 14 日的報導，我有幸參加了一場跟中國人展開的最富有悲劇性的戰鬥。

12 月 14 日上午大約 10 點左右，「戲謔者號」炮艦上的第二艘輕便快艇載著 11 名水兵、一名炮手、貝德福德·皮姆海軍上尉和我以及擔任翻譯的小販船船主 —— 總共 15 人。出行的目的既是為了消遣，也是為了蒐集情報。我們沿著一條彎彎曲曲的小河往上開了 2 英里之後，來到了高島（High Island）對面一個擁有 13,000 人口的城鎮。英國軍艦的輕便快艇以前曾經訪問過此地。我們留下了兩個人看管輕便快艇，其餘人都上了岸。沒發現任何值得懷疑的情況，我們便靜悄悄地進了城，一路上並沒有受到任何人的盤問。有一個中國人告訴我們的翻譯說，前面有一位清朝的官員，這使得皮姆海軍上尉急著要去找那位官員。可是來到衙門一看，鳥已經從巢裡飛走了，只留下了一些公文、書籍、官帽和武器。

離開那座房子以後，我們便直接趕到了停船處，途中經過了十分擁擠的人群，他們並未顯露出任何敵意。但是當我們來到了可以看得到輕便快艇的地方，就發現一些清軍兵勇在人群的簇擁下，用碎磚頭砸那兩名留在船上的英國士兵。皮姆海軍上尉率領水兵們衝向人群，使全體人員都撤到了船上。可還沒等我們都坐穩了，敵人就用火銃向我們開了火，使一名英

國士兵的腿部受了傷。他們抬出一門小火炮向我們開火，炮彈從河灘夾著死亡和毀滅，雨點般呼嘯著落在我們的周圍。那名炮兵和兩名水兵被當場打死，前者就坐在我的身旁。還有好幾個人受了傷。他們在中彈片受傷時所發出的痛苦尖叫簡直像撕心裂肺一般，划槳從他們的手中落下，就再也拿不起來了。最後，由於失去了動力，小船在河中間停了下來。在這使我們陷入困境的整個過程中，皮姆海軍上尉都站在輕便快艇的船尾，大聲鼓勵著水兵們，偶爾舉槍向敵人射擊，其彈藥是由我遞給他的。他一開始就受了傷，但我直到後來才知道，他的身上有六處負傷。在這種情況下，誰都不會奇怪船上未受傷的人會棄船逃命（因為那些清軍兵勇毫不留情）。穿過一片水田，在那片水田的邊上，他們也許就會被「南京號」軍艦上的人所看見。然而皮姆海軍上尉拒絕棄船，仍然站在船尾。他在槍林彈雨之中，似乎有神靈的保佑。那位以前似乎膽子很大的翻譯帶頭跳入了水中，並且逃到了水田裡。船上很快就變得空無一人，除了屍體和皮姆海軍上尉，後者催促我跳水逃生。我按他所說的那樣做了，並根據我個人的經歷，可以向你們保證，人們若想逃生，就不該選擇泥濘不堪的水田。我走每一步，腿都在汙泥裡陷到了膝蓋處。我游過了兩道溪流，在到達河邊時，幾乎昏倒在地，手裡拚命向「南京號」軍艦揮舞我的紅腰帶，以作為求救信號。我相信自己上岸後能活下來，是因為身上穿著中國服裝，而且除了一把刀之外，沒帶任何其他武器。又有兩名水兵被殺害。我經過了其中一名水兵的屍體，他是皮姆的舵手，背上有兩處槍傷。最後，我終於欣喜地看到「南京號」派船來搭救我們。皮姆海軍上尉在輕便快艇上一直堅守到了最後，不斷地向敵人開火射擊。結果，當中國人乘著舢板向他划來，使他不得不撤退時，他還用最後一發子彈擊斃了他們的首領，這引起了敵人的一陣慌亂，並使英勇的皮姆有機會到達水田處。要將英國士兵的頭顱從他們的屍體上砍下來也著實耗費了一段時間。感謝上帝！他終於能夠被「南京號」派來的小船所搭救，儘管身後都有兵勇們緊追不捨。就這樣，15 人的隊伍中，有 5 名水兵陣亡，6 名重傷 —— 後來其中一人也因傷重而死亡。「南京號」軍艦接受了傷者，並以最仁慈的方式對待我們。我上船後，身上裹著條床單，躺到了床上。我渾身溼透，精疲力竭，但很快就恢復了精力。

「南京號」的小船載著一支海軍陸戰隊溯小河而上，採取了一些報復行動。但是我們那條輕便快艇已經蹤影全無，只是在水田裡找回了一具無頭屍體。他隨即就在高島上被埋葬了。第二天早上，「南京號」的斯圖爾特艦長在與麥可·西摩爾海軍艦隊司令進行聯絡，並獲准進攻新羅鎮之後，制定了詳盡的進攻方案。在對該城鎮進行了炮擊之後，他派 250 名海軍陸戰隊隊員和水兵登陸進攻。他們遇到了清兵頑強的抵抗，但最終成功地強行攻入了鎮內。漫山遍野都是清軍士兵，但從「南京號」軍艦上準確發射的幾發炮彈使他們感到震驚，並且打亂了他們想要包抄英軍退路的計畫。士兵們縱火焚燒了這個地方，但中國的城鎮很難被輕易毀掉，因為那些房屋都是用上好的青磚砌成的，只有部分屋頂是可以燃燒的。滾滾濃煙騰空而起，而與此同時，這支「英勇的軍隊」安全地撤出了戰鬥，只有四人負傷。最令人感到悲愴的是看著那些小腳的女人試圖穿越水田。她們似乎知道英軍不會傷害她們，因為她們與英軍的隊伍擦身而過。還有一些不幸的兒童迷了路，因找不到父母而在原地打轉。中國人的傷亡一定很大，因為他們曾一度向我們發起衝鋒，但因一陣準確的排炮而中止，並被英軍的刺刀逼得狼狽逃竄。我總是弄不明白他們是怎麼能用火銃槍打中人的，因為他們總是從腰部就扣扳機 —— 正如你們可以從速寫上看到的那樣 —— 而從不像我們要把槍舉到肩部。在溪流盡頭他們以為我們要登陸的地方，他們用裝滿泥土的木桶築起了一個炮臺，並在炮臺裡安放了重型的火銃和能發射 12 磅重炮彈的黃銅大炮。然而我們是從一個方向完全相反的地方登陸，使他們深感失望。這就是在 12 月 15 日發生的事情。第二天早上，我們帶著傷員順流而下，前往香港。我們用竹竿在甲板上搭起吊床，四周又用帆布圍住，為傷員布置了休息場所。我們在香港引起了一陣轟動。「戲謔者號」軍艦上的傷員們住進了「赫丘利斯號」醫療船上，現在的恢復情況很好。

廣州城對面的河南島是於 15 日被英法聯軍和平占領的，這正好是十三行被燒毀的一周年。伍浩官的茶葉商店現在已經被改為軍營，住著水兵、海軍陸戰隊隊員和法國人。在我們有關登陸的速寫中，你們可以看到房屋的建築風格。圖的中央是海軍陸戰隊，最後是法國人，在靠近荷蘭炮臺的地方，後者已經被中國人所摧毀。「亞克托安號」、「烏木號」（麥可·西摩爾海軍艦隊司令的旗艦）、「游弋者號」等等，還有另外一些炮艦，都停泊在河南島與廣州城之間從沙面要塞到荷蘭炮臺這一段河面上。十三行已經被夷為平地 —— 一絲痕跡也沒有留下，就連花園也完全消失了。我們第一夜停泊在上游的法國炮臺附近，第二夜就停泊在沙面要塞對面。廣州是一個沒有教堂尖頂和煙囪管帽的大城市，由於完全沒有行駛的車輛而帶來的寂靜是異乎尋常的。在夜晚，唯一能夠聽到的聲音就是從眾多（為預防火災而設立的）更夫那裡所傳來的梆子聲。人們根本就不在意我們的存在，他們背著手走來走去，就像什麼事也沒發生過似的。然而在河裡的活動卻十分頻繁，英軍的高級軍官親自出面，請中國人把小舢板都轉移到一個安全的地方，於是中國人便把各種大小和形狀的船都遷移走了，其中有些是船民的家船，有些是運米船，還有惡名昭彰的花船，可現在這些船都變得空空如也。

中國人全都帶著家財和動產轉移到了廣州上游大約 1 英里處的佛山水道，你必須知道一個公認的事實，即聯軍並非是在向中國人開戰，而是就像我在第一批信中所說的那樣，只是針對葉名琛及其官員的。而另一方面，「番鬼」們對待中國老百姓非常友善，而許多老百姓也希望能除掉那些騎在他們頭上的暴虐貪官。這些老百姓開始認知到，我們並非是「蠻夷」，並非官方要他們相信的那樣。他們只想能跟外國人有更多的交往，以便能成為一個更好的民族。他們任勞任怨，不屈不撓，具有極好的模仿能力。當然，由於跟世界隔絕，受到歧視，並且總是受到統治者的欺壓，他們也因此沾染了一些壞習氣。

奇怪的是，那些一直追隨我們到廣州的小販船船主和洗衣婦們對於我們是如此的信任，以至於他們一旦被清軍抓住的話，馬上就會掉腦袋。軍事輜重隊於聖誕節前夜到達了這裡，他們全是中國人，身穿黑衣，並在肩上斜挎著一根白布帶，上面用中英兩種文字寫著他們的番號。他們都戴著圓錐形的竹篾斗笠，上面寫著 "Military Train"（軍事輜重隊）。他們每個人每月領取 7 元錢的軍餉，並且承認這些錢足夠他們花的了。他們對我們的忠誠是來自他們對清朝官員的恐懼。

軍事行動於星期一早上開始。一切都已經準備完畢。葉名琛前幾天給法國人送去了一封信，說他從來沒聽說過他們，並想知道他們是從哪裡來的。他說他不介意會晤美國的公使，但會晤地點必須是在廣州城牆的外面。

我們必須結束這封信了，因為我現在就要上前線去了。

虎門島

由於英國艦隊正停泊在這個著名島嶼的背面，一幅虎門島的速寫將會引起人們的興趣。這是一個形狀最稀奇古怪的島嶼。島的頂部有一個旗杆，當天歡慶的隊伍正在朝山頂上走。「皇帝號」軍艦正拋錨停泊在那裡，旁邊還拴著一條中國人的小販船。遠處的山巒屬於第一道寶塔沙洲，從我們這裡還能夠看得見寶塔。在這個季節，天空經常是萬里無雲，也許幾個月都不會下雨。目前（11 月底）天氣就像六月的法國一樣炎熱和晴朗，儘管晚上還是充滿涼意，而且露水很多。幾天前刮了一陣冷風，但現在的風吹在身上相當怡人。晚上，滿天都是美麗的繁星，並像真正的熱帶一樣，星星都閃耀著明亮的光芒。

虎門島

向要塞開火的 10 英寸口徑大炮

我們不時地也有向大角頭要塞開火的炮擊練習。精確地按射程來發射大炮是一種很爽的體驗。10 英寸口徑的大炮是最令人生畏的武器，但發射炮彈時的聲響並不像人們所預期的那麼大。那天「游弋者號」正在例行向要塞發射炮彈，每一發炮彈都命中目標。但要塞是如此堅固，以至於那些炮彈並沒有造成很大的破壞。

1858

FIRING 10-INCH GUNS AT TY-COCK-TOW FORTS, CANTON RIVER.

在珠江上向清軍要塞開火的 10 英寸口徑大炮

上橫檔炮臺的餐廳

海軍陸戰隊的人們都善於把他們的生活打理得非常舒適。他們把這座舊的寺廟改造成了一個你所樂見的那種整潔的餐廳。大門的上方仔細地折疊並懸掛起了一張船帆，假如晚上起了寒風，那張帆就會被放下來，而我們的朋友們仍然能輕鬆愉快地在那裡面吃喝玩樂。在房子的前面，他們把一些炮彈放置在墊座上，這倒是一個很好的主意。實際上，無論走到要塞的哪一個角落，你都能夠感到同樣的整潔和舒適，儘管在英軍剛剛到來時，這裡的一切都是亂七八糟。假如哪位不幸的傻瓜吃了或喝了不潔的東西，醫院就在背景的上方。他還可以選擇自己想吃的藥，這無疑是一種「頭等」的安排。生活中的美好事物以羊、豬、雞的形狀出現，在這裡跑來跑去。

上橫檔炮臺的餐廳

我還給你們寄出兩張其他的速寫 —— 有關兩種不同的閱讀方法 —— 中國人在圍觀一張告示，以及一位中國女子在閱讀你們的報紙。

葉名琛的落網

英國外交部收到了一份公文急件，宣稱廣州已經全部被我方所占領。1月 5 日，兩廣總督葉名琛、廣東巡撫兼提督德貴等被捕獲。被捕時身穿苦力服裝的葉名琛已被押解到了「剛毅號」軍艦上。

額爾金伯爵與葉總督的來往信件

為了向英國的立法機構提供消息，星期二公開發表了額爾金伯爵與清朝欽差大臣葉名琛之間的來往信件。

1858

CHINESE READING PROCLAMATION.

正在看告示的中國人

CHINESE WOMAN READING.

正在讀報的中國女子

1858

1857 年 12 月 12 日，額爾金從香港寫給中國欽差大臣一份照會，對他作為英國特命全權大使的任務作了簡單的通告，並簡要提及了廣東省當局破壞和平條約的種種行徑，申明正是這些罪行導致英法兩國政府聯合起來，決心採用各種武力手段來為自己過去受到的冤屈報仇，並獲得將來的安全保障。「在這種情況下，」額爾金繼續寫道，「我認為有必要警告清朝的欽差大臣，他對於廣州的敵對行動負有全部責任，直到英國政府的下列要求完全得到滿足，即廣州當局要不折不扣地執行合約條款，包括讓英國人自由進出廣州城，對英國人和受英國保護的人在最近發生的武裝衝突中所受到的損失做出賠償。假如這些溫和的要求以及代表法國皇帝和英國女王陛下的特命全權大使的其他要求在十天之內都被清朝欽差大臣葉名琛所坦然接受的話，對於珠江的封鎖將被解除，廣州的貿易也將被允許恢復到正常狀態。但是英國軍隊在法國軍隊的協助下，仍將作為一種保障力量留在河南島和珠江上，直至我與清朝皇帝所指派的一位特命全權大使簽訂一份英國政府與中國政府之間的和平條約，以解決上述和其他所有問題。而且還需要等到這個和平條約分別獲得英、中兩國君主的批准。相反，假如清朝欽差大臣斷然拒絕接受上述要求，或是保持沉默，或採用拖延規避的方法，我將認為有必要命令英國海軍和陸軍重新向廣州當局採取積極的軍事行動。在這種情況下，我將代表英國政府向清朝皇帝提出額外的要求，因為在我看來，簽訂和約的條件已經發生了改變。」

葉名琛欽差大臣於 12 月 14 日對上述照會作出答覆，他認為廣州的貿易往來是完全按照跟其他開放口岸同樣的原則來進行的，清朝皇帝已經宣稱他的神聖意志是「和約乃萬年大業，以保永久和睦」，以及和約乃接受外夷之準則，不可因廣州而改變。

而且就「亞羅號」事件而言，正義和公平是在中國這一方面。「有千百萬人見證了這一事件，此事剛一開始，每一個具有正義感的英國人和其他外國人都盡全力想說服巴夏禮領事別讓事件進一步惡化，但是他執意不聽。」額爾金特命全權大使在照會中所提出的威脅葉名琛並沒有正面做出回答。對於額爾金伯爵本人，他堆砌了眾多文縐縐的恭維語，他所採用的外交辭令足以令一位特利蘭德學派的歐洲外交家汗顏。額爾金伯爵在黃埔「震怒號」炮艦的甲板上收到了葉名琛欽差大臣的照會。他在照會中看到中方並沒有誠意來滿足英國的溫和要求，因此他告訴欽差大臣，他已經命令英國海軍和陸軍指揮官重新向廣州當局開戰。葉名琛欽差大臣用更多的外交辭令作答。他顯然是在刻意迴避額爾金伯爵逼迫他回答的問題。因此英方中止了英中兩國之間外交信件的往來。

在寫給克拉倫登伯爵的一封簡訊中，額爾金伯爵說葉名琛的照會在戰爭賠償和進城權利這兩個問題上都沒有做出讓步。「因此我認為，由於我們已經正式通告了欽差大臣，所以最好把這件事交給海軍和陸軍當局，而我則不再答覆對方的照會。」

在中國的戰爭：抓獲葉名琛
(The War in China: Commissioner Yeh Captured)

1858

《倫敦新聞畫報》第 32 卷，第 906 號
1858 年 3 月 6 日，236 ～ 237 頁

廣州，1858 年 1 月 13 日

我的上一封信突然中止，因為炮艦馬上就要出發。我們於 12 月 27 日晚上在月光之下抵達了河南島。第二天早晨天剛亮，對廣州的炮擊就開始了。那天天氣很好，天空萬里無雲，但風颳得很強。當時的場面壯觀而又悲愴。荷蘭炮臺上的迫擊炮射擊時發出的聲響蓋過了其他的大炮。荷蘭炮臺頂上有一個烏鴉窩，從那裡看廣州城可謂是一覽無遺。就是在那裡插了

兩面旗幟，一面是法國的三色旗，另一面是英軍的紅色軍旗。不久，從廣州城裡的各處就冒出了火光，但中國人連一炮也沒有回擊。就這樣我們占領了全城。最奇異的情景是我們看見廣州郊區老百姓的慶祝場面，他們手持銅鑼鐃鈸，顯然是在欣賞英軍的炮火。有些人簡直就處在英軍的炮火底下，但他們安靜地蹲在地上抽菸，就像什麼事也沒發生似的。早上 8 點鐘，我們將海軍陸戰隊隊員派往努帕河（Nupper's Creek），經過了所有停泊在珠江上的軍艦和江邊的城市。有一艘法國炮艦上的水兵朝海軍陸戰隊隊員們發出了歡呼聲，後者也以歡呼聲作為回應。努帕河上呈現了一片熱鬧的場景，因為一整天都有聯軍的士兵在那裡登陸，而明亮的太陽也在那裡撒滿了陽光，使場面顯得十分迷人。法國人首先登陸，並沒有等待英國的士兵旅，後者不得不請求支援。下午聯軍經過城市的時候，有一些木結構的房屋正在熊熊燃燒。舢板擠作了一團，試圖運走那些從火裡搶救出來的東西。眼前是一幅悲慘的景象，那些可憐的傢伙拎著他們的家產跑來跑去，而炮彈就從他們的頭上呼嘯而過，一幢幢房屋接連起火，就像火絨般一點就著，凌厲的東北風更是將大火吹得像裂布一般。我在晚上又經過了那個地方，那景象可謂是壯觀之極。當晚的月亮十分明亮，空氣中飛舞著成千上萬顆火星，軍艦的紅色輪廓在夜空的襯托下顯得特別醒目，不時有一支火箭穿過夜空，消失在城市之中。炮擊持續了整個晚上，直到第二天早上 9 點才停止。28 日凌晨 1 點，水兵旅前去迎戰清軍散兵，並且占據了有利的地形。清軍在進攻時揮舞著旗幟，使用了野戰炮和火箭。水兵旅有兩人陣亡，還有一些人受傷。

第 59 步兵團的哈克特中尉是在下午陣亡的。他跑到了隊伍太靠前的地方，結果有幾個中國人衝出來，砍掉了他的頭。這些人中有兩人被擊斃，一人被絞死，但是拿著人頭的那一個卻逃走了。

林則徐要塞很快就被法國人和第 59 團的士兵們所攻破。在太陽下山的時候，中國人仍在騷擾水兵旅，所以「參孫號」和「剛毅號」從右面、「南京號」和「西比爾號」從左面包抄上來，擊退了他們。先頭部隊把一個寺廟當作他們的據點，「參孫號」和「剛毅號」的水兵、「南京號」的部分水兵當晚住在那裡。第二天他們又把它作為攻破城牆的一個合適的立足點。「南京號」剩下的那部分水兵占據了離「西比爾號」軍艦左面約 250 碼的另一個寺廟，並派衛兵在寺廟外面站崗。但夜晚的大火吸引了中國人的注意力，後者從山上向他們開火。歌賦要塞的一門大炮給我們帶來了很大的麻煩，因為寺廟正好在它的射程之內。有一發炮彈似乎準確命中了它，從那時起它就變成了啞巴。寺廟的圍牆處派上了崗哨之後，裡面所有的人都覺得很安全。

軍事輜重隊趕赴廣州

星期二早上 8 點，水兵旅接到了命令，要他們離開工事，全體集合，準備發起總攻。在行軍途中，歌賦要塞的兵勇們向他們開了火，但沒有擊中任何人。城牆也為他們提供了掩蔽。大家都在一個小丘後面的寺廟前集合，等待 9 點鐘的到來，因為按事先的約定，到那時軍艦上的炮擊就會停止。在受命吃早飯和等待的這段時間裡，人們必須尋找掩蔽所。士兵們向右邊發起了一次突襲，以趕走大批的清軍散兵，後者從側面向英軍發射火銃和火箭，而歌賦要塞和廣州城則從另一側向英軍開炮。「無與倫比號」上的一個海軍候補生被一發炮彈擊中，受了致命傷。到了 9 點鐘，士兵們背著雲梯衝向城牆，並將雲梯架在城牆的墩臺後面，這樣就使城牆成了抵擋歌賦要塞炮彈的一個屏障。法國人在英國人前面約 500 碼的地方向城牆發起了進攻，並在英國人之前登上了城牆。然後，聯軍一起沿著城牆頂部向前推進，勢不可擋。有好幾位軍官在沿著城牆推進的時候負了傷。巴特艦長也是在那天早上早些時候向英海軍艦隊司令指出英軍計劃登牆之處時，被一發火銃炮彈擊中的。

在登上城牆大約一小時之後，聯軍控制了廣州城所有的制高點。吉爾福德勛爵在一次奇襲中發揮了重大作用，但身受重傷。費洛斯艦長的腿上也受了輕傷。

海軍陸戰隊隊員們在城牆的下面，從廣州的西北城門進入城市，那裡是由水兵旅打開的。炮兵部隊也進了城。城市被占領之後，歌賦要塞即被遺棄，否則，海軍陸戰隊隊員們將會受到重創。在聯軍登城處，有好幾門海軍的野戰炮被「參孫號」和「加爾各答號」的士兵們拖上了城頭，並在比米什海軍上尉的指揮下被送到了各個制高點。

聯軍占領歌賦山頂制高點的舉動使得中國人相信，我們本來不會進攻城牆。然而他們這麼想正好，因為城市很快就被占領，雙方的損失都很小。炮擊並未造成實質性的破壞 —— 房屋上有一些洞，偶爾有一個屋頂坍塌，除此之外，城市跟以前相比變化並不大，只是通向珠江的一些街道受炮火損壞的程度比較重。城牆上的大炮已不能發揮任何作用，大部分都已經被破壞。它們總共有約 400 門，現在大多數已被釘死了火門，或被敲掉了炮耳。清軍的裝備極為簡陋，八旗兵們都拿著弓箭，相距明火槍兩個射程的距離跟我們交戰。但他們不能抵擋英軍的刺刀，又逃回了城裡。而東城門直到現在仍是格雷厄姆上校所指揮的第二旅（第 59 團）的司令部。海軍陸戰隊隊員們在東城門跟東北城門之間的城牆上安營紮寨。水兵旅占領了東北城門，而它的司令部是在城後面的小山頂上，靠近鎮海五層樓，後者是由法國人和英國人共同占領的。

軍事輜重隊的苦力們表現出色，儘管出發前香港的輿論對他們極盡詆毀之能事。每個人都預言他們將投奔自己的同胞，不肯去廣州，會背後搞陰謀以及其他各種壞事，但他們卻以自己的馴良、幽默、聽從命令和不知疲倦的勤勞而令世界震驚。這些耐心的夥伴們從早到晚都在把食品等運往前線，而且你從來也聽不到他們的抱怨。幾天前，大雨傾盆，這些可憐的傢伙渾身溼透，光著腿和腳，在寒風中凍得發抖，但他們一句怨言也沒有，而且從不索要蘭姆酒。所有的功勞應該歸功於指揮他們的軍官，而且我認為，如果有 20 個廣州城，也會被攻占的。他們會為中國人的福利和環境改善做出更多的事情。因為這些苦力（總共有 600 多人）已經跟我們生活了一段時間，並且受到了善待，他們對於英國人絕不會懷有敵意，而會當作自己的兄弟來交流。他們跟我們一起經受了炮火的考驗，看到我們是如何衝鋒陷陣的，因此對於我們的力量抱有最大的信心。幾天前的一個晚上，我睡在這些苦力駐紮的貢院裡，半夜裡被大家的一陣騷動所驚醒。我們當然全都是拿著武器跑了出來，發現苦力們都驚慌失措地跑向衛兵尋求保護，而不是四下潰散，假如他們對我們缺乏信任就會那樣。當見到他們的軍官時，苦力們馬上就安靜了下來，並回到了他們各自的小屋裡。他們中間有一個人晚上夢魘，驚叫著醒來，其他人都以為是清軍來偷襲，這便是造成他們恐慌的原因。

趁著他們早上去登陸地點之前，我給其中的一些苦力畫了速寫。假如他們發現自己的畫像刊登出來的話，會樂得心花怒放，因為中國人非常喜歡用《倫敦新聞畫報》來裝飾他們的牆壁和平底帆船。

元旦那天，當我沿著廣州的城牆頂上散步時就看到了這麼一個場景，那天天氣很熱，好多駐紮在城牆上的海軍陸戰隊隊員休息的方式看了令人發笑：有的人斜靠在豪華的轎子上，上面有臨時搭起來的帳篷。另一些人用中式的蚊帳支起了一種帳篷。在一個奇特的住處裡，有三個人戴著清朝官員的帽子和巨大眼鏡，正在閱讀《倫敦新聞畫報》。每一個從旁邊經過的路人看到此景，都會笑得直不起腰來。在另一處地方，有一位滿臉絡腮鬍子的海軍陸戰隊隊員居然穿著全套的清朝官服，這位先生正在全神貫注地劈柴。再也沒有比這裡更「好」的戰場了，因為在這裡你會發現什麼都不缺。晚上當我們睡在床板上時，成千上萬隻蚊子蜂擁而至，試圖將我們抬走，當它們發現沒法做到的時候，就以各種不同的姿勢和最不合理的方式來吸食我們的血。衛兵們「平安無事！」的叫喊聲、不時傳來一聲令人討厭的槍響，以及必須擊退一次夜襲的可能性，全都使人無法睡一個安穩覺。

「南京號」軍艦上的水兵和海軍陸戰隊隊員們攻占珠江邊上的新羅鎮

清晨我們很早就出了門，大家把毛巾搭在肩上，一起朝溪流走去，在那裡擺開了沐浴的陣勢。有人跳到水裡去泡「全澡」，有人比較挑剔，只是洗一下手和臉。接著就是在露天裡的梳妝打扮。梳子大受歡迎，可是刷子卻不太好找。在獲得了清潔衛生的偉大勝利之後，我們便返回了「別墅」，開始喝茶、吃飯、抽菸和聊天。第二天晚上就不那麼愉快了，天上下起了雨，使得我們的鼻子直發癢，而避雨的方式更是千奇百怪。小鳥已經全都飛走了，城牆頂上前面所描述過的那種仙境般的快樂場景一掃而空，就連那條潺潺的小溪旁也變得空無一人。我相信大家一定已經找到了水盆，而朋友們正躲在用磚瓦疊起來的掩蔽所裡避雨。

星期一，英軍攻占了城裡的金庫，裡面的錢全都由苦力們盡數搬走。關於錢數的謠傳是如此之多，我只好留待官方的公文急件來確定了。沒有遇到任何反抗，儘管清軍若想反抗的話，肯定會全軍覆沒。然而奇怪的是，他們任由我們悄悄地把錢全都拿走了。大約過了一小時以後，葉總督也被抓了，同時抓住的還有八旗軍的將軍和副總督。葉名琛顯得非常冷靜。當他被告知將要被關押在「剛毅號」軍艦上時，他回答說自己已經好久沒見過英國軍艦了，很高興能重新認識一條英國軍艦。我相信他目前被關押在虎門島上。

副總督幾天前又官復原職，在我們的保護下現在正統治著總督衙門。

我最近跟隨一支巡邏隊穿越了廣州城，城裡每天都有兩次這樣的巡邏。我們步行穿越了「仁愛街」，但所看到的只是笑臉。每一個房屋上都貼著粉紅色的小紙片，表明歡迎聯軍進入廣州。男人們見到我們都脫帽敬禮。我們又穿越了金庫，並在歸途中走進了一個大寺廟，跟那裡的中國人一起喝了茶。成千上萬的人擠滿了街道，而那些街道又是那麼的狹窄，只夠兩個人並排走，否則甩不開手。街旁房屋都是一層的平房。每個店鋪前面都掛著直立的招牌。商店現在已經恢復營業，因為最近的命令說我們「不再把廣州人視為敵人」，而我希望，他們也不把我們當作敵人。

城裡即將建立一個市場，本地人只要交關稅就可以在那裡賣東西。還要組建一支「警察」部隊，一切都在順利地進行之中。現在唯一要做的事就是等待從北京傳來的消息，看皇帝究竟有什麼可說的。

水兵旅已於 12 日撤走 —— 這是一個極為奇特的場面，因為他們帶走了大量的清軍戰利品，然而儘管他們有許多旗幟，但那些旗幟上竟找不到一個彈孔，大多數旗幟都是嶄新的。你會認為在經歷了印度的重大戰役之後，這只不過是一樁小事。但毫無疑問，這次勝利給人們帶來了更多的欣喜，還有比戰爭更可悲的事情嗎？看到那些窮人的房屋被洗劫，他們的家產被破壞和毀滅，還有其他那些令人作嘔的場面，例如隨處可見未被埋葬的屍體正在腐爛。我們過去每天都要經過這些屍體，直到我們的登陸地點轉移到了一個更加便利的地方。

聯軍當局從頭至尾都採取了最寬大仁慈的方式，搶劫要受到嚴厲的懲罰，當然這並不能完全制止搶劫行為。那些水兵身上都穿著漂亮的綢緞和毛裘衣服，他們很願意用這些衣服換取一瓶蘭姆酒喝，而那些衣服是很貴重的。

與此同時，唯一受到廣泛關注的是「蚊子問題」。這些小生物與英法聯軍展開了全面的廝殺。

在炮擊廣州的時候，人們見證了許多有關冷靜得異乎尋常的範例。尤其是有一位老者蹲在自己的房前抽菸，一顆炮彈在他身旁的泥地裡爆炸，濺了他一身的土，而他只是抖了抖身上的土，繼續蹲在地上抽菸，就像什麼事情也沒有發生過似的。另一位中國人從一顆炮彈裡忽地拔出了一根引信，以為沒事了，正想轉身走掉時，炮彈突然爆炸，將其炸死。救火車冒著密集的炮火上街救火。做出這種事的人一般不會被認為是懦夫，然而他們見到英軍到來之後便逃之夭夭。誰能理解這種混雜的極端行為呢？

（上面這封信提到的那些速寫將刊登在下星期六的《倫敦新聞畫報》上。）

「在新羅河（Sin-Lau Creek）上對『戲謔者號』輕便快艇的襲擊」在本報特派畫家兼記者的上一封信中有詳細的描述，後者刊登在上一期的報上。針對該事件的具體描述是如下這一段：「皮姆海軍上尉在輕便快艇上一直堅守到了最後，不斷地向敵人開火射擊。結果，當中國人乘著舢板向他划來，使他不得不撤退時，他還用最後一發子彈擊斃了他們的首領，這引起了敵人的一陣慌亂，並使英勇的皮姆有機會到達水田處。」對於〈軍事輜重隊趕赴廣州〉這幅速寫，本報的特派畫家是這樣描述的：「軍事輜重隊於聖誕節前夜到達了這裡，他們全是中國人，身穿黑衣，並在肩上斜挎著一根白布帶，上面用中英兩種文字寫著他們的番號。他們都戴著圓錐形的竹篾斗笠，上面寫著 "Military Train"（軍事輜重隊）。」

「攻占新羅鎮」也組成了本報記者上星期那封信中內容的一部分。在信中他是這麼說的：「『南京號』的斯圖爾特艦長在與麥可·西摩爾海軍艦隊司令進行聯絡，並獲得他進攻新羅鎮的准許之後，制訂了詳盡的進攻方案。在對該城鎮進行了炮擊之後，他派 250 名海軍陸戰隊隊員和水兵登陸進攻。他們遇到了清兵的頑強抵抗，但最終成功地強行攻入了鎮內。漫山遍野都是清軍士兵，但從『南京號』軍艦上準確發射的幾發炮彈使他們感到震驚，並且打亂了他們想要包抄英軍退路的計畫。士兵們縱火焚燒了這個地方，但中國的城鎮很難被輕易毀掉，因為那些房屋都是用上好的青磚砌成的，只有部分屋頂是可以燃燒的。滾滾濃煙騰空而起，而與此同時，這支『英勇的軍隊』安全地撤出了戰鬥，只有四人負傷。最令人感到悲愴的是看著那些小腳的女人試圖穿越水田。她們似乎知道英軍不會傷害她們，因為她們與英軍的隊伍擦身而過。還有一些不幸的兒童迷了路，因找不到父母而在原地打轉。中國人的傷亡一定很大，因為他們曾一度向我們發起衝鋒，但因一陣準確的排炮而中止，並被英軍的刺刀逼得狼狽逃竄。我總是弄不明白他們是怎麼能用火銃槍打中人的，因為他們總是從腰部就扣扳機 —— 正如你們可以從速寫上可以看到的那樣，而從不像我們要把槍舉到肩部。」

1858

THE ILLUSTRATED LONDON NEWS

在中國的戰爭：炮轟廣州城
(The War in China: Bombarding the City of Canton)

1858
《倫敦新聞畫報》第 32 卷，第 907 號
1858 年 3 月 13 日，256 ～ 258 頁

12 月 28 日的炮擊

這三幅有關攻打廣州的版畫插圖是本報特派畫家的速寫，即〈12 月 28 日的炮擊〉、〈海軍陸戰隊隊員們離開炮艦〉和〈聯軍部隊在庫珀溪灘（Cooper's Creek）登陸〉。下面這段文字是《泰晤士報》記者對於這些事件的生動描述：

12 月 28 日，星期一。葉名琛明白在天亮之後會發生什麼事。炮擊廣州一事在整個海軍艦隊中都進行了通知，並且有意告訴了小販船的船主以

及所有跟對岸有聯繫的人，即炮擊將在天亮時開始。對於東邊的頻繁偵察也告訴他們，進攻將從那邊開始。而且我們知道，他們已經接受了這個暗示，因為昨天他們又新開了兩個炮眼，並且裝置了大炮。

海軍陸戰隊隊員們離開炮艦

在天上露出第一道曙光之前，所有的望遠鏡都對準了那艘綠色客船的停泊處。我們稱之為伍浩官之船，它停泊在珠江的對岸，過去經常來回傳遞消息，並且船上總是懸掛著一面白旗。那條船和旗幟還在那裡，但它確實沒有移動。我必須用水手富有經驗的眼睛來進行判斷。當然，這些人本來還有時間投降的，但他們似乎根本就沒有考慮這件事。即使有過這樣的念頭，現在也已經太晚了。天還沒亮，只是夜色稍微褪去了一點。「亞克托安號」軍艦的桅杆上升了一面白旗，與此同時，在「地獄火河號」軍艦上升起了一面黃旗。我期望著在這一時刻聽到震天動地的炮聲，可是沒有。

1858

12 月 28 日對廣州的炮擊

沿著軍艦停泊的那條線上響起了零零落落的炮聲。我覺得停在葉名琛衙門對面，甲板上的炮呈平射狀態的「游弋者號」放了一個舷炮的齊射，作為轟擊廣州城的前奏曲。但我也可能弄錯了，因為我距離它較遠，而周圍已經升起了一團團濃煙。幾分鐘過去了，天色越來越亮。接著，從荷蘭炮臺發射了一發迫擊炮彈。它是射向歌賦要塞的，呼嘯的炮彈高高地穿越了城市 —— 就像我此前看到或聽到它們呼嘯著飛越切爾那亞的山峰，或是從塞瓦斯托波爾港北面的土木工事裡飛向天空。它並沒有命中目標，而是在非常遙遠的最高點，噗的一下變成了一朵淡淡的白雲。我現在可以看到暗黑色的碎片從空中落下來，而那團小雲朵就懸掛在寒冷而萬里無雲的天空之中：

就像一位天使在飛上九重天時，

斗篷掉了下來，在半空中飄蕩。

聯軍部隊在庫珀溪灘登陸

在這些驚心動魄的時刻，我們的心裡充滿了奇怪的幻想，寬恕的天使已經從這個注定要毀滅的城市中逃走了。

炮擊緩慢而連續地進行著，就像是袖珍大炮在開火，具有一種陰鬱的單調。沒有舷炮齊射，沒有快速連發，沒有激動人心的場面。每一發炮彈都是經過許多分鐘的瞄準，準確地命中和猛擊預定的城牆，並避開了民居。而迫擊炮炮彈就不像舊式圓形炮彈那樣馴服了。至於敵人的大炮打得如何，我們卻看不見，因為在我們的面前聚集了濃密的硝煙，大炮的轟擊似乎召來了大風。迫擊炮炮彈根本就打不到那些位於山上的要塞，後者似乎背靠著冰冷而灰暗的天空安穩地睡著了。所有的炮彈都沒有命中目標。那個被稱作鎮海五層樓的紅色建築據說是 500 名八旗兵的軍營，它倒是幾乎被打中。有一發炮彈在山腰上爆炸，但是歌賦要塞遠在炮彈的射程之外。有些眼力遠比我好的人說清軍正試圖把他們的巨炮搬出來向我們這邊射擊。當我們於上星期三前去偵察的時候，那些要塞的火力配置主要是針對東面的。然而要改變那些大炮的射擊方位是徒勞無益，甚至是不現實的。倘若我們的迫擊炮打不到幾乎 4,000 碼之外的那些要塞，他們也絕對打不到我們。隨著上午的時間不斷地逝去，硝煙越來越濃密，沉悶而單調的袖珍炮炮聲依然在繼續。然而仍沒有任何投降的跡象。這些奇怪的中國人似乎已經習慣了遭遇炮擊的氛圍。許多舢板，甚至貨船，正沿著珠江順流而下，就像是倫敦的駁船船工們在正常工作似的。老百姓們聚集在江邊，注視著從他們頭頂上飛過去的圓形炮彈和迫擊炮彈。就連這裡整天都能看到的大風箏也出現了，正在硝煙之上盤旋。

現在炮艦都離開了它們的停泊地，運載著作戰部隊匆匆沿珠江而下，趕往作為登陸地點的庫珀溪灘。我也轉移了自己的位置，並在移動的同時快速記下了這些場面。大部隊已經登陸，透過望遠鏡，我可以辨認出護衛將軍及其參謀人員是一群水兵和陸軍士兵 —— 後者是海軍陸戰隊隊員，或是第 59 步兵團的士兵。我之所以分辨不出來，是因為他們都匍匐在地上，對林則徐要塞作近距離的偵察。

12:30。沒有投降的跡象。登陸行動仍在繼續，而炮擊也仍在進行。

1857 年 12 月 29 日，在廣州城前。我中斷第一篇報導時，炮擊仍在進行，將軍正在對東面的林則徐要塞作近距離的偵察。

那些偵察兵離要塞是如此之近，並且還看不到有任何防禦者出現的跡象，使我們以為要塞裡的人一定是逃光了。然而我想將軍有理由認為情況並非如此，因為他命令將第 59 步兵團的士兵和炮兵部署在要塞左面起伏不平的丘陵地帶，而有些水兵和海軍陸戰隊隊員正在向要塞左面的一個村莊推進。這個兵力調動剛剛開始，原來罩在大圓石要塞頂部一座方形碉堡上的蒲蓆突然被抽掉，而其下部炮眼後面的三門大炮和上部槍眼後一陣火槍的齊射顯示這個地方還是有人在防守的。我們的人隱蔽得很好，散兵們不斷地逼近要塞，他們手中威力強大的恩菲爾德式步槍給炮眼後面的那些炮手造成了很大的威脅。然而那些炮手仍在頑強地不斷開炮，直到英軍用發射 9 磅重炮彈的野戰炮從村莊那一邊穿越將村莊與要塞隔開的山谷，近距離地向碉堡開火。英軍組成了一支突擊隊，向碉堡發起了進攻，然而清軍此時已經頂不住了，在向列成縱隊的突擊隊員們打了最後的一排槍之後，他們就以一種神祕的方式潛逃了，一骨碌地向山上的歌賦要塞湧去。過了一會兒，槍眼後面就出現了兩個人，手中揮舞著英國和法國的國旗。

THE ILLUSTRATED LONDON NEWS.

在中國的戰爭：軍事輜重隊

(The War in China: The Military Train, Canton)

1858

《倫敦新聞畫報》第 32 卷，第 909 號
1858 年 3 月 20 日，293 頁

軍事輜重隊的成員都是中國人，身著黑衣，在衣服外面斜挎著一條白色綬帶，綬帶上用英文和中文寫著他們的編號。他們戴著圓錐形的竹篾斗笠，上面用英文寫有 "Military Train"（軍事輜重隊）等字樣。據我們的記者報導，「軍事輜重隊的苦力們表現出色，儘管出發前香港的輿論對他們極盡詆毀之能事。每個人都預言他們將投奔自己的同胞，不肯去廣州，會背後搞陰謀以及其他各種壞事，但他們卻以自己的馴良、幽默、聽從命令和不知疲倦的勤勞而令世界震驚。這些耐心的夥伴們從早到晚都在把食品等運往前線，而且你從來也聽不到他們的抱怨。趁著他們早上去登陸地點之前，我給其中的一些苦力畫了速寫。假如他們發現自己的畫像刊登出來的話，會樂得心花怒放，因為中國人非常喜歡用《倫敦新聞畫報》來裝飾他們的牆壁和平底帆船。」

1858

THE MILITARY TRAIN, CANTON.

廣州的軍事輜重隊

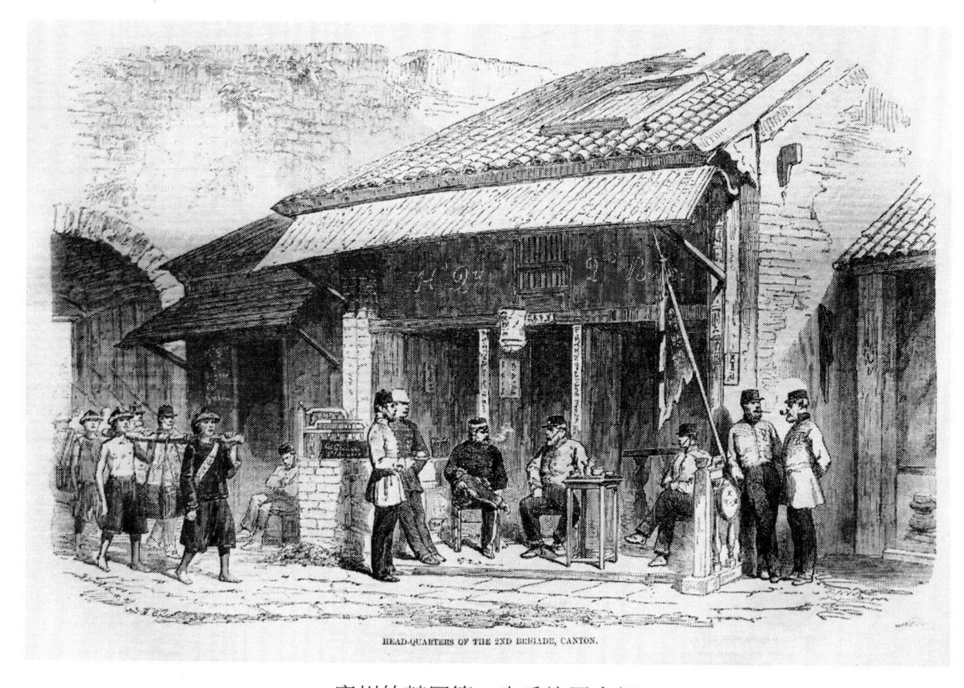
HEAD-QUARTERS OF THE 2ND BRIGADE, CANTON.

廣州的英軍第 2 步兵旅司令部

在奪取廣州的事件中，我們收集了《中國的陸上朋友》中以下關於格雷厄姆上校司令部的紀錄：

從大衛的圓柱或牌坊延伸至東城門的街道上整天都擠滿了乞丐、盲婦、孩子。格雷厄姆上校把城門內的第一間店鋪作爲了自己的司令部，當我們經過時，他像個磨坊主一樣渾身上下滿是灰塵，親自用雙手幫忙從屋裡清除出大量的稻米，其中的一部分他仁慈地施捨給了在外面挨餓的飢民。一位自稱與其住處同名的妙法老人拒絕從司令部後面的寺廟中搬出去。他說自己已經 70 高齡了，只要能得到一點糧食、菸草和茶葉，就會在那裡一直住下去。他被告知，由於英國海軍陸戰隊即將離去，他也許會發現後來者（皇家炮兵）可沒有他們那樣隨和。他回答說並不在乎，他的三個孩子 —— 是指同一寺廟的和尚 —— 已經在炮擊中喪生，但他並不害怕。

報導中的插圖是根據我們的特派畫家和記者在廣州所畫的速寫而繪製的。

THE ILLUSTRATED LONDON NEWS

廣州的城牆和城門

(The Walls and Gates of Canton)

1858

《倫敦新聞畫報》第 32 卷，第 910 號

1858 年 3 月 27 日，309 ～ 310 頁

廣州用城牆圍起來的那個城區部分呈不規則的正方形，城內還有一道城牆從東至西將城市分成了兩個部分。北面那個大的部分稱作老城，南面的部分則稱作新城。花 2 個小時就可以在城牆頂上輕鬆地走上一大圈，所

以它的周長大約是在 6 至 7 英里。廣州城南面的城牆與珠江平行，它們之間的距離是 15 到 20 桿（82.5 到 121 碼）。北面的城市一部分建造在小山坡上，城牆的走向不太規則，最高處要比珠江的水平面高出 300 英尺。城牆是用磚砌成的，牆基採用表面粗糙的紅色砂岩，其高度在 20 至 30 英尺之間。全城總共有 16 個城門，但其中有 4 個是在把老城和新城隔開的那道城牆上，因而外城牆上只有 12 個城門，每個城門都是用它所在位置來取名的。

前面關於東城門的那張版畫是根據本報特派廣州畫家的速寫而製作的。就是在這個城門北面約半英里處，英軍第 59 步兵團與法軍和附屬於法軍的英國工兵和坑道工兵一起，用雲梯登上了城牆。在城牆的這個部分有一個呈半方形向外突出的棱堡，而登城的雲梯就是架在棱堡兩個側面上的。就在東城門的內側，即旁觀者的右邊，格雷厄姆上校設置了他的司令部。有關這個司令部的版畫登載在上一週的《倫敦新聞畫報》上。

EAST GATE, CANTON.—(SEE NEXT PAGE.)

廣州的城牆城門

1858

THE ILLUSTRATED LONDON NEWS

在中國的戰爭：從廣州到香港
(The War in China: From Canton to Hong Kong)

1858
《倫敦新聞畫報》第 32 卷，第 911 號
1858 年 4 月 3 日，345 頁

廣州，1858 年 1 月 28 日

17 日，我乘坐「棲林鳥號」炮艇離開廣州，沿河而下，前往香港逗留一兩天。在硬木板上度過了 14 天，或更確切地說是 14 個夜晚，睡覺的時候常被真實或想像的警報所打擾，我真是需要休息一下了。在見識了只有平房，街巷狹窄的廣州之後，香港看上去是何等壯觀！皇后大道看起來確乎名副其實，而這裡商人的房子竟與宮殿有幾分相似。中式的房屋在保留其自身風格的同時，在高度上有了相當的發展，令在廣州的同類泥磚房相形見絀。從一小段距離之外看，在由越秀山、歌賦要塞廢墟和白霧籠罩的群山所構成的背景襯托之下，它們展示了點綴在常青樹和蔬菜園之間的美麗景色。站在城牆上看到的風景也極其優美，深綠色的稻田映襯著城東北紅褐色的山。但最壯觀的全景要從越秀山（英軍司令部）的背後才能看到 —— 寬闊無垠的溼地和中國式精耕細作的水田，向前延伸至視線所不能及的遠處，直至消失在朦朧的遠山。一條河流從中穿過，可以看見河上的平底帆船。在東邊，一個荒無人煙的溪谷把你和歌賦嶺分開。俯瞰可見艦隊扔出的炮彈炸出的大坑。歌賦嶺上墳墓眾多，以至於看起來好像有一萬隻鼹鼠不停地幹了好幾個世紀。在越秀山和司令部之間（在城牆內）是鎮海五層樓 —— 它擁有一個真的和五個假的屋頂，在屋簷處都往上翹，就像某個人神氣活現的翹鬍鬚，下面有兩頭樣子滑稽的獅子守衛著大門。在鎮海樓的頂層可以看見穿紅色制服的士兵，可以聽到英國腔的英語。在下面的樓層則有一些穿藍色制服的士兵，從他們的口中不時蹦出 "Cré nom

d'une pipe"（天哪）、"Sacrebleu"（該死的）等法語詞 —— 讓人一下子就能判斷出他們的國籍。在西北部，城牆向外延伸出去了一點，你可以看到用灰瓦蓋成的屋頂，其形狀大小完全一樣，繁茂葉小、樹幹形狀極不規則的高大菩提樹隨處可見。背朝越秀山向下望，在你的腳下就是聲名遠颺的廣州。它在你的腦海中會留下什麼印象？每一條街都像是前一條街的重複。你可以看見更多的綠樹和沒完沒了的灰色屋頂。有一些寺廟略高於其他建築，否則所有房屋的高度都是一樣的。城裡的花塔從位於城市角落的一個樹叢中拔地而起，聳立於其他所有建築之上。船的桅杆向你指示著珠江的流向。向左你可以看到黃埔的寶塔群 —— 前方是遠處的群山，向右是一片死寂的溼地，沿著你左邊的城牆，番鬼們、苦力們以及東印度水手們來來往往。這就是從高處可以看到的廣州景象。

商人們對於封鎖感到十分焦慮，但我懷疑當局有很好且足夠的理由不對公眾的意願讓步。珠江上游靠近廣州的地方又發生了一起悲劇事件。「火山號」炮艦上有一人失蹤，據猜測他是開小差逃跑到當地居民中去了。司令官懷著找回這個人的人道主義願望 —— 如果後者還能幸運地保住自己肩膀上的腦袋的話 —— 派出有武裝人員的明輪船去搜尋他的下落。不幸的是船擱淺了，而此時有一艘巨大的清軍兵船乘著順風朝他們駛來。近旁一個村莊的居民大聲呼喊著向兵船示意，後者在經過明輪船時向船上開火，造成 3 死 2 傷。船上的倖存者無法對這一卑鄙行徑採取報復行動，因為兵船迅速地駛離了大炮的射程。海盜行徑和謀殺在這裡每天都發生，我十分擔心在這場戰爭結束之前將會喪失許多寶貴的生命。

我到香港後的第一件事就是拜訪了「赫拉克勒斯號」醫船，那裡有我們許多勇敢的將士因受傷而無助地躺在那裡。拉塞爾在克里米亞戰爭中曾生動描繪過的那些景象無一出現在「赫拉克勒斯號」上。在甲板上我遇見了一位相貌堂堂的中年紳士，他就是巡視員彭斯醫生。所有有幸在他的照料之下的人都將銘記他在負責里斯本醫院時的仁慈與關切。不用說，他十分禮貌地准許我參觀病房。一切都井井有條。十分遺憾的是，自從襲擊事件發生以來，傷員因傷勢惡化或痢疾而造成的損失為平均每天一人。醫院已經人滿為患，所有醫生的臉上都因無休止的勞累工作浮現出蒼白和疲倦。然而，上述損失可以說都是些例外，因為儘管天氣不利於健康，但是醫生們的高超醫術和優良的衛生條件有效地挽救了生命，以下這些數據很能說明問題：自 1857 年 1 月 1 日至 12 月 31 日，有 978 名病人入院，768 名治癒，88 名死亡。

我寄給你們一幅畫有一些受傷軍官病房的草圖。儘管癱了，他們仍然很開心，不但笑口常開，還能愉快地開些玩笑。站在最前面的軍官是海軍上尉吉爾福特勛爵，他在廣州領軍作戰時被射中了手臂，另一位海軍上尉巴特勒幾乎在同一時間和地點頭部中彈負傷。海軍上尉達登（皇家海軍）右臂傷勢嚴重，醫生說他是他們所遇見過的最有耐心的病人之一，從不發出一聲呻吟。坐在床上下棋的軍官是「戲謔者號」炮艦的海軍上尉皮姆，在這艘戰艦的保護之下，我第一次聞到了彈藥的味道 —— 當然是一種非常刺鼻的氣味。我很高興皮姆正在從他的多處創傷中康復。人們一定要我留下參加 5 點鐘開始的下午茶。在醫院，早餐是上午 8 點，中午吃正餐，下午茶 5 點。軍官們一致誇獎醫護人員。彭斯醫生負責內科，斯馬特醫生負責外科手術。斯馬特醫生是一名光榮團騎士，也是在克里米亞戰爭中高尚地維護其職業信譽的軍官。發現自己的努力被如此充分地肯定一定是一件非常高興的事。斯馬特醫生有一個相當獨特的收藏，即從士兵和水兵身上取出的子彈。後者一定感激地記得醫生用高超的醫術取出那些來自異國的討厭子彈頭。

長話短說，英軍當局似乎已經指派了「最適當的人選」來照看病號，我們只能虔誠地期許他們能使這一值得稱頌的醫療成就繼續保持下去。

20 日星期三，「皇帝號」軍艦運載著馬德拉斯土著步兵團駛往新加坡，並將帶兩個孟加拉步兵團返回以取代前者。黑人們對於離開中國顯得興高采烈。他們隨身帶了許多來自天朝的戰利品，其中有一個中國小男孩，他們把他轉變成了一個伊斯蘭教徒。這是一幅美麗的景象，天氣酷熱，陽光刺眼。

炎熱的季節即將來臨，而且，如果要繼續占領廣州的話，還將會犧牲許多生命，廣州人也會受誘使去襲擊守軍力量薄弱的要塞。如果來幾個印度兵團，那正是我們所急需的，以後還可以使我們的軍隊在北京皇宮中支持額爾金勛爵。此外，派一些印度步兵團離開印度無疑會被認為是一種很好的解脫。

對於英國那些膚淺的旁觀者而言，奪取廣州城以及俘虜大清帝國的第三號人物葉名琛似乎正是我們所想要得到的一切，似乎我們現在只需頒布自己的命令即可。其實這是大錯特錯。事實上，我們距離想要得到的結果越來越遠了。英國政府的一大錯誤現在已經十分明了 —— 我是指僱傭如此之多的「大廚」。先是額爾金勛爵、噶羅男爵，接著是斯特勞本齊將軍，最後當然也是相當重要的是海軍艦隊司令麥可·西摩爾。還能指望有一致意見嗎？當然不行。所以肉湯煮砸了並不奇怪，一些廚師燙傷了手指也不足為奇。

令人扼腕的是，海軍艦隊司令麥可·西摩爾並沒被允許按照他自己的方式處理事情。否則，在他的英明指揮下，這可憐的三桅帆船「鴿子號」早就了結了。

這座城市逐漸恢復了秩序。街道（如果可以稱之為「街道」的話）顯得更加充滿生機和活力，四處都有店鋪開張。起初店主只擺出最不值錢的東西以供銷售，但是，當他們發現他們的商品和店員受到了尊重時，又重拾自信，於是中國佬又如從前一般像牛馬一樣開始拚命賺錢了。

就整體而言，廣州居民對他們最近一次受到的羞辱表現出無所謂的態度，並屈從於他們的新統治者。許多官員讓當地人在他們經過時鞠躬。他們對最小的清朝官員行此禮節，這些小小的禮儀在所有的東方國家中都被認為是十分重要的。

中國農曆春節（2 月 14 日）即將到來，人們擔心在這一時間會爆發戰爭。天朝子民們在這個節日中喝大量的燒酒，僅此就足以令他們有足夠的膽量來再次對付我們。

被確定為外國商行的地址從荷蘭炮臺下面的五金剛門延伸至老的洋行會館 (啟官街) —— 法國人占據了最遠的那部分，英國人則占據稍近的那一部分，美國人的地段跟以前一樣。新城的城牆堪稱世上最好的防火牆。而舊城呢，大約有 40 個招牌上黑底白字用法文寫著：東街、糧街、南街、高街、愚街、死刑街、閱兵街等等，足以指明舊城今後的命運和永久的土地所有權。

香港，2 月 15 日

我剛從廣州回來，以便送別海軍上尉皮姆。兩天前，我遊遍了全城。變化真大！店鋪開門了，街道上天朝子民們熙熙攘攘，肥胖快活的小肥豬裝在舒適的籃子裡被挑著穿過窄窄的街巷；英國、法國和中國的警察 —— 前者攜帶著傳統的警棍，後者看上去似乎對一切都滿不在乎；不時地，一群香港遊客帶著準備用於購買古董的錢討價還價，把店主的要價砍到一半，而中國佬懷著對洋人的敬畏，不願在這上面糾纏。到處都是喧鬧，活動，還有最重要的 —— 新奇。店面是我見過的最富麗堂皇的了 —— 奇怪，街巷裡竟沒有一點炮擊過的痕跡，而其中最精美的要數一條帶有牌坊的街了。所有的街巷都鋪有石板，儘管特意修得很狹窄，以防止酷日曝曬（太陽甚至就連現在也很大），但仍然十分乾淨美觀。商店 —— 或稱「店鋪」，就像香港人喜歡稱呼的那樣 —— 的大堂非常高大寬敞。成群一直咧嘴在笑的孩子跟隨著參觀者，站在店鋪外面安靜而驚訝地凝視著番鬼在裡面採購。如果這番鬼性格幽默滑稽，愛用中文打趣的話，他一定會讓這群快樂的圍觀者們開懷大笑；他們也會為他指出，或幫他找到當地最好的商店。最值得一買的東西是黃銅掛鎖，廣州人最擅長做這種物件。青銅器和瓷器是時下最時髦的，但最好的瓷器店目前還沒有開門，店主們會等到有明確的和平跡象以後才開門做生意。珠江也開始恢復原樣了；舢板很快就返回了香港；我預計幾週後就會有值得一看的景象了，可以畫成漂亮的速寫。廣州現在白天十分炎熱，儘管也曾經冷過了一段時間，但中國的冬季，據我所觀察，會有兩三天刮東北風，接著是平靜的天氣和悶熱。一直都是如此。有時東北風會連刮三天，而隨後的五至十天都很熱，但我還未見過曾經在一本月刊中讀到過的十月份持續數週的迷霧。11 月底的一天早晨確實起過霧，但是在上午 9 點以前就消失了。相反，天空數日以來都是萬里無雲，當你躺在草地上好幾個小時，望著明亮的藍天，享受存在這一事實本身，感受蝴蝶拍著翅膀從一朵花飛到另一朵花，鳥兒在綠樹中歌唱，那氣氛真是堪稱完美！這就是我們這裡的冬天：偶爾降臨的大冷天只會讓其餘的日子變得更加令人愉快。

中國農曆新年剛剛結束，它是在整夜喧囂可怕的爆竹聲中到來的，家家戶戶都掛起了紅燈籠。第二天早上開始串門，天朝人帶著「名帖」，即一張紅紙，上面寫著他們的名字，祝福你「好運」。我很高興能夠跟中國人在一起過這一天。房間裡擺著一張不堪蜜餞重負的桌子，桌邊坐著我的一位天朝朋友，吸著雪茄。不一會兒，一位朋友帶著剛才提到過的紅紙進來了，說道：「恭喜發財！」邊說著，他或她遞過禮物（人人都要送禮），接著被邀請「飲茶」作為報答。茶畢，他或她會收到一些錢，整潔地包在紅紙裡，然後閒聊一陣，隨後離去。這一場景一整天都有，第二天還有。在我剛剛完成的速寫中，你們將會看到這一行為。一個姑娘坐在閨房的桌旁，桌上有禮品和茶葉，她的朋友正像我所說的那樣帶著禮物進來。窮人帶來橘子。在這一天，中國姑娘們的穿著如同你們在畫中看到的一樣：頭上扎滿了花，嘴唇塗成了漂亮的紅色，臉上撲了粉。我敢說她們顯得美麗動人。

最奇怪的是看見天朝子民們首次全都閒了下來 —— 這種情況一年只發生一次。我決定學他們的樣，把我的名字寫在紅紙上，入鄉隨俗，這使得中國人很高興。

對廣州的封鎖於 2 月 10 日已經解除了。

關於廣州的那些速寫描繪了這座城市被占領以後城牆的樣子。城牆上海軍陸戰隊隊員們搭的棚屋是我們度過幾個美好日夜的地方。（本文中所提到的速寫圖將登載在 4 月 17 日的《倫敦新聞畫報》上。）

在中國的戰爭：廣州的舊碼頭

(The War in China: The Old Landing-Place in Canton)

1858
《倫敦新聞畫報》第 32 卷，第 912 號
1858 年 4 月 10 日增刊，373 頁

OFFICERS' QUARTERS, PROVISIONAL BATTALION ROYAL MARINES, ON THE WALLS OF CANTON.

廣州城牆上英國皇家海軍陸戰隊臨時營的軍官住處

此圖所顯示的皇家海軍陸戰隊臨時營軍官的舒適住處是建於廣州城牆

上的。就是在這裡，本報特派畫家度過了好幾個夜晚，正如他所說，這裡「風景如畫」。

廣州的舊碼頭上人潮萬頭攢動，混亂而又嘈雜，《泰晤士報》的記者對此有如下的描述：

> 這裡是一條淺淺的小河或排水溝匯入珠江的地方，距城牆東南角的東邊大約有 1 英里遠。郊區水邊的陋屋曾經覆蓋了這一地區，現在這裡的混雜人群情緒激動，大喊大叫，推推搡搡，掙扎不休，但那些陋屋現在只是垃圾堆而已。有 20 到 30 艘大船船首緊緊地靠在一起。軍需部的三桅帆船、都統的官船（該船在混戰中被一艘法國戰艦捕獲並帶到珠江的下游）、一些炮艇，還有「烏木號」軍艦停泊在河裡，跟陸地保持了一段距離。無數的包裹、輜重、貨物、箱子、戰爭用的軍火以及餵飽肚子用的「彈藥」四處堆放，就像一座座小山似的……每個人都想要有一艘護衛隊，人人都要軍事輜重隊的苦力。啊，那些苦力耐心、健壯，而且特別吃苦耐勞！由這些苦力組成的輜重隊是韋瑟羅爾上校留給我們的寶貴財富。他們在進攻的當天把軍需品運送到我們的部隊後方，而且，當一顆炮彈打掉了他們其中一人的腦袋時，其餘的人只喊了聲「哎喲！」然後大笑，繼續不停地幹著他們的活，還是像以往那樣開心。法軍已經在調入強壯的苦力，以便能把他們的輜重送往前線。不時地，某個目瞪口呆地凝視著的中國人會受好奇心的驅使，想要靠近人群。法國佬便以迅雷不及掩耳之勢拎住他的耳朵，用竹竿的一頭打他的肩膀，在他的屁股上踢一腳，讓他像一個被逼迫的腳夫在我們軍需部門苦力的譏笑聲中一溜小跑。如果是一長隊的輜重運送者，就會有一個護衛隊，他們會穿越擋在碼頭和東城門之間那些被毀房子的危險殘骸。

霍爾艦長是在廣州城的東南角處登陸的，為了表彰這位精力充沛的軍官，這個新的碼頭便以霍爾這個名字來命名。

廣州的舊碼頭

THE ILLUSTRATED LONDON NEWS

在中國的戰爭：療傷的英軍與中國的新年
(The War in China: The Wounded British Officers and the Chinese New Year)

1858
《倫敦新聞畫報》第 32 卷，第 913 號
1858 年 4 月 17 日，388 ～ 389 頁

下面的版畫插圖來自本報特派中國的畫家兼記者所繪製的速寫。我們重新刊登本報於本月 3 日登載過的該記者一封信中的以下部分以作為對這幅插圖的解釋：

在香港「赫拉克勒斯號」軍艦上療傷的軍官

我到香港後的第一件事就是拜訪了「赫拉克勒斯號」醫船，那裡有我們許多勇敢的將士因受傷而無助地躺在那裡。我寄給你們一幅畫有一些受傷軍官病房的草圖。儘管瘸了，他們仍然很開心，不但笑口常開，還能愉快地開些玩笑。站在最前面的軍官是海軍上尉吉爾福特勛爵，他在廣州領軍作戰時被射中了手臂，另一位海軍上尉巴特勒幾乎在同一時間和地點頭部中彈負傷。海軍上尉達登（皇家海軍）右臂傷勢嚴重，醫生説他是他們所遇見過的最有耐心的病人之一，從不發出一聲呻吟。坐在床上下棋的軍官是「戲謔者號」炮艦的海軍上尉皮姆，在這艘戰艦的保護之下，我第一次聞到了彈藥的味道 —— 當然是一種非常刺鼻的氣味。我很高興皮姆正在從他的多處創傷中康復。人們一定要我留下參加5點鐘開始的下午茶。在醫院，早餐是上午8點，中午吃正餐，下午茶5點。軍官們一致誇獎醫護人員。彭斯醫生負責內科，斯馬特醫生負責外科手術。斯馬特醫生是一名光榮團騎士，也是在克里米亞戰爭中高尚地維護其職業信譽的軍官。發現自己的努力被如此充分的肯定一定是一件非常高興的事。斯馬特醫生有一個相當獨特的收藏，即從士兵和水兵身上取出的子彈。後者一定感激地記得醫生用高超的醫術取出那些來自異國的討厭子彈頭。

長話短說，英軍當局似乎已經指派了「最適當的人選」來照看病號，我們只能虔誠地期許他們能使這一值得稱頌的醫療成就繼續保持下去。

NEW YEAR'S PRESENTS.

新年的禮物

2月15日在香港，我們的特派畫家和通訊員寫道：

中國的農曆新年剛剛結束，它是在整夜喧囂可怕的爆竹聲中到來的，家家户户都掛起了紅燈籠。第二天早上開始串門，天朝人帶著

「名帖」，即一張紅紙，上面寫著他們的名字，祝福你「好運」。我很高興能夠跟中國人在一起過這一天。房間裡擺著一張不堪蜜餞重負的桌子，桌邊坐著我一位天朝朋友，吸著雪茄。不一會兒，一位朋友帶著剛才提到過的紅紙進來了，說道：「恭喜發財！」邊說著，他或她遞過禮物（人人都要送禮），接著被邀請「飲茶」作爲報答。茶畢，他或她會收到一些錢，整潔地包在紅紙裡，然後閒聊一陣，隨後離去。這一場景一整天都有，第二天還有。在我剛剛完成的速寫中，你們將會看到這一行爲。一個姑娘坐在閨房的桌旁，桌上有禮品和茶葉，她的朋友正像我所說的那樣帶著禮物進來。窮人帶來橘子。在這一天，中國姑娘們的穿著如同你們在畫中看到的一樣：頭上扎滿了花，嘴唇塗成了漂亮的紅色，臉上撲了粉。我敢說她們顯得美麗動人。最奇怪的是看見天朝子民們首次全都閒了下來 —— 這種情況一年只發生一次。我決定學他們的樣，把我的名字寫在紅紙上，入鄉隨俗，這使得中國人很高興。

THE ILLUSTRATED LONDON NEWS

中國速寫：香港跑馬場

(Sketches in China: Hong Kong Races)

1858

《倫敦新聞畫報》第 32 卷，第 917 號
1858 年 5 月 15 日，496 ～ 497 頁

本報特派中國的畫家 2 月 28 日從香港發來了下面這篇描述當地跑馬場的報導：

1858

THE ONE-SHILLING STAND.

香港跑馬場的 1 先令看臺

THE ROAD.

在去跑馬場的路上

一年當中有三天，英國人和中國人都頂禮膜拜的那個「偶像」受到了冷落，我這裡所指的是中國的神祇 —— 法力無邊的銀洋。天朝人在過陰曆新年時停止了生意買賣，而「約翰牛」也從櫃臺後面走了出來，悠閒自得地去看賽馬。我很想留下來見識一下這種娛樂活動，於是在 2 月 18 日那天早上我也去了跑馬場。那天的天氣好得難以想像，頭頂上一片蔚藍的天空，萬里無雲。習習涼風吹拂著正午熾熱的陽光，使空氣顯得特別的清爽。上午 11 點，我們來到了位於逍遙谷的跑馬場，這是一個風景秀麗的地方，跟維多利亞城約有 1.5 英里的距離，過去曾經是當地人死後葬身的墳場。那些墓地都位於形成這個山谷的青山腳下，它們大致可以分成三個部分：新教徒的陵園、羅馬天主教徒的陵園、印度祆教徒的陵園。這些陵園的對面就是跑馬場的看臺和馬廄。寬闊的平地上擠滿了各個民族和各種膚色的人 —— 英國人、美國人、法國人、馬來人、東印度人、馬尼拉的印度人、水兵、海軍陸戰隊隊員和中國人。人們都舉著陽傘，從高處望下去，你會以爲這地方長滿了蘑菇，那些五顏六色的陽傘活像是一個個傘菌。賽馬從下午開始進行，所有的觀眾都看得如醉如痴。中國人就像英國人一樣容易激動，爭先恐後地下注賭馬。

去跑馬場的路上跟英國的德比郡形成了一種強烈的對比，如果說這裡的馬車沒有德比郡多的話，那轎子的數量肯定是英國沒法比的。天朝的女子成群結隊地出來，她們的穿戴整潔而講究品味。這裡看賽馬的觀眾跟英國有很多不同的地方，但最重要的區別就在於沒有喝得醉醺醺的酒鬼，大家的舉止都很安分守己。跑馬場上有一個正面看臺，上面坐滿了衣著講究的頭面人物和身穿有襯架支撐女裙的時髦女郎，然而更能上畫的還是當地的中國人，於是我選擇了門票只需 1 先令的廉價看臺，你們可以從我所附的速寫上看到這個看臺的模樣。賽馬總共要持續三天，但第三天特別值得在此提一下，因爲那天有一場中國人用當地的馬進行的比賽。起跑時共有 13 匹馬，但有四五個騎手在剛起步的時候就摔了下來，看臺上的哄笑聲簡直令人無法形容。然而摔下來的騎手顯示出了很大的勇氣，他們站起身後便咧著嘴笑，就像什麼事也沒發生過似的。有 4 個騎手互相咬得很緊，但最終有一位幸運者在熱烈的掌聲中一馬當先，衝過了終線。其他騎手則遠遠地落在後面，有些賽馬在跑到終點時背上已經沒有了騎手，但牠們就像其他賽馬一樣爲跑完全程而洋洋得意。賽程圓滿結束之後，整個香港的人都上館子慶祝，到處洋溢著喜慶的氣氛。

「天朝騎手們」的出發

逍遙谷中的跑馬場

THE ILLUSTRATED LONDON NEWS

廣州的英國商品貿易
(Sale of English Goods, Canton)

1858
《倫敦新聞畫報》第 32 卷，第 918 號
1858 年 5 月 22 日，附頁

廣州的一位英國商人在街頭叫賣他的商品

THE ILLUSTRATED LONDON NEWS

中國速寫：解禁後的廣州街頭

(Sketches in China: Canton after the Ban is Lifted)

1858

《倫敦新聞畫報》第 32 卷，第 920 號
1858 年 5 月 29 日，529 ～ 530 頁

河南島上的一個碼頭

廣州，1858 年 3 月 28 日

我們得到本月 18 日來自福州府的消息。額爾金勛爵在那裡待到了 14 日，然後隨艦隊北上。那裡的天氣十分糟糕。自從勛爵登陸以來直至他離去，雨就一直沒有停過。

廣州直到最近幾天為止，雨也是日夜下個不停，天氣冷極了，以至於

我們在屋內必須穿大衣，因為沒有生火。但幾個小時以後，天就變得悶熱極了，正如先前冷極了一樣，我們現在脫掉一切累贅的衣服，盡量保持涼爽。現在我想中國人拒絕外國人進入這座城市的原因已經再清楚不過了。事實是他們羞於展示裸露的土地。再找不到比這裡更加骯髒、簡陋、邋遢的街道了，還有看上去更加可悲可嘆的人民。相反，郊區很不錯。店鋪潔淨，而且門面雕飾得很有味道，人們的外表看上去也體面得多了。從上一次來算起，我看到過幾家當地的飲食店，我從沒有見過比這些更像法國餐館的了，當然，裡面的顧客模樣不同，但店內的小圓桌、高聲喊出客人所點菜餚的店小二以及整體感覺都有模有樣。門外有許多走街串巷賣食物的小攤販，還有成群衣衫襤褸、大快朵頤的顧客，他們構成了一道非常入畫的風景。

DISTRIBUTION OF RICE, AT CANTON.

廣州街頭施捨稻米

現在幾乎所有的店鋪都開門了，東西十分便宜，價格大約是香港的一半。街道（即城市和郊區在珠江邊上的那些街道）都以法語、英語和中文命名，路面極其狹窄。街道兩旁的房子之間懸掛著白色的大招牌，上面用黑字寫著店名，一面是英文和中文，另一面是法文和中文。

購物時最糟糕的是，當你一走進店裡，街道就差不多被一群張大了嘴觀望、蓬頭垢面的當地人給堵塞了，其中還夾雜著一些乞丐婆，衝著你喊：「十分感謝！十分感謝！」同時伸出一個小籃子讓你放零錢進去，假如你身上帶著現金的話。這裡乞丐們身上的衣服真是破爛到了極致，我懷疑穿得再破爛的愛爾蘭人也無法匹敵破衣爛衫的天朝乞丐：他們穿的一些衣服完美地展示了非凡的獨創性，難以想像這麼多窮形盡相的破布片如何能夠拼接成一件衣服的形狀。既然談到了乞丐，我也不妨告訴你們除星期天以外，這裡每天都會發放稻米。這種施捨始於這座城市被聯軍占領後不久，當時印度帕西商人的捐助接濟了城市中部臨近聯軍司令部的一大批窮人，這種慈善活動一直持續到現在。隨後，一些歐洲人也開始在廣州十三行附近實施類似的救濟，這在過去的 6 週當中一直進行，每天都有 1,000 人獲得救助。週六會有雙重發放。一開始地點選在原先的英國教堂所在地，此處後來被中國人毀壞並變成了一個市場 —— 著名的豬巷，從那以後就轉移到了洋行會館 —— 一座倖免於 1856 年大火的建築。我在速寫中畫出了這個會館的內部情況。圖中的歐洲人正在檢查稻米票的真偽，後面是一隊盲童 —— 這裡所有的盲人走路時都四五人排成一列。為首的一人拿著一根細長棍子用於探路，其餘的人都把一隻手搭在前一個人的肩上。你總可以看到這種小隊列。中國警察把他們帶到分發稻米的地方，他們每人都帶著一個小籃子來盛自己的那一份。

中國警察總是跟隨著英國人，但是不帶武器。他們的衣著是十足的中國樣式，正如你們在圖中所看到的那樣。

1858

THE ILLUSTRATED LONDON NEWS

中國速寫：廣州的警察、哨兵和苦力

(Sketches in China: Policemen, Sentries, and Coolies in Canton)

1858
《倫敦新聞畫報》第 32 卷，第 921 號
1858 年 6 月 5 日，569 ～ 570 頁

廣州，1858 年 4 月 12 日

自從上一次報導以來，所有的一切並不是都如希望的那樣順利。我們對柏貴做出了越來越多的讓步。柏貴簡直到了驕橫跋扈的地步。他希望「兵勇們」能不受干擾地繼續堅守白雲山。英軍對他的意願做了讓步，再也沒有提起關於遠征的事。軍事輜重隊的一些苦力被人綁架。幾天前，他們當中的一個設法掙脫了部分腳鐐，回來告訴我們他的同伴們被關在哪裡。一隊英軍士兵立即被派往監獄，但只成功地找到兩人，他們的腿腳都受了重傷以至於無法走路，其中一人還有可能會因此失去他的腳。中方似乎在拷打他們時使用了燒紅的鐵絲。其餘的人怎麼也找不著。對於這種嚴刑拷打的原因，人們心照不宣。這些人屬於我們，這一點就夠了，儘管清朝官員當然會聲稱他們絕對不知道這些人是我們的苦力。像往常一樣，巴夏禮領事會完全同意他們的說法。這事恐怕會不了了之，直到那些清朝官員因免受懲罰而變得肆無忌憚，甚至會在歐洲人身上玩同樣的把戲。應當對犯罪者立即採取報復措施。苦力們在英法聯軍的保護之下，如果他們做錯了什麼，應當被移交給歐洲當局。歐洲人會用適當的方式來處罰他們，而不會讓他們遭受這些清朝官員所酷愛的刑罰。酷刑應當在我們占領這座城市時就被禁止。中國人應當感受到一個奉行基督教的仁慈政府所帶來的好處，我們應當使他們看到他們的官員與歐洲當權者的區別，否則我們的統治只會令他們比以前更加憎恨番鬼，而不會讓他們得到益處。

BRITISH AND CHINESE POLICEMEN, CANTON.

廣州的英國警察和中國警察

1858

BENGAL SEPOY SENTRIES, GOVERNMENT LANDING-PLACE, CANTON.

廣州官方碼頭的孟加拉籍印度士兵

中國人不是很在乎誰統治他們，只要他們能夠平平安安地賺錢就行了。並且，比起專制暴虐的清朝官員，他們當然更願意要一個有力而公正的統治者。他們給清朝官僚們叩頭，更多的是出於卑怯而非其他的什麼動機。但如成語所說，他們會「得寸進尺」。對亞洲人而言，軟弱無力的政府是沒有用的 —— 強硬才是最重要的。

苦力們極其害怕清朝官員。數夜前就有謠傳說將有上萬名廣州人要襲擊苦力們所居住的貢院。當然我們做了大量的準備，包括上床睡覺前給左輪手槍上膛和增加一倍的警衛人數。然而除了慣常的有人偷盜木材以外，整夜平安無事。一些搶劫事件確有發生，其中包括有人趁一名軍官熟睡時從他的屋裡偷走了佩劍。因此有人認為最好能夠夷平軍官住所周圍將近 8,000 間簡陋小屋中的一部分，有眾多的廣州人在那裡藏身。

COOLIES MUSTERING, SOUTH WALL, CANTON.

苦力們在廣州東城牆處集合

那些來做苦力的理髮夥計給帳篷裡的東印度水手和孟加拉士兵剃頭和

刮鬍的場景令人發笑。但更有趣的是看到印度兵衣著單薄，卻穿著看上去十分巨大的彈藥靴。

我畫了苦力們在東城牆的一處集合以及城牆東南角的速寫。城牆主要由英軍第 70 孟加拉步兵團的士兵們駐防，他們都是看上去很帥氣的小夥子，但他們黑色眼睛裡流露出的兇猛與天朝子民們的小眼睛形成了強烈對比。

從華北傳來的報導十分矛盾：有人說皇帝已經派欽差大臣到廣州來 —— "No belongee be pigeon"（無能的傻瓜），又有人說這裡的一些駐軍將要北上遠征。這一切當然還未曾被證實。但我想在下一封信中，我們將會聽到一些確定的消息了。

THE ILLUSTRATED LONDON NEWS

中國速寫：關於廣州的謠言

(Sketches in China: Rumours of Attacks in Canton)

1858
《倫敦新聞畫報》第 32 卷，第 924 號
1858 年 6 月 26 日增刊，637 ～ 638 頁

廣州，4 月 21 日

目前關於清軍進攻廣州的謠言滿天飛。就在上星期，一艘來自香港的炮艦帶來情報，說清軍兵勇們將要在廣州城的西北角發起攻擊。因此有三艘炮艦被派往了增步河（Sulphur Creek）。但是一個下午和晚上過去了，那裡並沒有任何動靜。前天謠傳清軍要進攻貢院，即英法聯軍登陸地點的周邊地區。每一個人都期待將要發生什麼事情，我們上床睡覺的時候都在想，晚上可能隨時都會爆發戰鬥。在半夜 12 點時發生了一場虛驚，不時地

還能夠聽見槍聲。在某一特定時間，我們聽見了類似於火箭爆炸的聲音。我很肯定那一定是火箭爆炸聲，但是第二天早上卻發現，原來是一幢房屋倒塌了。

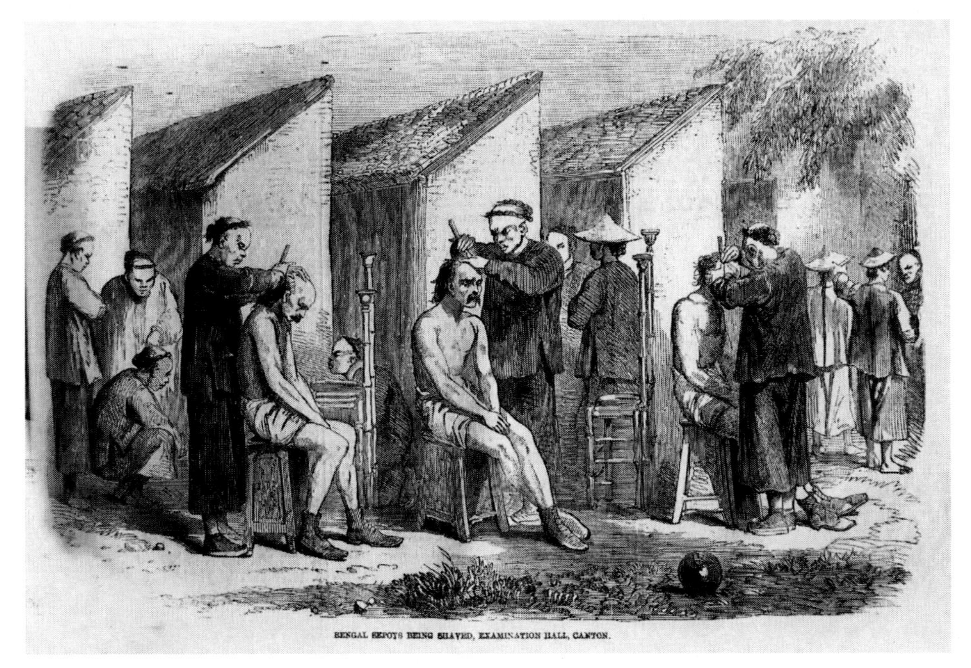
BENGAL SEPOYS BEING SHAVED, EXAMINATION HALL, CANTON.

英軍孟加拉士兵在廣州貢院內剃頭和刮鬍

從那時起，我們運來了一門大炮，還有一艘炮艦停泊在聯軍軍需部商店後面那條河的盡頭。中國人號稱在廣州郊區的 96 個村莊裡駐紮了 200 萬清軍士兵，他們決心要把目前數目已經很少的外國人趕出廣州。大量的炮艦和軍艦已經被派往北方，當時人們並不知道廣州是否會安全。上星期有一位警察在關閉南城門時被人在頭上割了一刀，而兇手至今仍未被絞死。我們犯下的一個大錯就是派出了一支遠征軍前往白雲山去剿滅清軍，而現在城中空虛，只有很少的部隊在擔任守衛任務。歐洲人的部隊全都拉到山上去了，把城裡最薄弱的部分留給了來自孟加拉的士兵們。法國人已經受到警告，進城必須帶左輪手槍，而且要兩人結伴，因為據說有些已經潛入城內的士兵發誓要冒生命危險來割取番鬼的首級。

軍事輜重隊在拆除廣州貢院的小屋子

THE ILLUSTRATED LONDON NEWS

向廣州白雲山附近的清軍兵勇們發起的進攻

(Attack on the "Braves" Near the White Cloud Mountain, Canton)

1858

《倫敦新聞畫報》第 33 卷，第 931 號
1858 年 8 月 14 日，143 頁

范·斯特勞本茨（Van Stranbenzee）將軍在獲得情報，說有一支清軍在廣州東北郊的山上紮下了營寨之後，決定於 6 月 2 日派部隊前往白雲山進行偵察，到了那裡以後，果然發現有一營清兵駐紮在山裡，於是便下決心要對其發動攻擊。海軍陸戰隊、水兵等增援部隊也隨即陸續被派出。但還

沒有等增援部隊到達，清軍就已經拔營而去。第二天，英軍占據了清兵所在村莊對面的有利地形之後，當即對其發起了攻擊。接下來的就是在中國作戰的通常方式。滿山遍野都是清兵及旗幟。他們發射了火箭，但並沒有造成英軍的傷亡。英國海軍陸戰隊分三個單列縱隊穿過水田，向敵人逼近。他們不能夠採用雙列縱隊的攻擊方式，因為水田中的田埂太窄，而旁邊的水田裡水太深，且泥濘不堪。當然，清軍一觸即潰。滕布爾醫生顯然沒有料到，太陽是我們最大的敵人。據我們的記者報導，當天的氣溫在樹陰下仍高達華氏 90 度。有三名英軍士兵因中暑而倒斃在戰場上，並被就地埋葬。後來傷亡的士兵更多，就連英軍中的印度炮兵都感到筋疲力盡。據估計共有 100 人中暑或受傷。

ATTACK ON THE "BRAVES" NEAR THE WHITE CLOUD MOUNTAIN, CANTON.—SKETCHED BY OUR SPECIAL ARTIST AND CORRESPONDENT.

向廣州白雲山附近的清軍發起進攻 —— 特派畫家兼記者的速寫

我們特派廣州的畫家發來了一張速寫，描繪英國海軍陸戰隊穿越水田向敵人發起進攻。在該圖的正前方樹蔭下，身穿褐色軍服的第 59 海軍陸戰隊的士兵正向敵人發起攻擊。在圖的背景部分，還可以隱約看到山上的清軍，他們每個人都在大聲叫喊。

水兵們的模樣比較特別，因為他們的頭上都戴著帽檐寬大的軍帽，用以遮陽，有的人甚至手裡還拿著扇子。英國軍旗的旗杆上還挑著一頂清朝官員的帽子。

FOOT-RACE AT CANTON BY COOLIES OF THE MILITARY TRAIN.—SKETCHED BY OUR SPECIAL ARTIST AND CORRESPONDENT.

廣州軍事輜重隊苦力們的跑步比賽 —— 特派畫家兼記者的速寫

廣州舉行英國女王誕辰慶典

在英國女王誕辰的早上，廣州城裡舉行了閱兵儀式、摔跤和競走比賽等慶祝活動。在各種活動中，軍事輜重隊竹槓團的中國苦力們的長跑比賽項目頗為引人注目。本報特派畫家兼記者專門為此畫了一張速寫。圖中作為背景的小山頂上是當時的英軍司令部，雖然英國國旗現在早已不在那裡迎風飄揚了，但法國國旗在廣州仍隨處可見。當天的體育競賽中有一項名為疊羅漢，即人們踩著別人的肩膀爬上去，組成一個金字塔形狀的高大人牆，然後開始在原地繞圈子，直到這座人牆倒下來為止。那些有鴉片癮的中國苦力偶爾抽上幾口鴉片煙，但從這些壯漢的臉上似乎看不出有病入膏肓的跡象。

THE ILLUSTRATED LONDON NEWS

英法聯軍艦隊進攻白河要塞

(The Attack of Peiho Forts by the English and French Fleets)

1858

《倫敦新聞畫報》第 933 號，第 33 卷
1858 年 8 月 28 日，191 ～ 192 頁

英法聯軍艦隊進攻一個擁有 15 門大炮的白河要塞

在《倫敦新聞畫報》7 月 21 日那一期中，我們刊登了麥可·西摩爾海軍司令給英國政府的關於攻陷白河要塞的正式報告。下面我們引用了《陸上中國郵報》中關於英法聯軍攻陷白河要塞的一篇新聞報導，因為它非常適合作為本報刊登的兩張相關插圖的說明。

白河，1858 年 5 月 21 日

西方列強的大使們已經決定不再尋求跟中國當局建立外交關係的

機會，除非在北京的清廷能夠保證它的欽差大臣們有足夠的權力來簽訂和約，所以現在關於和談的安排都交給英法兩國的海軍司令去處理了。給英國皇家海軍打前哨的「鸕鶿號」、「寧錄號」軍艦以及三艘法國海軍炮艦幾天前就已經越過了沙洲，距離白河要塞僅咫尺之遙，儘管位於要塞的下游。英國海軍那些用途頗廣的小炮艇自從來到白河之後，則可以隨時進出沙洲。在對白河要塞發起進攻的前一天晚上，英國炮艦拖著英法兩國的船隊，滿載著英法聯軍的士兵們穿過沙洲，來到了白河內部，並在之前到達的船隻附近下錨停泊。中國人給俄國全權大使的船送去了一封信，説英國和法國的船隻最好能退出白河，因爲英國人和法國人會害怕，但守衛白河要塞的清軍卻不會。如果我們不撤的話，他們就會開炮。當然，我們並沒有理睬這一威脅。

第二天早上，雷諾艦長（旗艦）和霍爾艦長（旗艦）按計畫在中間那個炮臺的左翼登陸，並向白河要塞的守軍發出了最後通牒，即無論是否動武，英法聯軍都要占領白河要塞，清軍只有 1 小時的考慮時間。對此中國佬沒有給予答覆。於是在 1 小時 10 分鐘之後，「斯萊尼號」（它懸掛著英法兩位海軍司令的旗幟）升起了發動進攻的信號旗。「鸕鶿號」看到信號之後，立即全速前進，氣勢十足，在還沒有到達與那三個炮臺平行的位置時，炮臺的守軍就開始對它猛烈開火。因爲還沒得到開火的命令，它並沒有回擊。然而沒過多久，所有的船隻都緊跟了上來，這時黃色的信號旗升了起來，「鸕鶿號」立即向 500 碼之外的目標發射了一顆炮彈。按計畫，有兩艘法國炮艦要協助「鸕鶿號」帶頭發起進攻，並且繞過去攻打右邊的炮臺。F. 尼克森爵士率領的「激怒號」的士兵們，奧斯本艦長率領的「震怒號」的水兵們，克雷斯韋爾海軍中校率領的「偷襲號」的士兵們，還有一些勇敢的法國官兵，組成了這次進攻白河要塞北部的突擊隊。法國人出師不利，幸虧對於「鸕鶿號」來説並非壞事（雖然被炮彈擊中了十幾次，但艦上只有兩人受傷），那兩艘法國炮艦並沒有及時跟上「鸕鶿號」，儘管後者的航行因遇上了敵人橫貫白河的絆船索而受到了一些妨礙，可它尖利的艦首鐵甲和快速的行進轉瞬間便切斷了那些絆船索。那兩艘法國炮艦傷亡的人數更多，因此行動遲緩、行進困難。進攻左邊炮臺的突擊隊是由「寧錄號」的官兵、法國炮艦「勒桑號」的官兵、「堅固號」、「負鼠號」、法國人及其槳划船，霍爾、洛基和古迪納夫三位艦長分別率領的「堅定號」、「加爾各答號」和「復仇女神號」的官兵們所組成的。桅杆上掛有兩面旗幟的「斯萊尼號」軍艦處於它認爲合適的地方，可以肯定那是戰火最激烈的地方，否則就不符合雷諾和麥可·西摩爾這兩位海軍司令的性格了。中國人相當準確地炮擊那些在不斷移動著的軍艦，並且冒著槍林彈雨勇敢地守在大炮旁邊。我懷疑歐洲人在物質條件如此懸殊的情況下，是否也能做得這麼好。法國人的炮火眞是非常猛烈。炮彈在炮臺的堆口後面爆炸，將那裡的清軍守兵們炸得人仰馬翻，炮臺的大炮都被炸啞了。

中國人依然堅守著炮臺，直到我們在他們側翼的白河兩岸登陸，接著就像往常那樣，他們開始逃跑，而且速度很快。攻擊右邊炮臺的突擊隊已經登陸，並且向左邊壓了過來，與左邊的突擊隊會合，因爲拖他們那些小船的都是些大軍艦。沒有一個清兵跳出來阻擋這些來自側翼的攻擊，炮臺被一群跑得最快的士兵所占領，這些士兵既有法國人，也有英國人。人們必須蹚過一段 50 碼長、2 英尺深的爛泥塘，才能夠到達堅實的地面，腿短的人就慘了。有的人輕易地就通過了這段爛泥塘，有些人變得興奮異常 —— 要嘛撲倒在泥濘裡，腋下和鼻子上都沾滿了汙泥，靴或鞋子陷在了他們拔腿時所造成的黑洞裡，要麼就無助地仰天倒下，像一隻烏龜那樣四腳朝天。在旁觀者眼裡，這個場面很可笑。無論如何，到了乾燥的地面以後，一場激動人心的賽跑在英國人和法國人，在軍官、水兵、海軍陸戰隊隊員、扛著雲梯的工兵、背傷員（但我們還沒有傷員）的擔架兵之間展開了。那些天朝的清兵轉身撒腿就跑，只是偶爾轉身試圖端起火繩槍，像用恩菲爾德式步槍或米尼式步槍那樣向遠處的追擊者瞄準開火，但都是徒勞無功的。有十幾個無辜的清兵在逃跑過程中倒在了英法聯軍的槍下。炮臺落入了英法聯軍之手，這意味著炮臺上到處都會插滿聯軍，尤其是法軍的旗幟，據（謠言製造者的）報導，起碼有一半的法國軍官口袋裡都藏著三色旗。上面所提到的那個激動人心的賽跑並不是朝向著炮臺裡面的，因爲大炮群中間已空無一人，而是在炮臺後面的一塊平地上進行的。那裡有許多或積水或乾燥的壕溝，使得這場賽跑看起來更像是障礙跑。整個戰鬥持續了兩個半小時，跟南面的炮臺一樣，北面的那個炮臺也被攻陷和占領。

英法聯軍艦隊進攻兩個分別擁有 8 門和 10 門大炮的白河要塞

戰鬥結束幾個小時後，所有的英軍官兵們都已經躺下來休息，一邊聊天，一邊抽菸，或是在狼吞虎嚥地吃粗帆布背包裡的食物，突然從法軍官兵們居住的炮臺裡傳出可怕的爆炸聲，大約有三四十名法軍官兵被炸上了天。這次爆炸的原因最後似乎並沒有查出來，不外乎哪個菸桿裡的菸灰或火堆裡的火星點著了中國人習慣性亂扔的零散炸藥，或者是火星飛進了某個破爛不堪的彈藥庫，它往往從表面看只是一個有破洞的大棚。中國人從來就沒擁有過地雷。這個令人痛心的事件令我們大家都納悶了好長一段時間。還有人說是「復仇女神號」上一位可憐的木匠（一級準尉）用一把大錘子砸了一壇炸藥，結果把自己送上了西天，但這個說法並不可靠。

白河河口要塞的命運就是如此。然而不久之後「堅固號」、「負鼠號」、「鵜號」和「勒桑號」在「斯萊尼號」的率領之下，又跟白河上游的眾多炮臺打上了仗，雖然炮臺一個個都被攻陷，那裡的大炮炮門也被一一釘死，但聯軍自己也造成了傷亡。「鵜號」艦上有兩人在這次戰鬥中被打死。戰鬥是早上 10:15 打響的，到了下午 2 點，就連遠處炮艦上的炮聲也停息了下來。中國人派來了一位有藍色頂戴的官員，後者要求給他們 4 天的時間，以便請兩位來自非交戰國的全權大使們出來進行斡旋。我不知道聯軍給他們的回答是什麼，但是在 21 日晚上，白河上游 5 英里處一座企圖阻擋聯軍前進的堅固木板橋被焚毀，那些燒焦的木板隨著剛漲起的潮水向北京的方向漂去。

英軍方面的傷亡是「復仇女神號」上的 1 個木匠和 4 個士兵、「負鼠號」上的二副和 2 個士兵受了重傷，還有 13 人受了輕傷。法軍有 67 名官兵傷亡，其中有大約 40 人的傷亡是第一次戰鬥之後的爆炸所造成的。聯軍總共的傷亡人數是 88 人。英軍的作戰力量包括 2 艘運輸船、6 艘炮艦和 1,050 名官兵，法軍有三艘炮艦和 700 名官兵。

此外，關於這次戰役，我們還收到了另外 5 張速寫和相關的文字報導，因篇幅不夠，無法在本期登出。但是我們非常感激寄來這些材料的人們以及畫這些速寫的那位畫家。

跟中國的和約

上週六的《觀察報》(Moniteur) 發表了下面這封由法國外交部長發給駐彼得堡法國大使的電報：

一封發自天津、標明日期爲 6 月 27 日的加急電報宣稱，中國與俄國之間已經簽訂了和平條約，其內容總體上跟中國與其他列強之間的和約基本相同。條約申明，口岸對我們開放，基督教可以自由地在中國傳播，允許在口岸設立領事館，可以在北京設立外交辦事機構。英國和法國獲得了大額的戰爭賠款。

一封來自柏林的加急電報證實了俄國跟中國的和約已經簽訂這一說法，並且補充，阿穆爾河（黑龍江）將成為這兩個帝國之間的邊界。

據稱，在《天津條約》中所規定的中國必須向英法兩國支付的戰爭賠款為 3,000 萬法郎。

THE ILLUSTRATED LONDON NEWS

中國速寫：登陸廣州與商店被焚

(Sketches in China: Landing in Canton and the Burning of a Store)

1858
《倫敦新聞畫報》第 33 卷，第 936 號
1858 年 9 月 18 日副刊，267 頁

本期畫報中第四次刊登了特派駐中國畫家兼記者的來信。在這封寄出日期為 7 月 4 日的信中，記者對廣州的現狀做了令人頗為沮喪的描述。我們將他同時發來的兩張速寫繪製成版畫，以饗讀者。

水兵旅的登陸

有關這個題目，記者這樣寫道：「昨天（7 月 3 日）有一百多名水兵旅官兵在廣州登陸，並列隊前往增援和解救被圍的英軍司令部，那裡的形勢一天天地變得更為嚴峻起來。戰鬥異常激烈！前幾天，我們的炮兵從司令部所在地向一支手裡舉著燈籠，正向英軍發起進攻的清軍發射了大炮和火箭。舉著燈籠打仗真是聞所未聞！」

THE "SANSPAREIL" NAVAL BRIGADE LANDING AT CANTON.

「無與倫比號」軍艦上的英國水兵旅在廣州登陸

特萊修的商店起火焚燒

特萊修的商店被焚

我們的記者繼續寫道：「在特萊修的商店裡可以買到各種飲料和食品，那裡有使人懷念歐洲文明的『棕色溫莎香皂』和『羅蘭的馬卡髮油』，還有令我們勇敢的士兵眼睛放光的馬尼拉香菸。事實上，它就像是一個雜貨的聖殿，在那裡你什麼東西都能找到。」可是特萊修先生最近開始真切感受到戰爭的威脅，於是便打點好他的貨品，住到了河對岸的一個朋友家裡。上星期，他的老店被人放火焚毀，火光映紅了半邊夜空。特萊修在看見自己的商店著火之後，連衣服帽子也來不及穿戴，便發狂似的跳進到一條渡船裡，第一時間趕到了現場，看見法國士兵正揮舞戰刀，在火場周圍驅趕所有阻擋他們道路的中國人，並且點燃了商店周圍的每一座房子。在這次行動完成之後，他們便揚長而去，聽任大火肆虐，將整個街區化為焦土。

THE ILLUSTRATED LONDON NEWS

《中英天津條約》的簽訂

(Signing the Treaty between England and China at Tien-tsin)

1858

《倫敦新聞畫報》第 32 卷，第 938 號
1858 年 10 月 2 日，307 ～ 308 頁

本報的一位通訊員已經熱心地把上面這個有趣儀式的速寫寄給了我們，他寫道：

中國，渤海灣，白河邊

1858 年 7 月 6 日

隨信附上的速寫描繪了英國女王陛下的政府與中國皇帝剛剛締結和平條約的簽訂儀式。在清朝高層官員的無數次延期之後，6 月 27 日

星期六被指定爲實施這一重要行動的日子。其重要性不僅在於終止幾個月來的流血與痛苦，也在於很有可能將這個獨特而奇妙的帝國引入一個更加光明的未來。

1858 年 6 月 26 日，英國與中國在天津舉行和平條約簽訂儀式

你們的讀者很清楚，自從襲擊並占領白河口要塞以後，聯軍繼續乘坐吃水較淺的船隻駛向天津城 —— 這個向京師供給物品的倉庫。在這一重要的地方，英國女王特使與清朝的欽差大臣們展開了會談，最終對現在看來已經遙遠的亞羅號事件中所產生的分歧進行友好的調解。經一致同意後的確切條款尚未公布，但我們無疑已經從中國政府那裡得到了好處，後者將充分賠償我們這次遠征的必要花費。

27 日晚，由額爾金勛爵、海軍艦隊司令麥可·西摩爾爵士、海軍中隊的軍官、英國駐華公使館成員以及翻譯所組成的一行人，在一個營的皇家海軍陸戰隊隊員護送下，並由軍樂隊作爲先導，從天津城出發，沿著擠滿數千天朝子民的道路行進了大約3英里，到達一個叫做海光寺的衙門。當我們進入這個建築的庭院時，迎接我們的是一種充滿噪音的音樂，曲子的旋律無疑意在表達衙門長官所感受到的滿足與快樂。我們到了之後，軍隊魚貫而入，占據庭院四周：軍樂隊奏起了國歌，在隆隆的鼓聲和號角聲中，英國特使在貴賓座就座。桂良這位大清帝國的第三號人物及首席欽差大臣，坐在額爾金勛爵的左側，花沙納坐在右側，海軍艦隊司令占據了第二個上座。皇家海軍的軍官們在這些主要人物的周圍圍成了一個大圈。在必要的簽字和蓋章之後，立刻端上了茶點，有茶和蜜餞，用盤子盛著讓大家分享。勛爵和清朝官員之間透過翻譯展開了十分友好的談話。桂良是一位70歲左右的老者，在整個過程中看上去十分緊張和激動，他的同事要年輕和冷靜得多。在處理事務的過程中，他常常拿起鼻煙盒吸一口。

不一會兒，英方人員重新列隊返城。月亮把銀色的光灑在平原與河流上、寺廟的屋頂與閃亮的刺刀上。在這樣美麗的月色下面，我們的隊伍再次跨過空曠的鄉村，穿過城市蜿蜒狹窄的街巷，最終風塵僕僕、滿身疲倦地到達公使館。之後隊伍解散 —— 士兵回到營房，軍官則返回了他們各自的軍艦。第二次中國戰爭就這樣結束了。

與中國簽訂的和平條約

以下是英國女王陛下與中國皇帝所簽和平條約的正式文本概要。條約於1858年6月26日在天津簽訂：

和平條約的條款

1. 承認1842年的《南京條約》，廢除《續約》和《通商章程》。
2. 規定指派大使、公使或其他外交人員駐紮在北京皇宮和聖詹姆斯宮，分別代表各自的國家。
3. 爲英國駐華公使及其家人、隨員建立在北京的永久居所，並提供必需品，形式將遵照與帝國政府之間的交流而定。

4. 安排這位公使的出行、通信以及僱用專門的信使。
5. 中國皇帝同意提名一位軍機大臣或其他高級官員專門處理與英國公使的事務，在完全平等的基礎上進行面談或是書面傳遞消息。
6. 同樣的特權將適用於在倫敦的中國公使。
7. 在中國指派領事，領事可居住在任何一個開放的口岸。他們的官銜和地位依照中國當地官員的官銜和地位而定。
8. 無論是新教還是羅馬天主教，基督教將被允許在中國傳教，傳教士們將受到保護。
9. 英國領事將頒發由當地政府官員會簽的護照，英國臣民可持有該護照到內地所有地方旅行或通商。護照的相關規章已經制定。條款中的規定不適用於船員，規範船員的相關規章將由領事和當地政府擬訂。到南京或其他被起義者占領的城市通行證一律不發。
10. 英國商船將被允許在大江（揚子江）沿岸通商，但鑑於當前大江上下游流域局勢混亂，除鎮江將於簽約起一年後開放之外，不開其他貿易口岸。恢復和平以後，英國船隻將被允許在這些遠至漢口的口岸通商，但數目不超過三個。具體的口岸將由英國公使與中國的軍機大臣商議後決定。
11. 除已開放的口岸以外，還將增開牛莊、登州、臺灣（福爾摩沙）、潮州（汕頭）、瓊州（海南）等口岸，並將授予英國商人居住權和土地所有權。
12. 英國臣民在簽訂地產協議時必須按照民間的普遍慣例。
13. 對英國臣民合法僱用中國臣民不加以法律上的限制。
14. 爲運送貨物或乘客而僱用船隻由各方自行解決，不受中國政府的干預。船數不受限制，不允許壟斷。若發生走私，罪犯將依法處置。

15. 英國臣民之間任何關於財產權或人身權的問題交由英國當局裁決。
16. 中國臣民若有對英國臣民的犯罪行爲，將由中國政府按照中國法律逮捕和處罰；英國臣民在中國犯罪，將由領事或其他公務人員依照英國法律審判處罰。
17. 訴訟程式可由英國或中國臣民任何一方決定。
18. 規定保護英國臣民的人身財產權。
19. 倘若任何英國商船在中國水域遭搶劫，中國政府應盡全力逮捕並處罰罪犯，並歸還所盜竊的財產。
20. 船隻失事或擱淺，或迫於天氣壓力，中國港口須提供幫助和安全避難；中國人在必要時須將船員轉移到最近的站點。
21. 香港或英國船隻上避難的中國罪犯應當按中國官員的正式請求被移交；這同樣也適用於在開放口岸的英國臣民家中或船隻上避難的人。
22. 中國官員須竭力逮捕無法償還對英國臣民負債或欺詐性逃債的中國臣民，並強制償還欠款；若英國臣民對中國臣民負有債務，則英國官員須做同樣的事。
23. 中國人在香港招致的債務必須在法院當場償付。如果債務人逃債，並且在中國領土上擁有財產，中國當局須協同英國領事秉公處理。
24. 英國臣民應當按照關稅規定支付所有商品的進出口關稅，但絕不應支付高於其他國家臣民所支付的數額。
25. 進口關稅應在貨物到岸時支付，出口關稅應在裝船出貨時支付。
26.《南京條約》第 10 條中所規定的關稅應當由英國和中國官員在上海碰面後共同修訂，以便使修訂後的關稅在條約批准後立刻執行。

27. 訂約各方可以在十年後要求進一步修訂關稅及條約的商業條款；但必須提前六個月通知，否則關稅將再保持十年有效，以此類推。

28. 雙方同意在簽約後的四個月內，中國已開放和此後將要開放口岸的收稅員必須應領事的要求宣布對產地和貨運口岸之間的農產品可徵收的稅額，及對領事所在口岸和領事所指定內地市場之間的進口商品可徵收的稅額，而且必須用英文和中文發表一則關於此事的告示。

29. 但是，英國臣民可免交商品的通行稅，而用另一項收費來代替；這項收費應盡可能接近稅的 2.5%，對每件商品都是固定的，並將在上海的會晤中規定下來。通行稅的替代絕不影響進出口關稅，關稅將繼續單獨並完全徵收。

30. 調節噸位稅的數額。超過 150 噸的英國商船每噸須付 4 錢銀，等於或小於 15 噸則每噸支付 1 錢銀。沿海貿易或從任何一個開放口岸駛向香港的船隻可獲得一張特別執照，在中國任何一個開放口岸免除自離港日起四個月內所有後續的噸位稅。

31. 任何一艘英國商船的船主可以在到達後 48 小時內離開而不用卸貨，在這種情況下他不用繳納噸位稅。禁止徵收其他進入或離開時的費用。

32. 客船或運載包裹、書信、供應品或其他免稅商品的船隻免交噸位稅。但是，所有運載須納稅商品的貨船應當六個月繳納一次噸位稅，每註冊噸位須付 4 錢銀。

33. 領事和海關主管在必要時須一同商議關於設立浮標和燈塔船的事宜。

34. 稅應當繳入經授權的中國錢莊，用銀錠或外國貨幣均可，根據 1848 年 7 月 18 日在廣州進行的檢驗。

35. 標準重量和度量套件須由海關主管分發給各口岸領事，以便統一。

36. 英國商船可自由僱用領航員，帶他們進入任何開放口岸，並在償付所有法定稅費後帶他們出來。

37. 海關主管須委派一個或多個海關官員去守衛英國商船，當它們進入開放口岸時。他們應當在他們自己的船上或登上英國商船；他們的伙食及費用須由海關解決，並且他們不能向船主或收件人徵收任何費用。

38. 船隻的文件、提貨單等須在到達後 24 小時內交到領事手中，船隻的貨物清單須在下一個 24 小時內報告給海關主管；若 48 小時內沒有遵照這條規則執行，每天可處以 50 兩銀子的罰款。罰款總額不得超過 200 兩。船主應對載貨單的準確性負責；不準確的載貨單將使船主受到 500 兩的罰款，但允許在 24 小時內在不招致處罰的情況下糾正任何錯誤。

39. 如果船主在沒有得到海關主管允許的情況下開始卸貨，將被處以 500 兩的罰款，並且卸下的貨物將全部沒收。

40. 英國商船必須向海關主管申請卸貨或運貨的特別許可。沒有這個許可，已卸上岸或裝船的貨物將被沒收。

41. 轉船必須有特別許可，違者以沒收已轉船貨物作爲處罰。

42. 當所有稅費都繳清時，海關主管應當結關，而且領事應當歸還船隻的文件。

43. 若英國商人在確定一項付從價稅的貨物價值時與中國官員發生意見分歧，雙方應當召集兩到三名商人，這些商人願意購買這些貨物所出的最高價格將被作爲貨物的價值。

44. 規定關稅應當按照每件商品的淨重收取，規定茶葉等貨物確定皮重的方式。英國商人可以在 24 小時內向他的領事上訴。

45. 對於任何損壞的貨物，都可允許按照損毀程度相應地降低收費。若有意見分歧，按照本條約關於付從價稅貨物的條款解決。

46. 進口貨物到開放口岸並已付稅的英國商人可以在一定規章下將這些貨物再次進口，而不必額外支付稅款。想要再出口已付稅進口貨物到另一個國家的英國商人可在類似規章下獲得退稅憑證，這一憑證可作爲海關關稅的有效支付手段。由英國船隻帶入中國港口的外國穀物如果尚未卸上岸，可不受阻礙地再出口。

47. 通商口岸的中國官員可採取他們認爲最合適的方式使稅收免受欺詐或走私的影響。

48. 英國商船不得去尚未宣布開放的口岸；不得非法進入口岸，或在沿海進行祕密交易。違背這一規定的船隻及其貨物將被中國政府沒收。

49. 若一艘英國商船參與走私，則貨物可被中國政府沒收，船隻可被禁止貿易，並在帳户調整後被驅逐。

50. 本條約中所有處罰及沒收充公均屬於中國政府的公用事業。

51. 英國外交人員或領事、代辦給中國官員的消息今後均用英文書寫。目前暫時附有中文版本，但中英文文本之間一旦有任何意義上的分歧，英國政府將以英文文本中表達的意思爲準。這一規定將適用於本條約，其中文文本已經與英文原本經過了仔細的校勘。

52. 漢字「夷」（蠻人）不得出現在任何中國官方發布的中文正式文件中，以用於稱呼英國政府或者英國臣民。

53. 不懷敵意也不參與任何海盜活動的英國軍艦可自由訪問所有中國港口，並得到獲取必需品的便利，或在需要時進行修理。這些船上的司令官可在平等謙恭的前提下與中國官員交流。

54. 簽約雙方同意共同打擊海盜。

55. 確認英國政府透過以前的條約所取得的利益，規定英國政府可參與中國皇帝所准予的給任何其他國家的利益。

56. 關於在廣州問題中賠償費用與損失的條件將包括在一份單獨的條款中，這個條款將與本條約的其他條款在各方面都有相同的效力。

57. 換約將在簽字之日以後的一年内進行。

獨立的條款規定，由於英國臣民在廣州遭受到中國官員的不正當待遇所造成的損失一共是 200 萬兩，以及戰爭費用 200 萬兩，必須由廣東省的官員付給在中國的英國代表。

英國代表與中國廣東官員共同協商安排實施賠款。

英國軍隊將不撤離廣州，直到上述款項全部付清為止。

THE ILLUSTRATED LONDON NEWS

廣州速寫：「復仇者」的燒殺劫掠

(Sketches in Canton: Return of the Avengers)

1858
《倫敦新聞畫報》第 33 卷，第 939 號
1858 年 10 月 9 日，335 頁

本報特派畫家在我們最近收到的郵件中這樣說道：

在我寄給你們的現場速寫中，我描繪了過去兩個星期中所發生的最重要的事件。第一張速寫的題目是〈復仇者歸來〉。英國水兵們從天亮以來一直在燒殺劫掠，滿載著搶來的財物歡天喜地地歸來，在整個行動過程中都在開著玩笑。你們可以看到，那條小河很窄，清軍從河邊向水兵們和軍事輜重隊的中國苦力們身後的房屋發射火箭。五顏

六色的衣服和被摧毀的房屋使得現場看上去就像是一個舞臺。

復仇者歸來

關於這張速寫的主題，本報特派畫家兼記者在前一封從廣州寄回來的信中也曾提到過：

我在前一封信中告訴你們，我們將在軍需部商店對面看到一場大火燒起來。事實上，它確實燒起來了。星期天早上，大約10點，從總部派來了一隊英國水兵，看上去顯得特別滑稽。跟他們一起來的還有一支竹槓洋槍隊（軍事輜重隊的中國苦力們）、一隊印度士兵、一些海軍陸戰隊隊員，當然還有法國士兵。這支有趣和超越民族的隊伍在小河上把一條船橫過來當作浮橋。那些藍衫兵，或者應該說是白衫兵，打前站清理沿海地區。接著就出現了一個足以使讀者目瞪口呆的毀滅和劫掠場面。那些像猴子般靈巧的中國苦力很快就上了屋頂，甩開膀子，乒乒乓乓一陣猛砸猛砍，把椽子、梁子和柱子等全都敲掉了，也不怕像冰雹一樣從屋頂傾瀉而下的瓦礫砸了他們的腦袋。有些喜歡冒險的人還到較遠的街道上去放槍並搶劫自己喜歡的東西。不一會兒，這個幾天前勤勉辛勞的人們還忙忙碌碌、到處都人聲鼎沸的郊區就呈現出了一片荒蕪的可怕場景：只見空曠房屋的斷壁殘垣仍在，從那裡又開始升起了滾滾的濃煙。番鬼們從一個房屋走到另一個房屋，在那裡堆起一堆乾柴，然後點上火，剩下的就是一片死寂。緊接著，又響起了數千棟房屋起火時木頭的爆裂聲。

復仇者們渡河歸來時的那個場面堪稱壯觀！每個人都滿載著並非自己買來的財物。在一個樂呵呵的水兵皮帶上晃蕩著兩隻活雞——那些饑餓的士兵都搶紅了眼，另一個更爲幸運的傢伙扛著一頭肥豬。每個人背上都綁著席子。有的提著燈籠，有的抱著菩薩——滑稽的菩薩！它們宛如藝術家用手捏出來的小泥塑像，加上了四肢，穿上了衣服。竹槓洋槍隊可是幫狡猾的傢伙！他們來的時候腰間就綁著一個口袋。這樣的安排使得他們在歸來時一個個都變成了大肚漢。但是他們的手裡還不肯空著。我看到在小河下游的遠處，有一群人甚至還抬著桌椅、櫥櫃、刀劍和旗幟。

在第二張速寫中，本報特派畫家描繪了一條平時行人摩肩接踵的街道在「蠻夷」們到訪和焚燒、劫掠之後的情景。具體情況上面已經描述過了。

APPEARANCE OF A BUSY STREET IN CANTON AFTER A VISIT FROM "THE BARBARIANS."

「蠻夷」們來訪過之後，廣州鬧市區一條街道的樣子

THE ILLUSTRATED LONDON NEWS

廣州速寫：城內的恐慌

(Sketches in Canton: Panic at the Commissariat Stores)

1858

《倫敦新聞畫報》第 33 卷，第 940 號

1858 年 10 月 16 日，354 頁

這星期我們又刊印了本報派駐中國的特派記者兼畫家最近透過越洋郵件寄來的兩張速寫，它描繪了在前兩個星期發生的最重大的事件。

軍需部商店的恐慌

據我們的記者報導，正如大家所看到的，這件事與襲擊正在拆房子的軍事輜重隊苦力們發生在同一天。那天到處都有許多人在狂奔、在開槍，或者在彼此交談。圖的右邊就是法國人和英國人的軍需處，左邊是掩體工事，士兵們正在掩體處向對面房子的牆開火。速寫的中間部分是環繞廣州的一部分城牆頂部。這條路直接通向英法聯軍的司令部 —— 路的一邊是一個用草蓆蓋的崗哨棚，另一邊有一個設在房屋內的哨所。清軍向這個哨所內投擲了一個炸藥包。在插圖的左邊角落裡，有一個佛教寺廟，它被孟加拉第 65 步兵團所占領。在寺廟旁的草蓆棚下面，軍醫正在給印度傷兵們包紮。

PANIC AT THE COMMISSARIAT STORES—"GREAT FIRING AND NO EXECUTION."

軍需部商店的恐慌 ——「槍聲大作但沒有傷亡」

拆毀房屋

第二張刊印的插圖（本報特派畫家所作）再現了軍事輜重隊「竹槓團」的苦力們推倒燒毀房屋的情景。一個傳令兵高喊：「快、快！」苦力們則大聲回應：「來，來，來，來，來！」牆壁倒塌時的揚塵，仍在悶燃的椽子所冒出的濃煙以及酷日照射的炙熱，再加上在碎磚瓦礫中難以立足 —— 這些都使這項工作顯得令人厭惡。

在廣州拆毀房屋

1858

THE ILLUSTRATED LONDON NEWS

中國報導：傷病員登上「廣州號」

(China: The Embarkation of Sick and Wounded on Board the "Canton")

1858
《倫敦新聞畫報》第 33 卷，第 941 號
1858 年 10 月 23 日，389 ～ 390 頁

英軍的傷兵登上「廣州號」輪船

香港，8 月 24 日

《中國之友》的一位編輯上週勇敢地進入廣州腹地考察，當然他是在一支衛隊的護送之下，在英法聯軍登陸的地方上岸的 —— 這裡曾經是新城中最繁忙的主幹道。他發現店鋪幾乎全都關門了，居民稀少。就在一個月

前五羅漢門附近還滿是嘈雜的人群和匆忙的過客。現在，隨著警戒哨朝著被燒毀的特萊修商店的廢墟方向延伸，可以看見人們探出腦袋窺視，或者目瞪口呆地站在那裡，驚訝地凝視著在那個區內外國人的樣子。但最有趣的是英法兩國特使們曾經十分費力才弄起來的街道招牌都不見了。南街、巴特街、海濱、法語的南街、葉名琛街，還有其他街的招牌通通離奇失蹤了。似乎當恐慌（俗稱「斯特勞本齊恐慌」）在城市裡瀰漫時，清軍發起了一場突然襲擊，以便摘走街道上的招牌 —— 眾所周知，他們憑每塊招牌可以得到兩塊大洋。因此街道的招牌都不見了。無論是舊城還是在新城，幾乎只用了兩個晚上的時間，它們就全部不知所蹤。

關於快渡門（Kwai-Tuk-Moon）附近一條街上懸掛的招牌還流傳著一則軼聞。「兵勇們永遠也別想得到它。」守門的兩個更夫說。於是他們一心一意地守衛著這塊招牌，但在一個黑夜，他們其中的一位把燈籠往街牌的方向一照，竟發現它已經消失了 —— 兵勇們就在眼皮子底下把它給竊走了。巡邏的長官若發現街牌丟失，定會歸咎於更夫的粗心大意，於是他們就用隔壁那條街寫有「賽馬街」的招牌來替代原來那塊，它作為紀念品保留至今。

最近在城西的郊區發現了一些煽動性的布告。其中有一份警告居民不要再回到城裡居住，直到「蠻夷」們為自己贖罪，完全改過自新，那時人們才可以平等地住在一起。

另一份布告聲稱是全廣東省人民的宣言，它以無比的憤怒聲討了法國人和英國人。因為上千萬的民眾被劫掠，廟宇被玷汙，宗祠被羞辱，記載皇帝旨意的牌坊被毀。這些暴行令人髮指，對英法聯軍所犯下罪行的仇恨刻骨銘心、深入骨髓。他們與洋鬼子們不共戴天，不僅如此，他們還說，「我們是多數 —— 他們是少數！這些臭洋狗和蠻夷人人得而誅之，終將全部殲滅」。「蠻夷」們不死，他們將誓不罷休。

紳耆稟告韃靼將軍說，他們收到來自北京的急件，說和約已經簽訂，但民憤極大，他們無法對民眾的行為負責，外國人若單獨行動，去偏僻的鄉野，則會被民眾殺害。上週有一天，一群清兵與八旗兵群毆長達 4 個小時。這種漢人與滿人之間的爭鬥怎麼能在我們統治下的城裡發生呢？黃姓的清軍統領親自給英國特使寫了一封信說，承蒙皇帝賜予我們和平，他已經命令軍隊停止相互爭鬥，我們不必擔心會發生襲擊事件，也不必害怕他手下士兵的暴行。該信已被退回。

廣東巡撫柏貴、伍浩官和布政司仍在英法聯軍的監視之下。

英國海軍分艦隊司令已從日本訪問歸來，正在生病發燒。他的到來受到香港各界的歡迎，他正是大家所期望的人。葛羅男爵仍在上海，等待中國的欽差大臣來調節關稅。

盎格魯 - 撒克遜人是多麼自相矛盾！他們瞧不起中國人，因為中國人閉關鎖國；同時他們自己又在加利福尼亞和澳大利亞頒布法律禁止任何蒙古人種的人登陸。這真是太荒謬了。如果明智一些的話，應當把這裡充斥的加利福尼亞流浪漢從香港趕出去，他們比中國人（儘管也犯有很多錯誤）還要野蠻上千倍，酗酒、鬥毆、到處撒野 —— 簡直就是人渣，這一點在太平山表現得再清楚不過了。

艾伯特·史密斯已經到了香港，但我還未聽說他是否準備什麼時候登上維多利亞峰。我想這件事會被炒作得很厲害，正如法國人所說。

THE ILLUSTRATED LONDON NEWS

中國報導：哈里森船長、清軍水師兵船的襲擊

(China: Captain Harrison, Chinese Boat Attack)

1858

《倫敦新聞畫報》第 33 卷，第 944 號
1858 年 11 月 6 日，435 頁

受命率領「大東方號」輪船的哈里森船長是一位英國商船船長的兒

CAPTAIN WILLIAM HARRISON, COMMANDER OF THE "GREAT EASTERN" STEAM-SHIP.

被任命為「大東方號」輪船船長的哈里森先生

子，他是坎伯蘭郡人，1812 年 10 月出生在瑪麗港。

他 1825 年在利物浦當了海員，當時根本沒有想到自己將來會在航海這一領域出人頭地。9 年後，即 1834 年，他首次當上了船長；後來，在 1842 年，他又加入了丘納德的白星輪船公司，率船隊定期在利物浦與北美之間進行貿易。他成功地指揮了英國和北美皇家郵船公司的「阿卡狄亞號」、「布里塔尼亞號」、「坎伯里亞郡號」、「美國號」、「加拿大號」、「非洲號」和「阿魯巴島號」。在此期間，他獲得了該公司所僱用「最佳船長」的聲譽，每次他所指揮的船出航，總是用時最短，損耗最小。

1856 年 1 月，他從 200 多名競爭者中脫穎而出，被 H.T. 霍普先生和其他公司董事會成員們選為「大東方號」輪船的船長。該輪船一度被稱作「大利維坦號」，而這艘巨輪今後將以「大東方號」之名流芳百世。且經過兩年的焦慮等待和延期，他即將得到該輪船公司完全而誠摯的認可。

署名為「貿易精英」的證詞對於哈里森船長的功績總結如下：

> 除了已經具備身爲船長的職業能力和作爲一名公民的許多良好品德之外，甚至還可以從貿易的角度來提及哈里森船長的地位。一個龐大貿易機構的著名經理與哈里森船長的區別就在於，前者是一個內陸的、受法律協議約束的貿易大户主人，而後者是一個漂浮著的貿易大户主人；前者引導並節制國内的一個龐大貿易機構，後者則指揮節制海上的一個龐大貿易機構；前者大規模地生產準備一個針對海外市場的產品，後者同樣大規模地將已經準備好的產品運送至海外的市場。假如説要生產迄今從未聽説過的一個龐然大物需要技術與科學的結合，那麼制訂計畫，並將該產品順利送達目的地同樣也需要上述結合。威廉·哈里森船長完全憑藉自己的個人技藝和經歷獲得這一崇高職位。在一個世界一流的輪船公司服務了 15 年之後，他獲得了優秀業績的正當報酬，即被任命爲這個奇妙時代的最大奇蹟「大東方號」輪船船長的職位。

我們的插圖是根據倫敦市威廉王街攝影師比爾德先生所拍的肖像照片繪製的。

ACTION BETWEEN A LARGE CHINESE ROW-GALLEY AND A SMALL CUTTER OF H.M.S. "AMETHYST" IN THE CANTON RIVER, ON THE 19TH JULY.

7 月 19 日珠江上發生的一次激戰

清軍水師兵船的襲擊

一次最為大膽的兵船襲擊於 7 月 19 日發生在珠江上：一艘配備 17 人的蛇船或槳划船，裝備有上膛的火銃、火箭、刀劍和長矛，悍然襲擊了英國皇家海軍「紫水晶號」軍艦的一艘獨桅縱帆船，船上有 8 名水兵和一名海軍陸戰隊隊員以及船長 R.C. 戴爾先生。

這艘中國兵船是專門為了突襲軍艦護衛船而設計的，武裝到了牙齒，且船上都是經過挑選的精兵，其人數幾乎是英軍水兵的 2 倍，而且是在清朝官員和同胞們的關注下去襲擊一艘比它小一半的船的，所以說結果令人鼓舞，證明了戴爾先生及其手下士兵作戰多麼英勇和嫻熟。

1858 年 7 月 19 日早上，英國皇家海軍「紫水晶號」軍艦的一艘護衛船載著 8 名水兵和一名陸戰隊隊員，在船長戴爾先生的指揮下，去追逐離英國艦隊大約 2 海里的一艘清軍水師兵船。突然有一條載著 17 人的清軍水師槳划船斜刺裡衝了出來，企圖用船上架設的火銃、火箭實施伏擊。在中國兵船開火之後，英國護衛船也用滑膛槍的排槍進行回擊。但是這艘中國兵船的船頭裝有防來復槍子彈的鐵甲板，而且它總是把船頭對著英軍的獨桅縱帆船，所以開始並未受到沉重打擊。然而經過半小時的穿梭激戰，英方擊斃了 13 名敵人，並且將對方船上的鐵甲板幾乎全部摧毀。剩下的 4 名敵人最後跳到了岸上，狼狽逃竄。把他們的兵船、武器、彈藥和陣亡士兵的屍體全都留給了英軍，後者拖著清軍兵船凱旋。岸上成百上千的旁觀者原本是想為自己的同胞們吶喊助威的，看到此情此景不禁目瞪口呆，懊喪不已。戴爾先生嫻熟地操縱著他的帆船，其技藝是如此的爐火純青，以至於他的手下沒有一人受傷。

人們期望英國海軍部表彰這一戰果，使戴爾先生得到應有的獎賞，因為他的成就足以給英國國旗增光。

THE ILLUSTRATED LONDON NEWS

中國速寫：女水果販子與鴉片鬼

(Sketches in China: Chinese Fruit Girl and Opium Smokers)

1858
《倫敦新聞畫報》第 33 卷，第 946 號
1858 年 11 月 20 日，483、474 頁

廣州，9 月 27 日

這裡宣布停火和拆除路障已經有一段時間了，然而貿易卻仍然沒有任何振興的明顯跡象。很少有人回到城裡，珠江上也失去了二月下旬那種萬

船競發的繁忙景象，顯示出一片蕭條和悲哀。說真的，珠江上確實還有幾條平底帆船在行駛，但是數量很少。這已經不是前幾年的珠江了。珠江兩岸的店鋪絕大部分都關閉了，儘管當英法聯軍炮轟廣州城的時候，它們仍全部開門營業，店鋪裡也都有人在工作。雖然在英國國內，人們相信廣州的一切麻煩都已經結束，但顯然事情並不太妙。中國人似乎認為，用不了幾天街上又會設起路障，但他們並不說明這種看法的緣由。至少欽差大臣們在上海的拖延就顯得可疑。英國人做出了很多努力，想跟當地的商人們做生意，全都失敗了。與此同時，英軍的大炮和炮彈都運回了香港，哨兵的毛瑟槍也不再上膛。英軍剛宣布，以後士兵們去廣州城的街上逛的話，都不許攜帶武器。我們是否要遵守這條小小的規定，還有待於觀察。被清軍俘虜的那名英軍炮兵兩星期前被釋放時，身上穿著天朝的官服，他說自己受到了善待，好吃好穿，未受虐待。只有少數幾個人曾騙他說，要砍掉他的頭。另一名被清軍俘虜的英國人已經死了，但據說並非死於虐待。跟他一起被捕的一位僕人仍活著，目前人在亞勐（Yarmoon）。這些俘虜能夠安然無恙地被送回來，說明當地中國人已經理解了文明戰爭的性質。英軍官兵的健康狀況有所改善，他們在過去 14 年裡從未碰到過如此惡劣的季節和氣候，這主要是指香港，過去兩個月裡在那死了不少人。北方遭受過一次大的颱風，廣州卻沒有遇上，儘管在過去四天裡，這裡一直是烏雲密布，陰冷多雨。可是今天太陽又出來了，晴空萬里，絲毫沒有下過雨的跡象。

我們的特派畫家隨信寄來了一些速寫，它們將會被發表在本報之後的幾期中。

1858

CHINESE FRUIT-GIRL.

中國的女水果販子

本期所刊登的兩張插圖也是根據我們的特派畫家從廣州寄來的速寫而繪製的。我們附加了一段對於中國鴉片館的描繪，因為在其中的一張插圖中，我們的特派畫家以精湛的技藝詳實地描繪了兩位鴉片鬼臉上那種「白痴般的微笑」，他們顯然很快就要陷入一種麻木不仁的狀態：

中國的鴉片鬼

在中國人躺下來抽鴉片的房間裡擺著許多木床，床上有可以倚靠的枕頭，一般來說還有一個可供賭博的偏房。抽鴉片的煙桿直徑有 1 英寸，而供塡充鴉片的煙壺只有別針頭那麼大。在煉製鴉片膏時會加入一種香，只需一點點就足夠了。抽鴉片時最多只能從煙桿裡吸一兩口，煙能夠直接進入肺部，就像印度的水煙壺那樣。對於一個初涉鴉片館的人來說，只需吸一兩口就足以產生飄飄欲仙的效果，但是對於一位癮君子來說，則可以連續吸食好幾個小時。每張床的床頭都放有一盞小燈，因爲在吸食鴉片時需要用來點煙泡。爲了避免塡充鴉片和點煙槍的困難，一般總是有一個人在床前伺候吸食鴉片的客人。這是一種可怕的奢侈生活，一旦掌握不住火候，只需幾天就會使吸食者的臉變得蒼白憔悴，幾個月，甚至幾個星期，就可以把一個強壯健康的人變成一個瘦得像皮包骨的白痴。就在其自甘墮落的過程中，這些上癮的鴉片鬼每天晚上9點時分會出現受鴉片之害的各個不同階段。有的人會變得煩躁不安，急於想過一把在白天被強制壓抑的鴉片癮；有些人會在鴉片的影響下忘乎所以地高聲談笑；周圍的煙床上則躺著各種全身乏力的人，他們臉上掛著的那種白痴般的微笑也證明他們已經完全處於鴉片的控制之下，對於世事已經完全遺忘，很快就會進入自己想要的那種飄飄欲仙的狀態。這場悲劇的最後一幕通常是發生在鴉片館後面的那個停屍間裡。在這裡躺著的都是些已經進入極樂世界的狂熱鴉片鬼 —— 他們所盲目追求的那種永久睡眠的一個象徵。

上週二，兄弟會的一名代表拜會了德比郡伯爵，向他提交了一份備忘錄，反對在印度種植鴉片，並銷往中國。備忘錄抗議英國政府完全壟斷在印度的鴉片種植，而且鴉片已經造成了中國人民的苦難和道德淪喪。在提及由於英國商人違反清政府的律法，堅持不斷地將鴉片銷往中國，已經造成中國對於鴉片的需求增加，以及英中戰爭源自清政府禁止鴉片走私的努力等情況之後，備忘錄還指出，第一次英中戰爭結束，英國政府在與清政府簽訂和平條約時，曾經以國家的名義保證將遏制鴉片走私，但是英國人完全沒有履行這一保證。備忘錄的作者們以基督教的名義提出呼籲，同時敦促英國政府制定一個基於基督教原則和善意的政策，最終促進英中之間的商業貿易。他們最後提到，要把握最近良好時機會來實現備忘錄所提出的目標。一方面，要充分利用英國與中國停止敵對狀態的機會；另一方面，要廢除印度的雙重政府。他們特別要求，在英國與中國簽訂的任何新的和平條約中，絕對不能加入任何讓鴉片進口合法化的條件。

一位西藏的黃教喇嘛

(A Lama of Tibet, of the Dalai Sect)

1858

《倫敦新聞畫報》第 33 卷，第 946 號
1858 年 11 月 20 日，第 474 頁

一位手持經輪和法杖的西藏黃教喇嘛——根據 W. 卡彭特的速寫繪製

按照坎寧安上校的說法，西藏的佛教喇嘛可以按他們身上的衣服顏色而分為兩個截然不同的派別：凡是穿紅色袈裟的都是屬於杜克帕（dukpa）教派的，而身穿黃色袈裟的則是屬於黃教（格魯派）的。例如插圖中的那位黃教喇嘛，身上穿的就是織錦緞的黃色袈裟，還戴一種特殊的有長垂飾的錐形帽子。畫中人物右手拿著的經輪（一種珍貴的宗教聖器）是一種非常獨特的法器，反映了西藏人的聰明才智。此法器的主體是一個金屬製的圓柱體，高約 3 英寸，直徑為 2 至 2.5 英寸。中軸從圓柱體下端延伸出來，成為經輪的手柄。經輪的圓柱體內裝滿了經文捲軸和咒文。當法器旋轉時，經文和咒文也在旋轉。每一位喇嘛都帶有一個經輪，他會在用鎖鏈拴住經輪外部的一個小鐵塊的幫助之下，不停地輕輕用手轉動經輪。由於每轉一圈就相當於背誦一遍經文，所以說經輪是一件設計得非常聰明的法器，既可以使

信徒累積對信仰的虔誠，又不至於顯得過分吃力。

經輪這種法器有不同的大小，而且在不同地位的喇嘛中都在使用。大約一英尺高的經輪被一排排地放置在寺院的周圍，信徒們在進入寺院之前就先轉動經輪。更大的經輪可見於村莊附近，是靠水力來驅動的，因而可以日夜不停地轉動。

赴西天取經的法顯於公元 400 年在拉達克見過經輪，所以他是最早提及經輪的中國人。經綸當時也在印度的西北部被廣泛使用，是錫尼厄王子們在公元 1 世紀時將它首先引入印度的。

中國速寫：廣州海幢寺住持授職儀式

(Skethes in China: The Consecration of a Buddhist Abbot at the Temple of Honan)

1858
《倫敦新聞畫報》第 33 卷，第 949 號
1858 年 12 月 11 日，558 頁

本報駐華特派畫家兼記者是上面這幅插圖所據速寫的原創者。他對於圖中所描繪的寺院住持授職儀式有以下的描述：

> 這張大幅速寫描繪身穿深紅色和紫色袈裟的寺院主持跪在那裡，正在給如來佛奉獻供品，他身邊 4 位和尚則在替他遞送盛有供品的碟子。插圖兩邊的和尚們時而會跪下磕頭，但與此同時他們一直在吟誦佛經。祭壇上有 3 個木雕的偶像，身上塗有顏色，就像和尚一樣，並且還穿了紅色的袈裟。與此同時，燭臺上插著紅蠟燭，就像在羅馬天主教的教堂裡那樣。這個佛教的儀式與羅馬天主教的儀式極其相似，就連和尚們吟誦佛經的方式也無二致。這位脖子上掛著一串念珠的住

持在這個龐大寺院裡幾個不同位置的祭壇前經歷了一系列的跪拜儀式。他還接受了5位清朝官員的拜見 —— 這5位還是我來中國之後首次見到的清朝官員。他們的會見場面非常優雅和莊嚴，令我大開眼界。在這位住持的授職儀式結束之後，他走進一個類似於覲見廳的房間去接受他手下所有和尚們的祝賀，然後全體和尚在寺院的齋房裡舉行了宴會。之後還有一頓專門招待他朋友們的美餐。住持以最友好的方式邀請我們一起享用這頓美餐。說眞的，我在任何地方都沒有碰到過比這次更高的禮遇。一位在廣州長期居住的英國人告知了我這次儀式，並且陪伴我去了那裡。在儀式上除了我們兩位之外，沒有其他的外國人了。我們見證了儀式的一切細節，從早上7點半到下午4點，在那裡度過了最令人回味的一天。寺院裡擠滿了中國人，但是他們並未得到准許去我們所能去的地方。我們後來還訪問了寺院的前任住持，一位面容極爲慈祥的老人。他請我們喝茶，並和藹可親地與我們交談。和尚們看到我的速寫之後都很高興，同時邀請我們隨時都可以去訪問河南寺。這是一個著名的寺院，我會儘量嘗試在下一次郵件中附上對於該寺院的描寫。寺院裡養著幾隻大肥豬，這樣龐大而肥胖的牲畜很少能見到。寺院裡還有一個菜園，在菜園的深處有許多鮮花開放得如火如荼 —— 那裡是和尚去世後下葬的墓園。事實上，在這個寺院裡還有許多值得看的。在該寺院附近另有一個尼姑庵，但是我沒有見到。尼姑們的打扮跟和尚差不多，但最奇怪的是，她們的頭髮完全被剃掉了。

海幢寺住持授職儀式

THE ILLUSTRATED LONDON NEWS

鴉片鬼的墮落歷程

(Opium-Smoking in China, from Drawing by a Native Artist)

1858

《倫敦新聞畫報》第 33 卷，第 950 號

1858 年 12 月 18 日，574 ～ 575 頁

作為對本報特派畫家最近發表的各種中國生活速寫的適當補遺，我們特向本報讀者奉獻出一組反映抽鴉片的惡果的版畫插圖。它們是根據一位中國畫家的作品繪製的，這位畫家的繪畫技巧嫻熟，並以中國畫家所特有的精細工筆和豐富色彩而著稱。由於篇幅的局限，本報只能採用原作中不到一半的圖片。

第一幅插圖描繪製作鴉片浸膏的過程。本報讀者也許已經意識到，中國每年要從印度進口 7 萬多箱鴉片，所有這些鴉片都是透過惡意迎合人們的嗜好而消費掉的。鴉片貿易主要掌握在英國和印度帕西商人的手中。他們將鴉片賣給中國的代理人和商人，再由後者加工成可供人們消費的鴉片浸膏。這一過程包括好幾道煎熬濃縮、過濾和脫水，直至浸膏變得跟黏稠的糖漿一般。然後鴉片商便將這樣的鴉片浸膏零售給鴉片館的主人和私人消費者。我們的這幅插圖描繪鴉片行的兩位合夥老闆正在監督他們的工匠製作鴉片浸膏，為了方便工作，工匠們把辮子盤到了頭頂上。

第一幅鴉片浸膏的製作過程

在第二幅插圖中，有一個中國人在抽鴉片。從屋內家具和身上衣服來判斷，這個人家境殷實。他的妻子坐在床上陪著他，手裡拿著一根長煙桿。有一個奴婢站在一旁伺候，手裡端著一個盛有米糕的盤子。讀者們可以看得很清楚，抽鴉片的方式跟抽菸是不同的。抽鴉片的人躺在床上，頭下墊著枕頭。他用手拿出一小塊鴉片膏，放在煙槍的管嘴裡，然後把那個煙槍管嘴放在油燈的火焰上烘烤。油燈的熱量將鴉片轉化成煙霧之後，就被吸食者深深地吸入肺中，在那裡停留一會兒以後，再透過鼻孔和嘴巴吐出來。這樣吸入身體的鴉片起初會給人一種愉悅和提神的刺激，並帶來一種虛假的活力。然而吸食者很快就會變得軟弱無力，無精打采。為了要造成那種愉悅的效果，人們就得不斷地吸食鴉片。一旦上了癮，各種惡果便馬上就出來了。吸食者的肢體和內臟會感覺疼痛，會變得沒胃口、失眠、憔悴、和驚恐不安，而整個人的道德、精神和身體全都會垮了。就連中國人自己也不會信任一個癮君子，他們認為這種人會犯下任何罪孽。到後來，這種最初用以取樂的方式變成了一種只是為了解除痛苦的手段。這個不幸的鴉片鬼如果不能按時吸食到這種毒品，就會變得痛不欲生。為了得到鴉片，他不惜出賣衣服、家具、妻子、兒女。倘若得不到鴉片，他甚至會以自殺的方式來結束他的痛苦。而假如他得到了夢寐以求的鴉片，充其量也只是將其痛苦的一生延長了一下。

第二幅正在抽鴉片的丈夫

第三幅插圖 —— 鴉片鬼在花光了所有的錢之後，在一段時間內還能靠出賣或典當衣櫃裡的東西苟且偷生。當妻子報告衣櫃已經空了之後，他懊喪不已。跟其他東方人一樣，中國人的財富往往是由貴重的衣服所組成的。每當遇到緊急事件，或為了滿足某種奢侈的嗜好時，人們往往就會訴諸賣衣服。

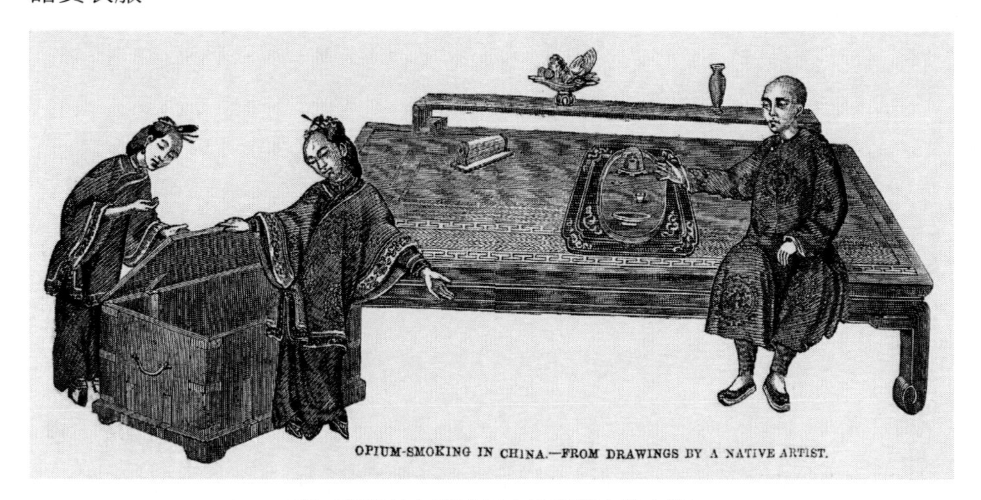
OPIUM-SMOKING IN CHINA.—FROM DRAWINGS BY A NATIVE ARTIST.

第三幅鴉片鬼賣光了衣櫃裡所有的衣服

第四幅插圖 —— 在賣完了貴重的衣服之後，鴉片鬼接著就開始賣家具，用極賤的價格來換取繼續抽鴉片所需要的錢。

第五幅插圖 —— 家裡的東西都賣完了之後，鴉片鬼就完全依賴於妻子和孩子織布所掙來的微薄收入。圖中因犯鴉片癮而痛苦不堪的鴉片鬼正低聲下氣地懇求妻子和女兒給他買鴉片的錢。

第六幅插圖 —— 我們在圖中看到了鴉片鬼的最終結局。在疾病和痛苦的折磨之下，鴉片鬼中年夭折。他的妻子和兄弟正在哀悼躺在破蓆子上的鴉片鬼。他的屍體旁插著幾根香，並擺著幾塊米糕，以作為祭祀死者的供品。

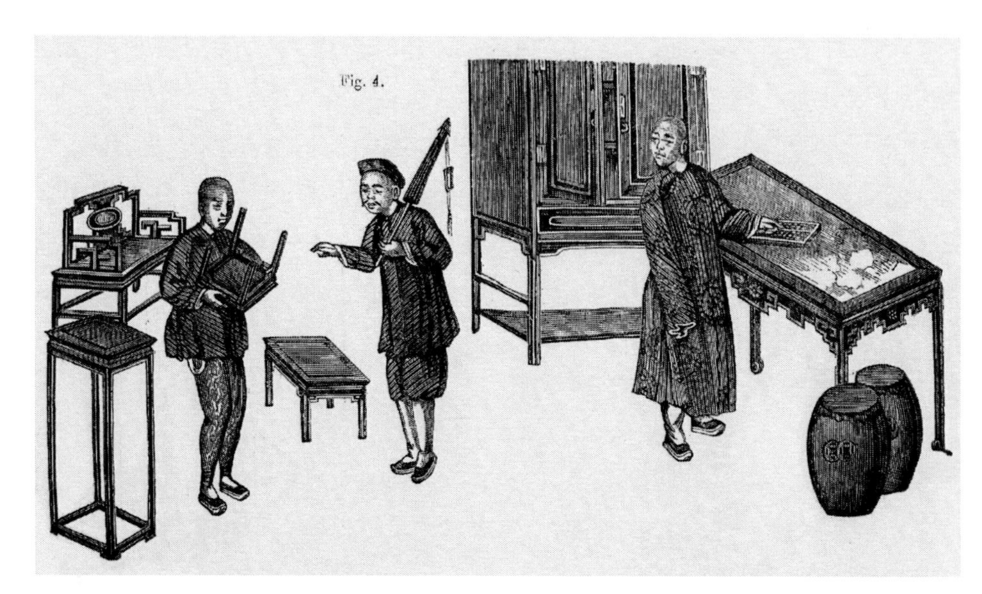

第四幅鴉片鬼賣掉了家裡所有的家具

第五幅鴉片鬼向妻子和女兒乞討買鴉片的錢

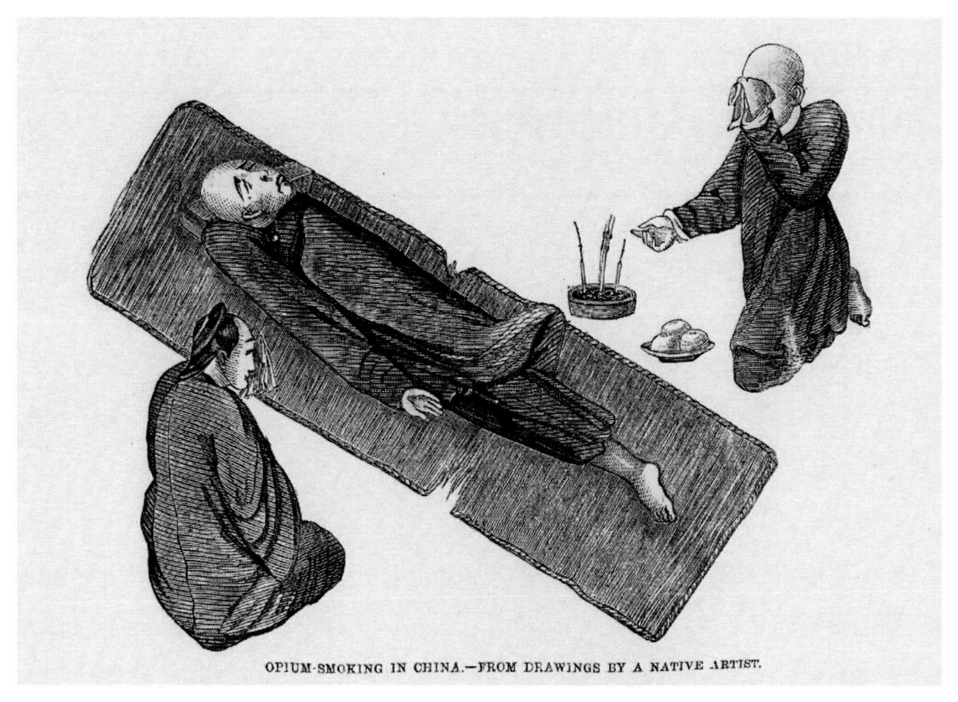
OPIUM-SMOKING IN CHINA.—FROM DRAWINGS BY A NATIVE ARTIST.

第六幅鴉片鬼的結局

上面這組版畫插圖表現了中國人自己對於抽鴉片所造成惡劣後果的看法。可靠的見證人向我們保證，這些插圖絕無絲毫誇張的成分。圖中所描繪的「墮落歷程」對於那些有鴉片癮的人來說，真是再熟悉不過了。假如在一千乃至一萬個人裡有那麼一個鴉片鬼的話，我們便不會羨慕靠鴉片貿易得來的財富。我們不禁將其視為英屬東印度政府名譽上的一個汙點，因為後者主要是靠種植和販賣鴉片來得到其稅收的。鴉片儘管是一種珍貴的藥品，但對於那些將吸食鴉片作為嗜好的人來說，則會造成嚴重的後果。每一個對於別人懷有善良意願的人都必須衷心祈願，以禁止這種給無數中國家庭帶來貧窮和死亡的鴉片貿易。

THE ILLUSTRATED LONDON NEWS

本報特約畫家和記者的中國速寫

(Sketches in China by Our Special Artist and Correspondent)

1858
《倫敦新聞畫報》第 53 卷，第 951 號
1858 年 12 月 25 日，598 頁

這兩幅插圖是根據本報駐華特約畫家和記者透過陸地郵政寄來的速寫繪製成版畫的。後者在 10 月 28 日從廣州寄出的一封信中對他的兩張速寫做了如下的描述：

廣州牧師休利特先生設立的賑米站目前依然對饑民開放，儘管其規模已經有所縮小。大約 700 ～ 800 位飢腸轆轆的百姓每週 3 次可以從這裡領到一斤稻米。這群饑民身上飽含了人類苦難的縮影，那些可憐的傢伙已經餓得骨瘦如柴。另有一些可憐的人在地上匍匐而行。這群乞丐中間還有不少是盲人。就在我在現場畫速寫的那一天，人群中就有 599 個盲人。

幾天前，我又畫了一張速寫，描繪人們將小偷遊街示眾並一路鞭撻他。一個男子敲著銅鑼走在前面，緊隨其後的是一個辮子被剪掉、背脊裸露的小偷。後面還有一個男子，一邊走一邊用籐條抽小偷的背脊。

HEADS OF THE PEOPLE.—A SKETCH AT THE REV. MR. HULEATT'S RICE DISTRIBUTION AT CANTON.

在廣州一位牧師休利特先生所設的賑米站外等待的老百姓頭像速寫

A THIEF WHIPPED THROUGH THE STREETS OF CANTON.

廣州街頭一名被遊街示眾的小偷

1859

1859

廣州速寫：一位中醫、伍浩官的花園

(Sketches in Canton: A Chinese Doctor, Howqua Garden, Near Canton)

Mar. 26, 1859

《倫敦新聞畫報》第 34 卷，第 966 號
1859 年 3 月 26 日，301 ～ 302 頁

" MY DOCTOR."—A SKETCH BY OUR SPECIAL ARTIST IN CHINA.

一位中醫

根據本報特派畫家兼記者的報導：

前面這幅圖中的男人曾經給我看過一兩次病，所以我想用寫生的方式使他流芳百世。他看上去並不帥，甚至可以說是形象猥瑣，但這也並非他自己所能控制的。圖中他剛給我開完藥方，正準備抽一壺水煙養養神。他的水煙壺是用黃銅做的，抽菸時那煙霧還必須得從水中經過。正宗的抽法是每次抽菸時只能吸上三口，這對於德國人來說完全不能接受。中醫在診斷病症時總是依靠號脈，即觸摸病人兩個手腕上的脈搏。他們所使用的大多是草藥。對於外科手術，他們可以說是一竅不通，但在其他方面，比如說治療頭疼發燒或其他什麼疾病時，有些中醫其實還是很管用的。

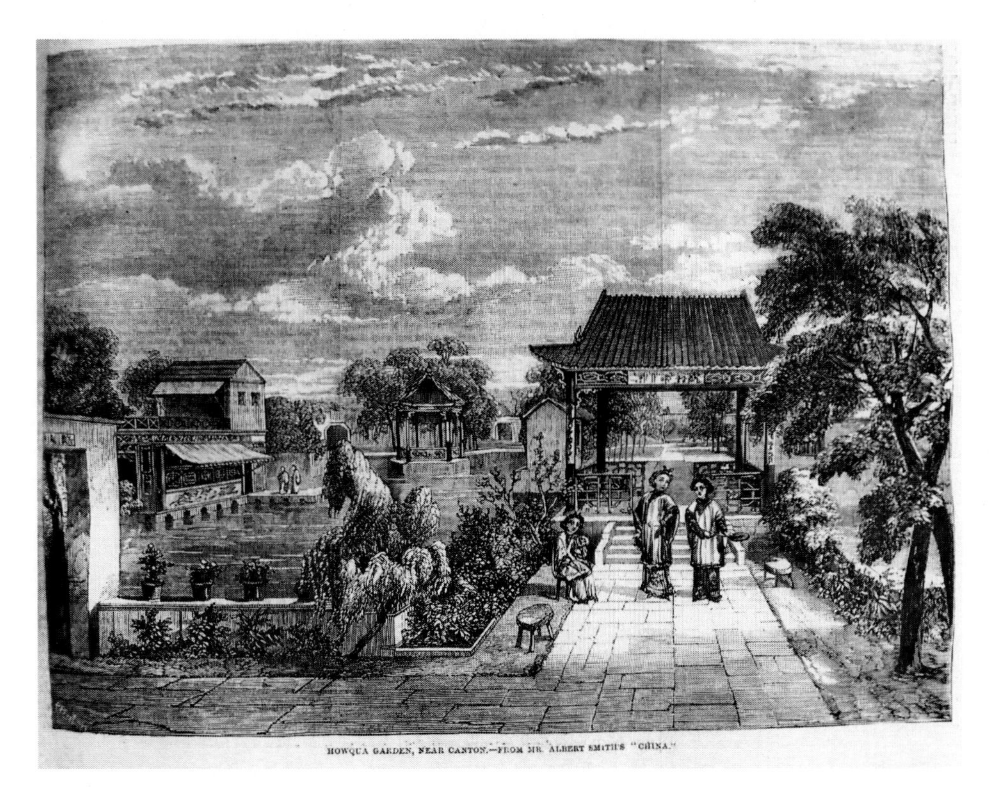
HOWQUA GARDEN, NEAR CANTON.—FROM MR. ALBERT SMITH'S "CHINA."

廣州郊區的伍浩官花園 —— 引自艾伯特·史密斯的《中國》

1859

廣州郊外伍浩官的花園[3]

——引自艾伯特·史密斯的《中國》一書

這是艾伯特·史密斯對他最近環球旅行時探訪天朝帝國所寫下的生動描述和隨筆中最引人入勝的一段。

在《往返中國手冊》一書中，他對於訪問伍浩官和潘啟官這兩位相互競爭的行商的鄉間別墅之行是這樣描述的：

> 15號，星期三。今天天氣轉晴。格雷先生、菲利普斯先生、羅扎羅和我早上前往潘啓官的花園。珠江上颼起了一陣大風，差點把我們的船給吹翻了：要眞那樣就尷尬了，因爲在我們這一行人當中只有我一個人會游泳。我們的船沿著昨晚的那條支流往上游走，接著又換了一條舢板（即很小的船），船上有兩個船夫以每小時1英里的速度往前划槳。船從另一條更小的支流來到了潘啓官別墅的門口，然後又划到他的花園裡。跟別處一樣，這裡所有的花卉植物都已經枯萎殘敗，花園裡的建築也由於年久失修，變成了一堆廢墟。我眞的相信，中國人一直不肯開放廣州城的原因就是他們爲城裡的這種悽慘狀況感到羞恥。花園裡可以見到巨大而乾涸的荷花池、跨越溪流和池塘的小橋、有木雕裝飾的涼亭、紅木太師椅、石雕座椅以及狹窄的牡蠣貝殼窗。法國軍隊已經劫掠過這個花園，老園丁憤憤不平地抱怨他們各種放肆的行徑。他們毀壞了木製的家具，敲扁了黃銅製的景泰藍器皿，撕碎了牆上掛著的捲軸畫。在女眷的深閨裡，他們留下了一些不堪入目、本該用簾布遮起來的東西。花園裡有一個專供歌女表演的漂亮戲臺以及對面一個專爲貴婦們娛樂消遣用的亭子。在亭子和戲臺之間本來應該是有水相隔的。他們下決心要以這種風格來裝修花園裡的大堂。在花園裡還有更多的盆栽和盆景，顯然還有幾英畝的荷花池和魚池。在

3 伍浩官是中外條約簽訂之前壟斷中國對外貿易的十三個行商之一。他的花園位於珠江對岸一個叫做「花地」的地方，花園占地很廣，裡面長滿了形狀各異的植物，為當時廣州的一大景觀。—譯者注

許多連接在一起的假山中間，有一座寶塔拔地而起，俯瞰花園裡的眾多小橋，旁邊還有鳥籠和蛇籠，全都已經破敗不堪，籠子的頂部也坍塌了下來。就整體而言，這個地方可以被稱作是丁尼生的《深溝環繞的莊園》或胡德的《陰魂不散的宅第》。放在紅木支架上的幾塊巨大的鵝卵石被當作冰涼但很不舒服的座椅。我們現在又坐船順支流而下，前往位於珠江南岸的伍浩官花園，後者坐落在去佛山水道的河邊上。這裡的船民生活非常特殊，大多數船民現在已經回到了廣州。在去伍浩官花園的路上，我們經過了一段臭氣熏天的河流，岸邊有許多苗圃。這個花園的破敗程度不像潘啓官花園那麼嚴重 —— 如稍加整修維護，便可使其煥然一新。這裡的荷花池面積更大，水也更清。房屋和涼亭的破損程度也沒有那麼糟糕，但那裡仍然有許多地方顯得破舊不堪。雖然上述這兩個花園具有德洛普莫爾的風格，但都還算是風景迷人的地方。

《香港日報》在提及艾伯特·史密斯離開廣州時，有以下的報導：

中國人在如何看待艾伯特·史密斯的問題上感到困惑不已。他極其誇張地把張三李四都給弄混了，然後用說笑話的方式來撓他們的癢癢。他們看到他在英國人中也算是個名人，於是便得出結論：他是一個睿智和滑稽的洋鬼子。然而當他們發現香港有身分的外國人都去給他捧場，而且他所有的收入都捐給了慈善事業時，便表示大爲驚訝和讚賞。他們似乎下決心要以某種方式來表達他們的感情，於是他們就想到了一個最有效的計畫，即用他們以前從未對白人使用過的高調褒獎來竭力恭維他。

於是，就在史密斯先生要離開俱樂部的那一時刻，他們爲他準備了一頂非常漂亮的轎子，連帶著清朝官員出行時的全副行頭和隨員 —— 用於驅鬼的音樂，在前面鳴鑼開道的清道夫、用於表彰他德行和才賦的旗幟、標誌著爲和平昌盛而敬獻的供品、福祿壽以及流芳百世等含義的紋章。就這樣，在一大群人的陪伴下，他被抬著坐在轎子上，穿越整個城市的街道，來到大英輪船公司的碼頭。在預示老天將保佑他一路平安的煙花爆竹聲中，史密斯先生登上了回英國的客船。

艾伯特·史密斯先生完全有理由為他自己在中國所受到的接待以及離開中國時所受到獨特的高調褒獎而感到驕傲。他贏得了這裡所有人的熱愛，而且還得到了許多作為禮物的古董，後者是用錢也難以買到的。有人甚至會不惜劫掠全香港的財物，以換取這些無價之寶。他肯定得到了許多這樣獨一無二的寶物，我們甚至可以說，他有足夠的藏品在歐洲建一個無與倫比的博物館，就連喬治·羅賓斯在吹噓這個博物館時也得先屏住自己的呼吸。

所有這些罕見的古董收藏品被安置在大英博物館屬下埃及館內兩個裝飾得非常漂亮的中國藏品陳列室裡。這些藏品中最令人印象深刻的是兩個木製十字架，在鎮壓太平軍時殺人如麻的葉名琛變身為一個綁在十字架上被千刀萬剮的怪物。溫格羅夫·庫克先生在他的書裡曾經提到那次大屠殺的可怕細節，並說他在廣州時曾經看到在殺人的刑場上豎有這樣的十字架。這兩個十字架是廣州的斯科特先生挖出來的，並在艾伯特·史密斯先生訪問廣州時贈送給他的。後者又委託英國皇家海軍軍艦「無與倫比號」的馬圭爾艦長將它們帶回英國，同船運回英國的還有一口中國銅鐘，後者現在被安放在位於錫德納姆的水晶宮裡。

THE ILLUSTRATED LONDON NEWS

中國速寫：婦女髮型、洗衣方式

(Sketches in China: Hair Style Like a Teapot, Washing Linen)

1859

《倫敦新聞畫報》第 34 卷，第 967 號

1859 年 4 月 2 日，340 頁

我們的畫家兼記者發來了以下有關中國日常生活和風俗習慣的報導及附圖：

做像茶壺一樣的髮型

做像茶壺一樣的髮型

這是一個最奇妙和令人難以置信的護髮過程，需要很長的時間才能夠完成。人們用一種從木頭刨花中提煉出來的樹膠使頭髮保持各種不同的形狀。必須承認，這種髮型在女人的頭後面看起來酷似一把茶壺的柄。女人無法自己把頭髮在頭後面做成這樣的髮型，所以她必須請別的女人或朋友來幫忙。當然，按照「中國的慣例」，這是要付錢的。後面桌子上擺的是天朝婦女不可或缺的梳妝櫃：它包括一面鏡子、抽屜、髮夾、撲臉用的白粉（你可以注意到她們是如何的文明）、用於抹臉頰和嘴唇的胭脂和一塊紅布頭。我承認畫中那位少婦的坐姿很不雅觀。就連對禮儀持時新觀念的人也不會贊同。但這不是畫家的過錯，我只是在真實地再現「自然」。在這個問題上，我完全同意薩姆·斯利克的觀點。

洗衣服

WASHING LINEN

洗衣服

剛來到中國的歐洲人會驚詫地發現自己襯衫上的鈕扣常常莫名其妙地不翼而飛。然而，假如他天生就有去溪邊散步的好奇心，這個謎題就不難迎刃而解。因為他會看見一群年輕的姑娘把衣服放在石頭上拚命摔打，似乎想把每根纖維都砸個粉碎。見證過這樣野蠻的洗衣過程之後，他就不再會為自己襯衫上的鈕扣在洗衣之後神祕消失而感到奇怪，而只會擔心襯衫是否能夠完整無缺地送回來了。因為誰見了這場面都會感到震驚，害怕那些衣服會被撕成碎片。我畫速寫的這個地方風景很美：這條溪溝裡到處都是岩石和鵝卵石，一群小姑娘就在這些石頭上搓衣服、擦肥皂、沖水，以及往石頭上用力甩衣服。我還可以告訴你們，只要她們不是在洗你們的衣服，這種景色還是相當賞心悅目的。中國的男人也洗衣服，但是在我畫速寫的那天，卻一個男人也沒有見到。

THE ILLUSTRATED LONDON NEWS

中國速寫：翻山越嶺和藝人表演

(Sketches in China: A Mountain Pass, Entertainment in the Village of Lin-Cong)

1859

《倫敦新聞畫報》第 34 卷，第 969 號
1859 年 4 月 16 日，376 頁

（本報特派畫家兼記者的報導）

我向你們報告過去這幾天的旅行，以及天朝一種有點怪異的旅行方式，後者由於出自一個全新的環境，也許會給倫敦新聞畫報的讀者們帶來一些樂趣。

那些習慣於乘坐火車軟席出行，並且在旅行的終點總會有一家旅館或其他奢侈享受等待著他們的人將會吃驚地看到，我們在這次發現之旅中用的是何種交通工具 —— 一種由兩個強壯的轎夫抬著的竹製轎椅，還有另外兩個轎夫隨時準備在前者精疲力竭時替換他們。當然，我們還得隨身帶著鋪蓋，所有這些都是為了解除旅途的內在疲憊所必需的；為了保持外表的整潔，還得帶上肥皂、牙刷、毛巾等。另外還得帶些武器，以防攔路的強盜 —— 左輪手槍就是個不錯的選擇，還有來復槍，為了 "le sport"（打獵

或娛樂），正如法國人所說的那樣。這樣裝備完畢之後，我們就可以上路了。船租好之後，我們愉快地揚帆穿越了海灣，直到我們的船在海灘上擱淺為止。爽極了！然而我們看到同行的那條船還在深水區緩緩而行，便又退回到深水區，緊緊跟隨著前面的那條船。結果我們安全地在海盜島背面一個叫做金灣的地方上了岸。有人建議稍事休息，於是大家便停下來吃了一點東西，然後我們就坐上了轎椅，開始向山頂的一個關隘攀登，正如前面插圖所描繪的那樣。崎嶇的小路有時候就在懸崖的邊上，一不留神就會掉入幾百英尺下的激流之中。你會有那種讚嘆和敬畏的感覺，就像從阿爾卑斯山上下來那樣。我注意到，深澗中水的顏色就像是從馬拉大道上俯瞰萊茵河的那種特有的翠綠。但是山上就連一棵樹都難尋，光禿禿的山坡上只有灰色的岩石。究竟是什麼造成了這種奇怪的顏色呢？我們越爬越高，那些步伐穩健的轎夫腳下從不磕磕絆絆的。看著這些傢伙抬著他們的顧客在這種一般人空著手都走不穩的岩石上面健步如飛，正是一種奇妙而令人難忘的景觀。然而正是他們的好脾氣使人感到心情愉快，並使得旅行途中充滿了快樂。我們朝山谷對面望去，看到在半山腰上有一個小村莊，以及村外一個上部突出的水車轆轤，這種水車被稱作「大明蝦」。

我們繼續向上走，繞過了大帽山這座高峰的西嶺，從那裡一直到山頂都是層層疊疊的梯田，儘管它們目前都荒蕪著。據傳說，那裡以前是種植茶樹的，有個皇帝曾經逃難至此，受到了本地一個小首領的保護，後者將他隱藏了起來。皇帝重新掌權之後，為了報答這位好心的首領，答應將從大帽山上放眼望去所能見到的所有土地都贈予他。這個禮物真是堪稱無價，因為從山頂至少能看到 100 英里之外。從那以後，由於山頂建造關隘的緣故，很少有人敢上大帽山來。我們很快就來到了所謂的半道農舍，在那裡休息了一會兒，因為頭頂的太陽有點毒辣。那座農舍的周圍有一片非常漂亮的樹林，那些樹葉呈鮮亮的翠綠色，在看慣了香港灰濛蒙的樹葉之後，它們著實使人眼睛一亮。當我們經過那裡的時候，衣衫襤褸的孩子們從農舍裡跑出來，他們恐怕是我所見過樣子最可憐的。

山上的一個關隘

從關隘的山頂上極目遠望，一幅蔚為壯觀的全景圖卷映入我們的眼簾。在我們的腳下是美麗的苦丁谷，就像玩地滾球的草坪那樣平坦，四周全是崇山峻嶺，光禿禿的懸崖峭壁使它們變成一種壯麗的景象。在一簇簇零散的樹叢後面，可以隱約見到一些小村莊。那些水田因長期乾涸而變成了白色，在這些景象的襯托之下，那片樹林的明快翠綠色便顯得特別漂亮。在遠處，我們可以見到深水灣和珠江兩岸的群山，在迷人的二月薄暮中漸漸消失。在下山的路上，我們一會兒步行，一會兒斜靠在轎椅上休息，很快就來到了平坦的谷底。

我們打起所有的精神，列隊進入了林崆村，在一個叫金葉的朋友家住了下來，他是這個小山村的村長。我們很快就被一群天朝村民所包圍，他們張著嘴，瞪大了眼睛，一動不動地圍觀著我們，看到任何有趣的事情就放聲大笑，和顏悅色且面帶笑容地跟著我們在村子裡到處走。我們趁主人做飯的空檔，在村裡走了一圈，順便走進了一個寺廟。在廟裡我們發現有幾位年輕的「米開朗基羅」在白牆上用木炭作畫。在他們快要完成那些連環畫時，我們便穿過一個茂密的樹林往回走，來到了村裡唯一的店鋪前。在這裡有人請我們跟一些當地人共進晚餐，當我們謝絕之後，他們又十分誠懇地請我們吃點心。夜幕迅速降臨，當我們回到主人家時，晚飯已經擺在桌上了。我們以當地農村的方式吃了這頓晚飯，飯錢已經算在給轎夫那點小錢裡了。

ENTERTAINMENT IN THE VILLAGE OF LIN-CONG.

林崆村的藝人表演

晚飯後，一位長得非常英俊的年輕人拿出他的四絃琴，為我們彈奏了一些歡快的樂曲。屋子裡擠滿了村民、轎夫和孩子們。在這些小山村裡充滿了自由、平等和博愛。我附上的第二張速寫真實地反映了那位年輕人為大家彈琴奏樂的情景。畫面中沒有忽略正在抽菸的主人金葉，他那根煙桿的奇怪形狀引起了許多人的稱羨，最終還是被我的那位旅伴花錢買了下來。然後我們做了一件非常過分的事：給在場的好幾個當地人嘗摻了水的白蘭地酒，他們都說這酒太猛了。老金葉把我拉到他的臥室，向我展示一支長達 10 英尺左右的火銃槍，並問我那隻用藍墨水畫的貓怎麼樣。令我感到吃驚的是，在他的桌子上放著一瓶真正的白蘭地！這位金葉先生可真是一位城府頗深的小老頭！

天下沒有不散的筵席，我們的好興致也不例外。睡眠之神很快降臨到了頭上，要跟我們說句悄悄話。結果我們被領到了一個放有兩張床的臥室裡，蚊帳、草蓆和被子都已經準備好了。我們頭一沾枕頭就進入了夢鄉。

（未完待續）

THE ILLUSTRATED LONDON NEWS

中國速寫：在中國旅行—中途歇息
(Sketches from China: Traveling in China—the Midday Halt)

1859
《倫敦新聞畫報》第 34 卷，第 970 號
1859 年 4 月 23 日，404 ～ 405 頁

（我們接著上一期本報特派畫家兼記者從中國發回的報導，讓他繼續講述自己在中國旅行的經歷。）

第二天早晨，我們在雲雀的啼鳴聲中起了床，聞到了空氣中一絲淡淡的香味，就像是牛奶的那種淡香。我們洗漱之後吃了早飯，並向朋友們告別，為他們的殷勤好客感到開心。我們沿著山谷繼續走了一段之後，又開始翻越第二座山，在路上不時地碰見一些用扁擔和籮筐挑著貨物的人。他們臉上都掛著笑容，並向我們點頭打招呼。我們一路小跑地翻越了關隘，很快就來到了龍錦谷，在龍錦村停下來歇息。前面這張「中途歇息」的速寫就是在這裡畫的。我們此刻正在接近大鵬這個惡名昭彰的海盜村。海盜們從海上搶來的物品都是在那裡卸貨，然後再運往內地的。我們心裡有些

忐忑不安，不知道將會受到怎樣的接待。然而我們還是不停地往前走，直至來到了鄰近大鵬的一個村莊，才發現我們的路要從大鵬村中間穿過。當我們來到穿過村莊的大路上時，看到那裡到處都是面目可憎的傢伙，他們都在街上惡狠狠地盯著我們。但不管怎麼說，我們並沒有碰到粗魯無禮的行為舉止，便悄悄地出了那個村莊，並且過了一條小河。這個村莊坐落在大鵬灣邊上一個景色優美的地段，附近有許多星星點點的小島嶼。接著我們又來到一個美麗的關隘，從那個關隘的頂部飽覽了大鵬灣的壯麗風光。我們在那裡一邊吃午飯，一邊欣賞牆上的壁畫。下山的路景色美極了，因為山坡上的樹木長得非常茂密。在關隘的腳下，我們又瞥見了大鵬灣的一角。很快我們就來到了大鵬灣的海邊，路上經過了好幾個被芒果樹、荔枝樹和龍眼樹遮蔽的村莊。

TRAVELLING IN CHINA.—THE MIDDAY HALT.

在中國旅行 —— 中途歇息

太陽下山的時候，我們在柴禾村停了下來，留宿在該村的祠堂裡，這是一個類似於寺廟的地方，大堂裡擺放著祖宗們的神主牌位。這種建築兼具私塾和客棧的雙重功能。當地人似乎十分貧窮。村裡的長老們出來歡迎我們，其中有一位老人非常有個性，他只有一隻眼睛，但還是永遠在四下搜尋，看有沒有什麼東西能夠撿回家的，也許是為了填飽自己的肚子，或只是為了撿小便宜。我寄給你們一張關於他的速寫。私塾先生是一位非常值得尊敬的人。我們找了不少乾草來鋪床，並且很快就支起了爐灶，一切似乎都很舒適方便。晚飯以後，我們用雪茄和聊天消磨掉了晚上的時間。

曬穀場上的稻草堆

第二天早上，我們很早就起身上路了。當地人堆放稻草的方式給我們留下了深刻的印象，既使稻草離開了地面，同時又能用它作為給牲口有遮蔭的地方（參見前面的插圖）。到處都可以見到那種樣子奇特的水牛。現在我們登上的關隘是我所見過最好的一個，因為茂密的樹林從那裡一直延伸到了山頂。山頂上還有一塊樣子奇特的大岩石，當地人稱之為「女兒岩」，儘管我一點也看不出它像女人或孩子。山上有些小路是全程由石階所組成的 —— 這麼長的登山石階我從來也沒有見過。這條小路只有 2 英尺寬，除此之外沒有其他的上山道路。所經過的這些地區都是不養馬的，我們連一匹馬，甚至小矮馬，也沒有見過。至於驢和騾子，我在香港之外也從未見過，所以所有的物品都是要靠人來挑或抬的。正如我在前面所說，我們不時地會碰到一些挑著貨物逐村叫賣的貨郎。綿羊在這塊地方也是找不到的。在乾旱的季節，人們放火焚燒野草，以此來獲得肥料。因而晚上燃著的群山構成了一個非常獨特的景觀。我們所經過的每一個山峰都是這樣被火燒過的。此地盛產雞和豬，魚也很多。我們總是能夠買到雞蛋，這一點使我們非常高興。我們登上了最後一個關隘，那裡雲霧繚繞。下山走了一段之後，我們望見了大鵬灣對面的香港島，而官府所在的九龍城就在我們的腳下。那座山的南坡非常陡峭，也不長樹。下山的過程用一個大詞來描述，就是一次超群絕倫的驚險體驗。我們安然無恙地到達了九龍，看到那裡有一條船在等，於是我們立即跳上船，向香港駛去，並對於這次的中國之旅感到非常高興。

我們所經過的那些村莊經常發生宗族械鬥。清朝官員們都不敢進入到那個地區，儘管管轄九龍的那位官員在名義上是統管整個地區的。我們走了之後沒過多久，苦丁谷就爆發了一次械鬥。這些宗族間的械鬥通常是非常血腥的，儘管它們並不限於廣東和福建，但是這兩個省分的宗族械鬥要比大清帝國的其他地方更常見。有時候整個村莊的男女老少都會被趕盡殺絕，使那裡變成一個鬼村，然而清政府對於這些暴行束手無策。

然而我必須承認，各個村莊的村民對於陌生人的態度是非常熱情且和藹可親的。我們從未聽他們說「番鬼」，儘管這裡離任何歐洲人都很遙遠。而且在我畫速寫的時候，如果有一個小頑皮擋住了我的視線，大人們就會馬上叫他走開。這些固然只是非常瑣碎的細節，但也表明這些「心地質樸的鄉下人」雖然衣衫襤褸，也是有禮數的。像這樣的旅行要比簽訂和平條約好處更多 —— 使人民習慣於見外國人，禮貌地對待本地人。更重要的是，要和顏悅色，面帶笑容，讓他們知道我們並不是生意人和為賺錢不擇手段的人。

THE VILLAGE ELDER CAN-HAOU

村裡一位名叫常浩的長老

中國人對於任何不從商的歐洲人都懷有一種值得稱讚的尊敬。奇怪的是，在廣州人們把所有的外國人都稱作「大班」，意思是商業代理人或商船押運員，這是給他們的最高稱號。而我們這些不做生意的人通常被稱作「先生」，意為教師或師傅，這是一種很高的尊稱，這表明假如少幾個商人，多幾個無所事事的紳士，歐洲人其實不會受人蔑視，也許還會很受中國人喜歡，只要我們不干涉政治和其他任何國事。天朝人會很自然地蔑視那些鑽進錢眼出不來的人，還有那些走私犯、用鬼船來強制進行非法貿易的人，以及毀滅他們城市和人民的人。

THE ILLUSTRATED LONDON NEWS

中國畫家

(Chinese Artists)

1859

《倫敦新聞畫報》第 34 卷，第 971 號
1859 年 4 月 30 日，428 頁

我們的這張銅版畫是根據本報特派中國的一位畫家的速寫繪製的。它描繪香港的一個畫室中有 3 位中國畫家正在奮筆作畫。第一位畫家的作品是直接臨摹照片的袖珍肖像畫，筆法細膩，堪稱唯妙唯肖。第二位畫家正在將這張照片臨摹成一幅油畫，他拿畫筆的手法跟歐洲人有所不同，將握筆的右手靠在一根豎著的木尺上，左手則拿著他正在放大的那張照片。跟我們一樣，中國人放大照片也是採用畫方格子的辦法。第三位畫家正在為一條商船的船長畫一張香港全景圖。有兩位「自由而開明的英國公民」正在走進畫室，準備將這幾位畫家的作品買下來傳給後代。在香港有很多這樣的畫家。值得慶幸的是，幾乎所有繪畫必需的物品在這裡都能找到，而在英國的商店裡，就連普通的繪畫顏料箱都買不到。約翰·布爾在此地嘉勉美術的發展。不少中國畫家很有靈氣，其中有些人將歐洲畫中的透視移

植到了畫法細膩的中國工筆畫中，創作了一些非常逼真的油畫和水彩畫。然而他們最拿手的強項還是臨摹照片，將其製作成袖珍肖像畫 —— 在歐洲人的指導下，他們在這方面的技藝已經是盡善盡美。有些中國畫色彩鮮麗，在歐洲享有盛譽。也許最有名的要數朱紅色，儘管有大量的中國畫都採用最漂亮的靛藍色。

CHINESE ARTISTS.—FROM A SKETCH BY OUR SPECIAL ARTIST IN CHINA.

中國畫家 —— 本報特派畫家的速寫

1859

THE ILLUSTRATED LONDON NEWS

1859 年的中國人禮儀風俗
(Manners and Customs of the Chinese in 1859)

1859
《倫敦新聞畫報》第 35 卷，第 994 號
1859 年 9 月 17 日，279、280、283 頁

MOURNING DRESSES OF THE CHINESE.

中國人的喪服

香港的一次葬禮

本報特派中國的畫家兼記者的畫比任何生動的描寫都讓我們更加清楚地了解這一獨特民族的日常生活，他又給我們寄來了一些他在香港親眼所見的一場中國葬禮的速寫，刊印如下。以下由他所寫的關於 1859 年中國人的風俗禮儀的細節也是極其有趣的：

上星期在香港舉行了一場葬禮。當地一位巨賈的一個妻妾死後以極其隆重而奢侈的葬禮加以埋葬。孩子們酷似歐洲混血兒的面孔招致了中國人的不少議論，這些孩子參加了葬禮，手持椅子的流蘇，椅子上擺著牌位。這是一個最大規模的葬禮，持續了好幾天。由於所有的細節和特點都是完全中國式的，而我以前從未有機會在當地目睹葬禮的全過程，我決定參加守靈，隨棺材一直走到墓地，並把現場的速寫寄給你們。首先，這是愛爾蘭守靈的中國版本。寫有黑色和藍色漢字的兩個燈籠懸在靈堂的大門上，入口上方用白色的幃帳扎出一個花朵來。你進門以後會看到一口棺材（與歐洲的大不相同，其形狀非常優雅，如果這種東西可用「優雅」來形容的話）停在過道裡的三角凳上，下面擺著一盞燈，上面罩有一個倒轉的形似花盆但比花盆更寬的陶製容器，棺材上面覆蓋著紅布，布上放著一塊硬泥般的東西。在棺材的一端（部分是在棺材的下面），有許多裝著米、燒酒和茶葉的小杯子和碗，這是專門為妖魔鬼怪準備的。祖先牌位也在那裡。同樣，那裡還有一個裝有燃燒著的蠟燭和焚香的大陶罐，旁邊是一盞燈。牆上掛著兩張外貌奇特的祖先肖像畫，身穿藍色的襯衣和白色的褲子。棺材在這裡停了幾天，遺體放在石灰裡，全身都穿著所能買到的最好最昂貴的衣服。死者的一隻手裡拿著扇子，在另一隻手裡是寫著祈禱文的一張紙。

隔壁的房間裡聚集著死者的親戚朋友，他們在吃喝和吸菸。有一些人在笑，另一些人在哭，還有一些人哭啞了嗓子。這是一幅值得目睹的奇特景象。死者的兄弟在詳細講述棺材是如何漂亮和值多少錢，實際上他無所不談，只是閉口不談過世的妹妹。大量燃燒的蠟燭和焚香，連同哀悼者的菸斗和雪茄，使得靈堂內煙霧瀰漫。由於這是我在香港參加的第一次守靈，所以我進靈堂時顯得十分嚴肅，但發現它不像是守靈，便立刻變得像死者兄弟一般興高采烈了。房間用佛像和各種物件來進行裝飾，最滑稽的是一位戴假髮、身穿燕尾服和打著領帶的英國商人小雕像，他巧克力色的外衣上還縫有金色的扣子。這個精美的紳士小雕像擺放在一個玻璃櫃子裡，緊靠當地的佛像，我無法弄清它究竟是否代表了某一個真實存在的人物。

在這種場合似乎沒有人看上去是醉醺醺的。我在大約晚上 10 點時離開了他們，並在兩天後的早上又回到了靈堂，看見和尚和孩子們身披麻衣，在一個臨時祭壇前磕頭，祭壇上面和後面是三幅畫在紙上的神像，兩個神是黑髮，一個是白髮。當正在誦經的和尚們看到我把它們取下來時，全都哈哈大笑，站起身來，一邊不停地誦經，一邊看我在做什麼。同時，孩子們在用額頭磕著地面，有一個可憐的小傢伙磕得不夠勤，一個旁觀者就按著他的腦袋，以便能跟上節拍。有一個人在桌子的一端用長菸斗吸菸，另一端坐著一位身著黃袍，頭戴帽子的和尚。透過背後開著的門可以看見兩個僕人，也許正在用令人愉悅的鴉片煙麻醉自己，而非用酒來澆灌自己的悲傷。有兩三個女子在哭，悲痛欲絕。孩子們看上去卻極其快活。

第二天是一個很重要的日子。有人開始放鞭炮，女人們身穿白色的寬鬆喪服、頭上裹著頭巾，並且脫掉了鞋襪；男人和孩子們穿著麻衣，腰上圍著白色的腰帶；其他人戴孝更少，只是在頭上和腰間各圍一條白綬帶而已。棺材擺在街上，喪家們跪在一旁，以頭叩地，用悲傷的語調哭喪。接著婦女們也經歷了同樣的哭喪儀式。哀樂一直在演奏。有兩個戴孝的人雙手奉香至廣口壇中。在反覆的哀嚎和叩頭之後，樂隊又開始演奏，送葬隊伍向目的地出發。隊伍的最前面是兩盞燈籠，後面跟著身穿白衣的樂隊；四頂轎子裡裝著精心製作的糕餅，後面是身穿藍衣的樂隊，帶著鑼、鼓，以及其他發出噪音的樂器。接下來是 16 張桌子，每張都由兩個人抬著，上面有烤豬、羊羔等各種能夠想像出來的食物，不僅菩薩喜歡，人也樂於享用。然後是載有牌位和蠟燭的一張椅子、紅衣樂隊以及竹竿上的一面大

MOURNING THE DEAD.

哀悼亡者

MANNERS AND CUSTOMS OF THE CHINESE IN 1859.—FUNERAL AT HONG-KONG.

香港的一次葬禮

紅旗，另有一面寫有金色和白色漢字的旗幟，接著就是棺材、送葬者、親屬以及朋友。那位最主要的送喪者哭得死去活來，以至於無法行走，只能坐在敞篷的轎椅上。在路邊的女性旁觀者中間有許多雙眼睛被真正的淚水打溼。

經過許多次跪拜，燒完了無數焚香和放過了上百次鞭炮後，送葬隊伍朝太平山進發，中途差點被橫躺在大路中央的兩個並非中暑而是爛醉如泥的英國水兵所絆倒。人們成群結隊地跑出來看送葬的隊伍。我們穿過整個城鎮，到達一個在找到合適的安葬地點之前，臨時停放遺體的地方。我在這裡登上了一座小山，俯瞰全景，畫成一幅速寫。棺材被放在了地上，送葬者圍著它轉了一圈又一圈，和尚們在背景中念經，白衣樂手們在棺材邊上奏樂。焚香又點了起來，人們又燃放了鞭炮；紅衣和藍衣的樂手們停止了演奏，小女孩們開始哭泣，人群在一旁觀看。接著哀樂完全停了下來，那兩個燈籠走近前來。所有的樂隊又開始演奏，你簡直無法想像那種刺耳的噪音，妖魔鬼怪肯定在可怕的混亂中被嚇跑了。接著棺材又被人們扛在肩上，後面跟著送葬者、燈籠、牌位和紅旗。送葬隊伍慢慢地繞著山路上山，你可以在山上第一間房屋的背後看見那座山頭，在那座房子裡，有一間房間是專門租下來存放棺材的，房間外面站著正在誦經的和尚們。在這裡，我發現一個樂手持有一件極為有趣的樂器，它也許就是最早用來吹奏瑞士牧歌的樂器原型，還有一種能夠發出尖銳聲響，足以摧殘聽覺的嗩吶。回過頭來繼續講葬禮。死者遺體被放置在房子裡以後，送葬者們便脫下白色的喪服，又恢復了常態。那位主要的送葬者平靜了一些，所有人都上山去採回了一種綠色灌木的樹枝 —— 我不知道它們究竟有何用途。接著送葬隊伍又列隊返回，哀樂的曲子似乎還是來時的那些，這與歐洲的習俗正好相反 —— 歐洲人在葬禮後演奏活潑一些的曲子。大約在此時，我聽到隊伍中有許多快活的笑聲。趕到前面之後，發現原來人們在路邊發現了一個骷髏頭，一場即興足球賽立刻開始了，十分解悶，尤其是把骷髏頭踢到抬著擺有供品的桌子的人腳下的「詭計」，這樣會使他們走路跌跌撞撞。回來的送葬人群激起了當地人的極大詫異，因為那些混血小男孩已經脫下了頭巾，此時可以清楚看到他們的淺色頭髮和其中一人沒有辮子，這引起人們對他們的父親是誰的議論。警察也出席了，其中一個戴綠色眼鏡的傢伙似乎迷上了所有的女性。我把他也畫進了速寫。

我在這裡必須說一句，那就是廣州和內地的女孩不會在頭上包彩色頭巾。那是澳門的特色。在廣州，她們不戴頭巾，除非天氣很冷，她們才會戴一種用兩條紅帶子繫起來的藍色頭巾，但不用彩色的，也不用這種方式繫頭巾，否則這一場景會被人認為是一個中國式葬禮。在陽光下，人們都戴一種隨處可見的竹篾帽。在維多利亞港的山腳下，你可以看見奇形怪狀的石頭以最奇特的方式堆積在一起。來自加利福尼亞州的水手們正好坐在了中國人的墓碑上。

以下這段文字摘自衛三畏關於中國的著作：

民眾關於死者命運的看法千奇百怪，以至於難以描述在這方面的民族信仰。人們或多或少地相信轉世，但關於善良或邪惡的靈魂在被佛收走之前所經歷細節變化卻千差萬別，幾乎都是根據信眾自己的想像。被打入地獄的人經受來自駭人怪物的各種折磨，最後被放逐成爲四處遊蕩的孤魂野鬼騷擾人類，或者在爬蟲等動物體內興風作浪。和尚來了以後，死者屍體被放在大堂的地板上，旁邊豎起一塊神主牌。附近有一張桌子，上面放置著肉菜、燈盞和焚香。當和尚念咒語把靈魂從煉獄中解救出來時，他們偶爾會叫在場的所有人痛哭哀悼。在這種情況下，家中的女眷們會哭天喊地，發出最悲傷的哀悼聲，然後便與一些新來者一起傻笑。印有佛像和禱詞的紙會以紙錢的方式燒掉。門上會掛上白色的燈籠而非平常所用的紅燈籠，以及貼上一張寫有死者的名字、頭銜、年齡等的紙條。一個用草蓆鋪設的門廊會專門爲樂師與和尚們搭起來。死者的靈魂會在和尚的幫助之下跨過通向地獄之外的橋之後，還會從他們那裡獲得一封進入西方極樂世界的推薦信。如果不葬在祖墳裡的話，葬禮之前還必須選好一塊風水寶地。人死後應立即入殮，穿上這户人家所能承擔的最華麗的衣服，一隻手裡放著扇子，另一隻手裡放著寫有禱文的一張紙。中國棺材的外形就像一截樹幹，木板有 3 到 4 英寸厚，頂部是圓的，形成一個堅實的箱子，因而棺材又稱作「壽板」。屍體會被放在一張石灰或棉花床上，或用生石灰覆蓋，棺材的邊緣用澆注在凹槽內的灰漿封閉，這樣就能夠密不透氣，棺材如果在下葬以前先停在房子裡的話，則要上漆。中國人往往在生前花一大筆錢來購置棺材：最便宜的棺材價值 5 至 10 英鎊，貴的要 500 英鎊，甚至 1,000 至 2,000 英鎊，價格因材料與裝飾而異。死者的屍身有時在房子裡或附近停置幾年，從早到晚棺材前面都點著焚香。棺材要麼放在大堂靠近門廊的三角凳上，上面有覆蓋物作爲保護，要麼就放在祠堂裡，直到家庭的經濟能力允許人們埋葬屍體爲止。

THE ILLUSTRATED LONDON NEWS

臺灣漢族人的禮儀風俗
(Manners and Customs of the Chinese in Formosa)

1859
《倫敦新聞畫報》第 35 卷，第 995 號
1859 年 9 月 24 日，294、295 頁

「福爾摩沙」(Formosa 或 Hermosa) 是歐洲人稱呼中國海中一個島嶼的名稱，它的中文名稱是臺灣。根據荷蘭人瓦倫丁 (Valentyn) 的說法，當地土著人稱這個島嶼為 Pekan，或 Paekand。它有 240 英里長，60 英里寬，與中國的福建省之間只隔著一個 80 英里寬的海峽。有一連串的山脈將這個島嶼劃分為東西兩個部分，在島的西部還有荷蘭人的一個殖民地。1682 年，該島嶼被中國的皇帝劃入了自己的版圖。島上有廣闊而肥沃的平原，

許多地方盛產玉米、稻米和你能在印度看到的所有的水果。當地土著們靠種水稻和用弓箭狩獵謀生。它的首府是臺歐欣（TaiOceang）。本報特派畫家兼記者最近訪問了這個島嶼。本期我們刊登了他寄來的有關當地人民生活習俗的一些速寫及其相關的細節報導。

臺灣

OUR ARTIST SKETCHING.

本報特派畫家正在寫生

在這塊與世隔絕的地方 —— 它比日本的島嶼更加默默無聞，郵政只

能是未來的事情 —— 假如說我已經好久沒有給你們寄速寫和報導的話，那麼我現在就來解釋一下其中的原因。我所在的地方位於臺灣島的西南海岸，風景很美。這裡的一個好處（至少在我看來如此）是天上很少下雨，而且儘管正值熱帶的酷暑，從早上 10 點到太陽下山為止，總是有陣陣清風為我們驅走炎熱，使人感到這是最適宜的氣候。從我現在坐的地方可以望見連綿起伏的山脈，據說它們平均都有 8,000 到 10,000 英尺的高度。這些山脈就連山頂上也覆蓋著鬱鬱蔥蔥的樹林，而且絕大部分都是樟樹和其他的珍貴樹種。這個島上盛產蔬菜和礦產品，還有白藤、靛青、毛竹、樟腦、蔗糖、稻米、鳳梨等等。它的縱深地區至今還沒有人進去勘探過。這些山脈的另一邊目前都歸土著的高山族人所有。漢人對於那些土著懷有一種謹慎的畏懼感。

這裡的海港具有你所能想像的最出色的入口。在陡峭的懸崖之間一條狹窄的通道只能供一條船出入。靠近村莊的那塊巨岩上好像是築了堡壘 —— 我說「好像」，是因為那個用矮牆和硬紙板搭起來的碉堡不能使人產生任何敬畏感。山上種了成千上萬株棕櫚樹，呈現一種濃郁的熱帶景象。山上的岩石類似於珊瑚石，其灰暗的暖色調看上去極其美麗。它們風化得十分厲害，去年在一場危及汕頭的颱風中，一塊巨大的岩石掉進了海裡，而且還留下了一塊在懸崖上搖搖欲墜。整個地區的景色都令我想起馬尼拉，尤其是山上的毛竹。

這裡的婦女都纏小腳，並且跟維利金絲小姐一樣，都喜歡打扮得「花枝招展」，我還從來沒見過這麼鮮豔的猩紅色和靛青色，橘黃色和紫紅色。然而她們大多數都只是漁夫們的妻子，這也從側面反映出她們的丈夫們對於婚姻還是忠誠和熱心的。

她們的髮型頗為雅緻，跟我們廣州朋友的髮型有很大不同。廣州人都喜歡穿色彩灰暗的衣服，而臺灣的女子則毫無例外地全都將人工製作的花插在頭髮上。乍一看，你準會以為她們全都至少是清朝命官的夫人。這裡的房屋都只有一層，一般用稻草作為屋頂。這些房屋有的是用毛竹和黏土，有的則是用在太陽下曬乾的磚頭蓋起來的。然而這裡的城市卻比中國其他地方的城市都要乾淨。這裡的磚塊跟歐洲的磚塊一樣都是紅的，不像在廣州那樣全是青磚。街面是用小磚頭鋪成的，而且路旁有陰溝，那裡是豬最喜歡拱的地方。

FORMOSAN HUT.

臺灣島上的茅舍

我到達這裡之後不久，有一次正好跟村長同乘一條渡船。當時我正在對著一塊巨岩寫生，突然想到如果能給他畫一幅肖像畫的話，也許能讓他高興。所以我很快就畫了一張速寫，把他那張快活的臉轉移到了紙上，並且按照中國的禮節，畢恭畢敬地將畫送給了他。他身邊的人一邊使勁地嚼著檳榔，一邊誇獎速寫畫得很像。於是下船之後，他們把我和我的僕人請到了衙門裡，由纏頭巾的侍者端上了茶和檳榔果，並且開始傳遞一個黃銅製的水煙壺，我從那裡輕輕地吸了三口。吸過菸之後，主人又請大家享用了美味的薩姆索起司，整個歡迎的禮儀就結束了。接著村長把我帶到了一家店裡，在那裡坐下來吃沾糖的鳳梨。我們之間無法用語言來溝通，因為臺灣人說的是閩南話。我的僕人跟我一樣，對這種方言一竅不通。然而很快就有人拿來了紙和毛筆，不多一會兒我們就能互相理解了，因為書面的漢字在全中國都是統一的。店裡很快就擠滿了當地人，當我為他們畫漫畫的時候，大家都覺得很開心。他們的舉止沒有任何粗魯的地方。「番鬼」這個詞還沒有傳到這裡，也許當更多的外國人前來訪問這個地方時，他們就會變得像廣州人一樣，失去這種淳厚的本性。

OUR ARTIST CROSSING A STREAM.

本報特派畫家正準備渡河

METHOD OF FIXING THE HAIR.

臺灣婦女的髮型和衣著裝束

1859

THE ILLUSTRATED
LONDON NEWS

英法聯軍對白河河口的清軍炮臺發起攻擊

(Attack by the Allied Forces on the Mouth of the Peiho River)

1859

《倫敦新聞畫報》第 35 卷，第 995 號

1959 年 9 月 24 日，第 295 頁

1. 火力最遠射程
2. 登陸部隊所乘坐的平底帆船
3. 法軍的快艇
4. 美軍的快艇
5. 「烏木號」軍艦
6. 法軍運送補給的小型快艇
7. 「寧錄號」軍艦
8. 「椋鳥號」軍艦
9. 英法聯軍登陸部隊
10. 「負鼠號」軍艦
11. 「紅隼號」軍艦
12. 「兩面神杰納斯號」軍艦
13. 「李氏號」軍艦（被擊沉）
14. 「戲謔者號」軍艦
15. 「負鼠號」軍艦
16. 「鸕鶿號」軍艦（被擊沉）
17. 「驕矜號」軍艦
18. 「千鳥號」軍艦

THE ILLUSTRATED LONDON NEWS

臺灣的漢族人禮儀風俗
(Chinese Manners and Customs in Formosa)

1859

《倫敦新聞畫報》第 35 卷，第 1000 號
1859 年 11 月 5 日，443 頁

本報派往中國的特派畫家給我們寄來了下面的插圖及相關的描述文字，這些速寫是他最近訪問臺灣島時所畫下來的。

蔗糖倉庫

SUGAR GODOWN, OR WAREHOUSE.

蔗糖倉庫

這個島嶼上盛產蔗糖，所以我畫了一個人們正在卸載和儲藏蔗糖的倉庫內部情景。畫中的有些人只是苦力，而另外那些人 —— 馬尼拉人、智

利人和一個黑人 —— 則是這裡一艘船上的水手。

跳神的把戲

A CLERICAL JIG.

跳神的把戲

接下來這張插圖中那個異乎尋常的場景是四月中旬某個大寺廟院子裡舉行的跳神儀式。院子裡有一個祭壇，另外還有一個祭壇設在大堂裡。和尚們在祭壇前面舉行了一系列例常的祭奠儀式，頗為奇特，尤其是那個吹笛子的和尚。他的一隻襪子從綁著的襪帶上滑了下來，臉上帶著一種極其可笑的表情，令人一想起就忍俊不禁。寺廟的住持身穿一件猩紅色的袈裟，上面還有綠色的鑲邊，前襟上畫著一個陰陽八卦圖，而他還長著一撮小鬍子。根據他們所戴的帽子式樣來判斷，他們並非是佛教徒。寺院的住持在這裡可是一個大人物。我過於專心地埋頭畫畫，所以對正在舉行的那個宗教儀式並沒有看得太清楚。但是我不時地看到有一個和尚在跳獨角舞，並扯著嘶啞的嗓子在唱著什麼，一邊還在扇著扇子，或者說是用拇指和食指的指尖夾著一枝玫瑰，忘情地端詳著它。那位和尚在表演時還停住腳，走過來看我在畫些什麼，嘴裡不停地在哼唱著什麼，還一直咧著嘴笑。接著來了一位翻跟斗的人，用一種很離譜的方式翻著跟斗。周圍的人一直都在抽菸，整個場面在我看來是一種非常快活的宗教崇拜儀式。

1860

1860

THE ILLUSTRATED LONDON NEWS

對原香港副總督凱恩中校的表彰

(Chinese Mirror Presented to Lieut.-Colonel Caine, Late Lieutenant-Governor of Hong Kong)

Apr. 14, 1860

《倫敦新聞畫報》第 36 卷，第 1028 號
1860 年 4 月 14 日，352 頁

贈給原香港副總督凱恩中校的中國鏡子

如果有一個職位比其他任何職位都更能考驗一個人的行政管理能力的話，那一定非地方總督莫屬 —— 受野蠻習俗的束縛，而又同時保持著文明「進步」。歐洲的行政管理者被一個有機體制的規定所約束，透過被認

可的法律這一媒介而做出行動，輕鬆自如地指揮國家經濟，始終確信若緊急情況需要，他就會擔負起主動採取行動的責任，而明智的民意會公正地理解他行為目的的廉正性。與此同時，殖民地的統治者常常必須在一個業已腐朽的社會廢墟上建立起一座新的制度大廈，而這套新的制度既不能顛覆東方偏見，也不能背離西方文明。沒有前人指引或輿論幫助，每一個舉動都是一項附加的責任，每一個決定都會引起論爭，在那裡，真理必須跟偏執盲信或疑慮畏懼進行抗爭。

陸軍中校凱恩所擔任香港行政首長和副總督的職務特別要求他具有在殖民地進行成功統治所必需的判斷力、決策力和足智多謀等能力。

當談到這位行政長官現在及幾年前所遭遇的困難和他戰勝這些困難的能力時，《中國郵報》這樣寫道：

> 1841 年 5 月，他被特別挑選擔任香港行政首長這一重要而辛勞的職位。「行政首長」被派往一座貧瘠的山的一側，僅有一個席棚以供遮陽擋雨，他全要靠自己的智謀來建設其「權力機構」。儘管沒有建築師或工程師，但合適的監獄、法院等建築在他不知疲倦的辛勞工作和支持下拔地而起。無家可歸的陌生人或是老朋友現在發現，三年前還是野狗嚎叫的地方變成了溫暖好客的招待所。在戰爭中，他經常請求回到他的隊伍中去，然而在中國事務中處於領導地位和具有洞察力的政治家們發現他具有比窮追和抓獲長辮子清兵更強的能力。
>
> 在這樣的境況下，英國政府給他的嘉許和英國人給他的喝彩本身就是一種很大的驕傲資本，但在香港的中國商人給他的表彰則證明，他的個人素養爲他贏得了所統治人民的尊敬和愛戴，哪怕是作爲一個外國的而且經常被視爲敵對國家的代表。
>
> 在這種境況下自發產生的如此的讚譽，恐怕是一個人能從他的同胞那裡獲得的最深的敬意，顯示出他所擁有的、更多是在虛構的故事而非歷史紀錄中看到的那種勇氣和寬宏大量。中國人抓住這位傑出長官將要離開他辛勤工作的崗位這一機會，表現了對他的尊敬。從寺廟

出發，他們排成莊嚴的長隊與他一道抵達登船地點，在那裡舉行了一個屬於擅長東方象徵手法的華夏民族的充滿意蘊的儀式。在這個儀式中，他們向他最後道別，祈求海神的力量保護他，並懇請他接受這個表示敬愛之情的紀念品，這個表示崇敬之心的信物。他們把這面用拋光純銀鍛造的鏡子（如插圖所示）贈送給他。它高 18 英寸，重 93 盎司 10 英錢。它的正面刻有如下的中文：「獻給副總督凱恩，作爲對他良好治理的感謝。我們盼望閣下，正如盼望新年一樣。儘管你離我們遙遠，我們都將謹遵指示。中國香港商人敬呈。1859 年 12 月。」

這件作品本身就是中國工藝品的精美典範，其大膽的風格和果斷的處理都出乎我們對東方藝術家的預料。這面鏡子附有一個獻辭，用金字寫在旗幟形式的緞紋上，以此表達中國人對這位傑出長官的敬愛之情。

THE ILLUSTRATED LONDON NEWS

英國艦隊在中國

(The English Fleet in China, off Kintang)

1860

《倫敦新聞畫報》第 37 卷，第 1043 號
1860 年 7 月 21 日增刊，63 ～ 64 頁

金塘，或稱銀山，是海軍上將瓊斯爵士率領的聯軍艦隊剛剛離開的一座小島，它坐落於中國東部海岸附近的群島之中。聯軍在占領舟山之前曾經在這裡集合。這支聯軍艦隊是由下列艦隻所組成的：裝備著 51 門火炮的「蠻橫號」旗艦，裝備 21 門炮的「偵察員號」，裝備 21 門炮的「珍珠號」、「雄獐號」通信炮艦，「穩固號」和「負鼠號」這兩艘英國軍艦，法國三帆護衛艦「迪歐拉號」，法國炮艦「警鐘號」和「雪崩號」，克靈頓將軍及其參謀

部成員乘坐的「格林那達號」，還有運輸艦「冒險號」、「塔斯馬尼亞號」、「鬥雞號」和「沃爾馬城堡號」。金塘和它周圍的小島土地肥沃，開墾的程度也很高。山上覆蓋著竹林和矮樅樹，盛開著紅色的杜鵑花和其他漂亮的野花。當地人性格和善。他們走出來用農產品跟我們進行交易，就像我們的軍隊是朋友而不是敵人。這真是一種新奇的戰爭經歷：在這個國家的某一處我們能跟居民做交易，或在其他情況下被請求提供保護 —— 上海的官員們就曾經因為起義者的威脅而向卜魯斯先生提出了這種保護請求，而在另一個地方，我們的頭顱卻被開價 200 塊大洋。

4 月 23 日，《泰晤士報》記者在舟山這樣寫道：

早在收到這封信之前，你就會聽說在 3 月 30 日，「冒險號」、「偵察員號」、「塔斯馬尼亞號」、「沃爾馬城堡號」以及拖著「奧克塔維亞號」和「戰神號」的「西蒙風號」，都已經離開了香港。金塘是英法聯軍運輸艦和軍艦的集合地點。這座小島坐落於舟山群島的最西部與甬江之間，擁有一個名叫大甌籽（Ta-outse）的優良小港口，可供吃水 7 到 10 英尋[4] 的船隻停泊。從香港維多利亞灣到「銀山」的旅程十分枯燥。海岸線上的岩岸十分貧瘠，景色單調而荒涼。「波特爾托巴哥號」、「福爾摩沙號」、「維迪歐號」、「漁夫號」等小船在這片荒蕪的水面上就像是出現在沙漠裡的綠洲。隨著艦隊向北蠕蠕前行，天氣也逐漸變冷，溫度已經掉到了華氏 60 度。4 月 23 日早晨，我們在金塘島上所籠罩的一團濃重的黃色迷霧中拋錨。霧號、鈴聲、軍號，還有尖厲的 9 英磅炮彈口徑大炮的轟鳴聲此起彼落，在那些位於手槍射程之內的人耳中，就像是一種曲調憂鬱的音樂。最後，我們的大炮遭到反擊，從 4 門大炮的轟鳴聲和鈴聲中，人們得知附近就有一艘火輪軍艦。隨著濃霧漸漸散去，我們看見「沃爾馬城堡號」就停泊在海峽的外面，而在半英里之內還停泊著破舊難看的倫敦三桅帆船「克雷西號」，上面載著第 67 步兵團的官兵，而那艘設備精良、看上去頗爲邪惡的黑

4 1 英尋 = 6 英尺。

> 色螺旋槳輕巡洋艦「珍珠號」正從我們身邊駛過，我想這艘勇於鋌而走險的半島和東方郵輪正在前往上海的航程之中。人們可能會以爲，它是於一個陽光燦爛的白天在全世界最安全的航道上破浪前進。金塘島看上去從來沒有這麼漂亮過。所有低矮的不規則山脈，看起來就像一連串巨大的饅丘，上面覆蓋著綠油油的茶園，其明亮的色彩任誰看了都會賞心悅目。山谷裡那些小村莊，及其眾多整潔的泥牆小茅舍，還有少數醒目的紅磚房，一同在裊裊升起的灰色炊煙中半掩半露；新鮮芳香的微風吹過這片土地，鳴禽唱出了歡快的曲調，就連那單調、喧鬧和歡快的牛蛙鳴叫聲也喚起了人們對於家鄉的回憶，這對於遠離祖國的遊子來說，是苦樂參半的。

本期的插圖版畫是根據 H.E. 斯圖爾特中尉在「蠻橫號」軍艦上所畫的速寫繪製的。

由瓊斯海軍上將率領的赴華英國艦隊在占領舟山之前於金塘集結

中國報導：英法聯軍即將北上 (
China: The Combined Fleet in China is Getting Under Way for the North)

1860

《倫敦新聞畫報》第 37 卷，第 1046 號
1860 年 8 月 11 日，120、127 頁

香港，6 月 7 日；上海，5 月 30 日

（來自中國的報導）

以下是來自香港《中國郵報》的摘要：

自從上一封信寄出後，英中關係上沒有發生任何具有政治性質的事件，除非上海附近起義者的勝利會影響事件的進程。由於逆風，向華北前進的大部分運輸艦不得不退回到了這個港口，還不清楚它們什麼時候將再次出發，因爲東南季風還沒有到來。在英法全權特使到來之前，不可能有大規模的軍事行動。他們可能會乘下一班郵輪到達。克蘭忒爵士與賀布海軍艦隊司令仍停留在香港，但幾天後就將離開。

過去經常聽説起義者被鎮壓，他們只在一些其他地方出現，然而，最近他們取得了很大勝利。在上海，貿易受到了劫掠者的嚴重破壞，杭州和蘇州的當地政府燒毀了這些城市郊區的房屋，以使城市更容易防禦。人民深受其苦。清朝政府似乎無力保護它的臣民，稍有財資的人都包租外國船隻運送他們的家眷和財產到南方去。英國和法國駐華公使發布了以下告示。這些告示在上海產生了很好的效果。

以下署名者發布這份特別聲明以平息民眾的情緒：

「上海是一個對外貿易的開放口岸，居住於此的本地商人與借助此地進行商業活動的外國人有大筆交易。如果這裡成為攻擊和內戰的場所，商業將受到嚴重打擊，而且那些想要安心從事他們和平事業的本地人和外國

人的利益都將遭受嚴重損失。因此，署名者將呼籲女王陛下海軍和陸軍當局採取適當措施以防止上海居民遭受屠殺和掠奪，並幫助鎮壓任何居心不良者的起義，以保護城市免遭襲擊。」

上海，1860 年 5 月 26 日

軍隊已經從軍艦登陸，以保護外國租界。我們相信，爲了保護城市，英軍將要占領城西北角外的寧波寺廟，法軍駐在羅馬天主教教堂附近的陶家渡（Taukadoo）。

至於廣州，沒有什麼重要的事情報導。關於起義者勝利或敗退的消息少得出奇。總督勞崇光已派出一些軍隊抵抗起義者。根據中方的報導，廣州的新長官、柏貴的繼任者耆齡宣布自己不打算靠近城市。據說他肩負一項鎮壓「叛亂」的特別使命，總督將把自己的大部分文職權力交給他，正如他迄今爲止已經做的那樣。前幾天糧官剛把官印交給他。

一封來自舟山的信稱，英軍官兵十分健康。拿皮爾將軍和爵士已於 5 月 18 日搭乘女王陛下的「交戰號」軍艦抵達了那裡，並於 20 日出發前往上海。「交戰號」軍艦已於上月 23 日載著部分海軍駛往渤海灣。

過去的兩週並非沒有船隻損失。租給法國政府的「雷米號」輪船於 4 月 25 日在朝鮮沿海北緯 33 度 56 分、東經 126 度 16 分的地方完全沉沒。除了一名試圖游到岸上的中國人以外，所有的船員都獲救。在暫居島上的那幾天中，他們受到當地人的熱心款待。女王陛下的運兵船「援助號」也在該島另一側的深海灣沉沒。這艘船裝載著貨物，並載有大量的苦力。我們相信該船的軍官們已繼續北上，以接受軍事法庭的審判。法軍租用來運兵的「賴納德飛剪船」在澳門附近被燒毀。船上載有 500 名官兵。它是在離島被拖上岸的。據說火是由於一名粗心大意的水手帶著明火在下面的船艙裡拖一桶蘭姆酒而引起的。在過去的兩週當中，許多期待已久的船隻已從英國到達香港。

商業活動不受干擾地在所有的口岸繼續進行，當地人絲毫不認爲會有什麼干擾發生。天朝的居民，或者至少是那些住在貿易中心附近的人，對於戰爭顯示出異乎尋常的冷淡。在這塊殖民地上，中國人肯定從履行政府和其他與北方即將爆發的戰爭相關的契約中掙了大錢。

英法聯軍的艦隊在中國 —— 九龍灣兵力運輸是為了準備北上開戰

THE ILLUSTRATED LONDON NEWS

中國報導：克蘭忒爵士及其參謀部成員

(China: Sir Hope Grant and the Staff of the British Expedition in China)

1860
《倫敦新聞畫報》第 37 卷，第 1053 號
1860 年 10 月 6 日，314 頁

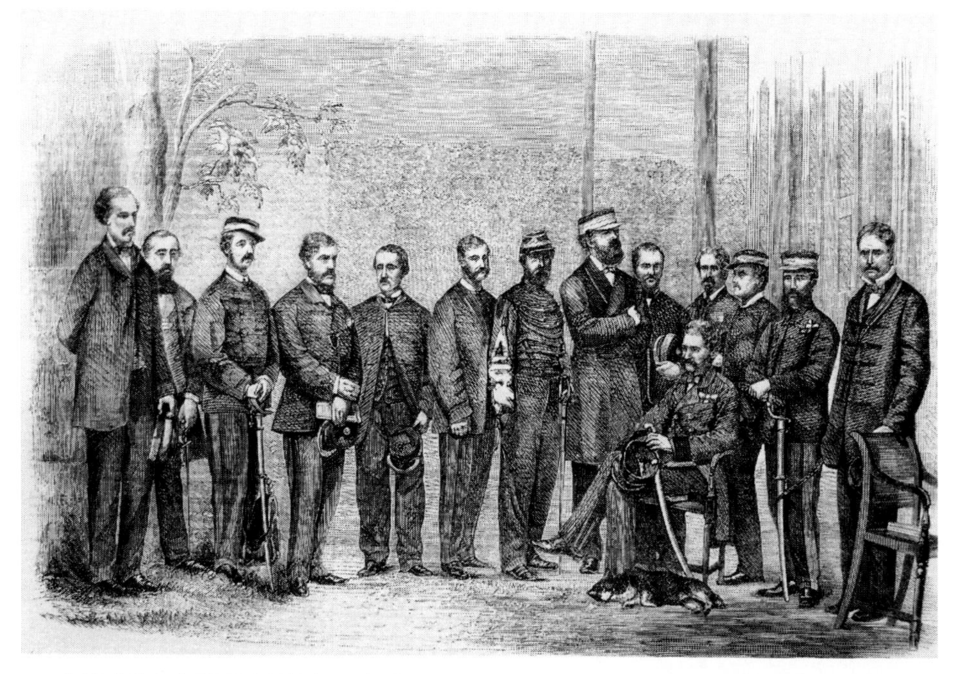

克蘭忒爵士與英國駐華遠征軍參謀部成員在一起 —— 根據 F. 貝阿托先生的照片繪製

所有的英國軍隊於 7 月 26 日離開了他們在大連的集合地，開始向白河進發。法國軍隊也於同一天離開芝罘。額爾金勛爵在克蘭忒將軍與賀布海軍艦隊司令的陪同下訪問了芝罘，並於 20 日左右返回大連。軍隊於 24 日開始登船。英國軍隊在各方面的配置都十分完備，但據《中國郵報》報導，法國軍隊仍存在著重大缺陷，缺乏大炮、沒有騎兵以及運輸工具不足。聯軍總共擁有 260 艘船，包括運輸船隻，人們認為這支規模龐大的軍

隊會迫使中國政府立即妥協投降。但據信，額爾金勛爵已決定先占領炮臺，再進行交涉。聯軍將在距白河約 14 英里的沙壘田（Sha-luy-tien）島集合。登陸地點定於北塘，米歇爾將軍將率領由第 1、2、31、60 步兵團和一個旁遮普步兵團組成的第一師會同法國軍隊首先登陸發起進攻。據信，我方軍隊將會盡力避免在北方過冬，一旦要塞被占領之後，中國方面不需要很大壓力就會做出讓步。

據說太平軍正向蘇州撤退，而且據稱他們已經占領了位於絲綢地區中心的南京城。

上海仍處於動盪的狀態，女王陛下的領事與海關專員之間發生了嚴重的誤會。

在福州，一次閃電使開元塔起火並將其焚毀。開元塔位於城外幾英里處，是外國人必看的景緻之一。當地人認為它在皇帝壽辰之日焚毀是個凶兆。

潮州府（汕頭是其港口）的人民變得十分排外，並散發傳單，其要旨就是「殺，殺！」引起他們敵意的原因據說是英國領事傳話給當地的道臺，說不久要乘炮艦去拜訪他。另外有兩艘全副武裝的中國兵船也到了那裡，以強制執行新海關制度下對本地商船的稅收。

廣州十分平靜。巡撫與都督最近拜訪了新任法國特使，以祝賀他到任。廣州的軍隊中疾病流行。據說太平軍占據了一些關隘，使農產品無法沿珠江運送下來。

在本報駐中國的特別畫家沃格曼先生寄回來的速寫當中，有一幅是關於在香港附近的九龍（九龍是於英國遠征軍向北方進軍之前不久被占領的）的英軍錫克教徒騎兵軍營（刊印在 311 頁上）。普羅賓騎兵團位於插圖的前景之中，而費恩騎兵團則處在背景中。遠處是香港的部分海港，法國艦隊停泊在那裡。營房的周圍十分漂亮，空氣令人愉快 —— 比香港涼爽多了。

一位記者這樣評論英國駐華的輕騎兵部隊，即普羅賓騎兵團和費恩騎兵團：

人員和馬匹都狀態極佳。實際上，1,689匹馬中只有40匹病了。麥肯齊上校懂得如何讓馬下船登岸，沒有損失一匹馬，只有兩三匹受了輕傷。這些輕騎兵堪稱英國非正規軍中完美的典型！他們的行軍也會使我們所謂的「輕龍騎兵」感到震驚！普羅賓和費恩這兩個騎兵團幾乎同時從坎普爾和勒克瑙出發到加爾各答登船。他們你追我趕，在不到一個月的時間內就走完了全程 —— 700英里。普羅賓騎兵團在離目的地約200英里處離開主路，從側面穿過鄉村，雖憑藉策略勝過了費恩騎兵團，但也只是提前兩天到達而已。

《泰晤士報》記者對英國駐華的錫克教徒非正規軍有如下報導：

軍事當局爲何不在印度以外的地方利用這些錫克教徒非正規軍呢？他們沒有等級或種族偏見，他們會吃喝供給他們的任何東西，堅韌勇敢、精力充沛，就像英國士兵一樣能適應氣候環境。而且，如果管束適當的話，他們不會放肆劫掠。他們在這裡的行爲是模範的，是前哨和警戒哨的合適人選。法國有阿爾及利亞籍騎兵，俄國有哥薩克騎兵。錫克教徒騎兵遠勝於二者，而且印度可以提供許許多多的普羅賓和費恩來領導他們。騎兵的列隊行進結束之後，我們進行了持矛刺挑帳篷樁的訓練。一個帳篷樁被牢固地錘打進地面，只露出3英寸左右，持長矛的騎兵縱馬疾駛，目的就是要在行進中刺穿帳篷樁，並用矛尖將其挑離地面。完成這一訓練的騎兵手勁要好、眼睛要敏銳、坐得要穩、腕力要強。一個笨拙的人會把矛插進地裡，或者不是把矛尖弄到馬的兩腿之間，就是讓矛柄末梢敲到自己的腦袋，還會嚴重扭傷手腕。而衝刺技術熟練的騎兵在刺穿木樁的同時會舉起手中的矛，在頭上晃動，然後勝利地繼續行進。普羅賓率先演示，緊接著是費恩，但由於他們的坐騎已久不練習，兩人都錯過了木樁。下面來了一個錫克教徒騎兵，他伸展身體，矛頭緊貼著地面。他的吆喝聲催促馬跑到速度的極限。當他經過木樁時，矛頭恰好刺中了木樁中央，並在響亮的叫好聲中把木樁挑離地面。軍官和普通士兵們很快就投入到訓練之中，相繼 5 次挑走戰利品。接著，一根棍子被鬆鬆地打進地裡，頂上豎著一小根黃瓜。普羅賓在全速奔馳的過程中削去了黃瓜的頂端，費恩也同樣削得相當好，第三名軍官同樣完成了這項工作 —— 但棍子卻紋絲不動。他們的馬刀從未被放進到鋼製刀鞘裡過，像剃刀一樣，它們在這些騎兵手中是最致命的武器。

香港對面九龍錫克族騎兵的軍營；普羅賓騎兵團和費恩騎兵團 —— 本報駐華特派畫家的速寫

《每日新聞》的一名記者在大連寫道：

7 月 15 日，克蘭忒爵士、額爾金勛爵、賀布海軍艦隊司令和法軍總司令蒙托賓將軍到奧丁灣檢閱騎兵旅和阿姆斯壯大炮，我很幸運能夠和他們同行。當我們接近海灘時，三聲禮炮相繼鳴響，我們一直走到了沙灘上，騎兵在那裡排成行，皇家龍騎兵近衛軍在右邊，普羅賓騎兵團在中間，費恩騎兵團在左邊。全部騎兵的右邊是巴裡的阿姆斯壯大炮，左邊是斯特林的皇家炮兵的列炮。非正規軍騎兵看上去好極了，尤其是普羅賓騎兵團，他們身穿深藍色制服、戴著藍色頭巾，是我所見過的最威風的隊伍。費恩騎兵團的馬匹似乎更好些，但人員沒有普羅賓騎兵團的那麼好。皇家龍騎兵近衛軍看上去非常威嚴，英國騎兵一貫如此，但他們有一點呆板，令我感覺不太好。《倫敦新聞畫報》的記者畫了一張騎兵旅列隊的速寫，我聽説畫得極好。當它在英國付印後，你們可以自己判斷。額爾金勛爵表示自己對非正規軍的騎術十分讚賞。

在第 314 頁上我們刊印了英國駐華遠征軍的司令及其參謀部的版畫插圖，這是根據貝阿托先生所拍克里米亞和印度名人的照片而繪製的。將軍克蘭忒爵士坐著，參謀部成員按照從左到右的順序羅列如下：菲茨杰拉德上尉、霍米利上尉、洛少校、斯蒂芬森上校、多默少校、威爾莫特少校、里布爾指揮官、格蘭特上尉、布魯斯中校、泰勒少校、安森少校閣下、伍爾斯利中校以及羅斯中校。

THE ILLUSTRATED LONDON NEWS

中國報導：英國軍隊在大連灣
(China: The British Forces in Talien-Wan)

1860
《倫敦新聞畫報》第 37 卷，第 1054 號
1860 年 10 月 13 日，343、350 ～ 351 頁

7 月 13 日，本報駐中國的特派畫家在大連灣寫了以下有關插圖的內容：

因食物不足，我們上岸去買雞肉。今天上午雨下得很大，但是午飯之後，天氣顯得晴朗了一點，我們到岸邊尋找新鮮的食品 —— 雞、蛋在我們的食譜上已經很罕見。我們穿上雨衣帶上雨傘後，就向外出發，登上小船繞著看起來荒無人煙的維多利亞灣海岬滑行。當我們登上蒸汽船的時候，發現了一個古怪的自然洞穴，我們想進去探險。它的旁邊是一個小漁村，那裡的大帆船拋錨停靠著，小舢板船拖到了岸上。這個洞穴看起來很值得探尋，村裡答應了無論如何至少給我們提供雞蛋，於是我們首先去了那個洞穴。但是結果令人非常失望，於是我們就在它旁邊的島上了岸。天空又開始哭泣，我們躲過了淡水的洗禮，又被鹽水浸溼透了，我們的小船灌進了海水，雨傘和素描本都被水淹了。我們跳到了岸上，在很像廢棄的炮臺的石壁上攀登，一邊抱怨著連續兩天把我們弄溼的鬼天氣，一邊在這雜亂堆積的石頭中攀行。翻過了這些小山，又穿過了一些冷杉樹林，最後終於走進了可愛的村莊。我們這些不速之客受到了居民禮貌的接待。我們表示需要雞肉和雞蛋，便很快就看到小男孩們追逐咯咯大叫的雞，大人們消失了一會兒之後就帶著很好的雞蛋返回來了。我們透過隨行人員中一個南方孩子跟他們交流，他們互相聽不懂各自的方言，不過透過寫字就可以完全理解了。他們的舉止很得體。我們向他們付款，把錢放到褡褳裡，但是他們不肯接受任何額外報酬，也不準備把他們的雞帶回去，而是使勁要我們接受，還把它們放到我們的船上。我們中其他人就去吃岩石上的牡蠣，而我仍然在人群中作素描，我的素描使他們很開心。小孩子都沒有得到允許在我面前或路上出現，我還不得不抽大量煙味很猛烈的菸草。過了一會兒，我們的人回來了，對他們剛剛吃到的土特產非常滿意。

PURCHASING EGGS AND FOWLS OF THE NATIVES.—FROM A SKETCH BY OUR SPECIAL ARTIST IN CHINA.

向本地人購買雞蛋和家禽 —— 根據本報特派畫家的速寫繪製

LANDING OF SIKH HORSES AT ODIN BAY, TALIEN-WAN.—FROM A SKETCH BY OUR SPECIAL ARTIST IN CHINA.

錫克教徒騎兵的馬匹在大連灣的奧丁海灣下船登岸 —— 根據本報特派畫家的速寫繪製

THE WAR IN CHINA.—DEPARTURE FROM HOCKLY PIER, ODIN BAY, OF THE SIKH CAVALRY AND TROOPS FOR THE PEIHO.

英軍從奧丁灣的胡克力碼頭離開

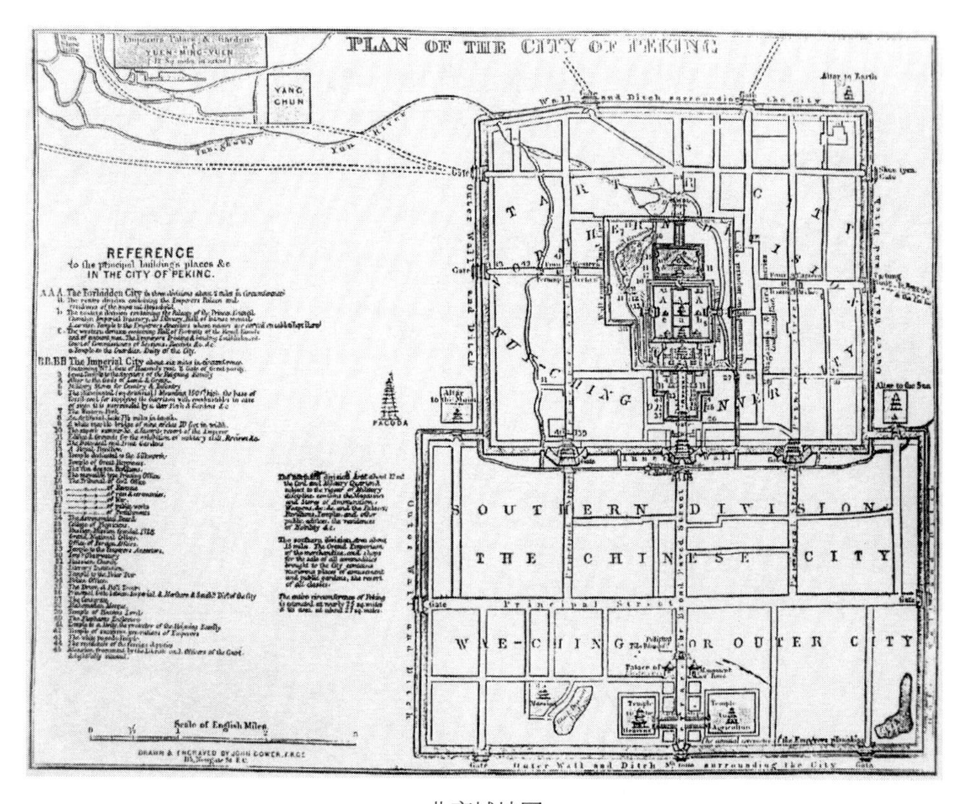

北京城地圖

7 月 23 日，本報特派畫家從大連灣的奧丁灣報導了以下內容，並介紹插圖：

我正在艱難地記述。這裡天氣酷熱，再加上無數的蒼蠅，我很難心平氣和。我們會在後天離開。我們直到今天上午才聽說郵輪明天早上就出發，而不是 28 日，這就致使素描很少。在過去的幾天，軍隊已經登船，登船處忙忙碌碌的景象一掃昨天的沉悶，各個軍種的士兵從灰濛濛的早上一直擁擠到深夜。炙熱的太陽讓位給了怡人的夜晚，我開始航行，帶著我的素描。兩個炮兵的遺體要被火葬，他們最後的所在地就是他們戰友的肩上。這種痛苦與周圍興奮的錫克人、普羅賓的騎兵形成了鮮明的對比。走在他們前面的軍官優雅而獨樹一幟。當地人、苦力、印度士兵及其戰鬥用品、英國士兵和水手、輪船、炮艦，再加上小艇、驢子、騾子、馬，全都擁擠在這裡。今天的日落非常輝煌壯美。不過，我在晚上很快就完成了素描，開始注意聽苦力們的聊天。

大連灣農舍的水缸、炕和手推磨

1860

A VILLAGE STREET, TALIEN-WAN.

大連灣一個村莊的街道

北京

北平或北京（中文的意思為「北方的都城」）是直隸的首府，也是中國主要的城市和中華帝國現代的京師。它坐落於一個多沙的平原上，在白河和它的支流海河之間，距前者在黃海的入海口西北 100 英里處，在長城南部 50 英里。這座城市人口估計有 200 萬。北京由一些環城組成，每一個都由環繞的高牆隔開，共 16 座城門，占地面積 25 到 28 平方英里，裡面有大量園林，房子極少超過一層。南部或者叫外城，是大部分人居住和商業活動的地方，四條寬闊規則的大道，充滿了各種店鋪，擠滿三教九流的人。這些大道相交的地點是很大的拱門，但是除了這些和一個土地廟，這裡並沒有值得注意的大廈。房子是磚質的，紅瓦屋頂，這個城市的道路既沒有鋪磚石也沒有排水溝。

英軍在大連灣的珍珠灣登陸

北部叫內城或皇城，那裡由三個不同的圍城所構成。最外邊的那個圍城以前是供八旗兵駐紮的，現在大部分已經被漢族的生意人所占據，但那裡擁有全帝國的 5 個最高法庭。內城裡的第二個圍城是皇城，其圍牆的周長為 6 英里。人們可以通過 4 個大城門和其他一些小城門進入皇城。在皇城內有大量的公共糧倉、一個軍火庫、翰林院、四夷館、俄國公使館、欽天監、雍和宮、國子監以及眾多的王府。最裡面的那個圍城又叫紫禁城，其圍牆的周長為 2 英里，上面蓋的是黃色的琉璃瓦。圍牆外面還有一個用石頭砌成的護城壕，那裡面是皇帝處理朝政的外宮和皇后主持的內宮以及一個金碧輝煌的太廟，還有亭子、花園、湖泊和一座假山。在內、外城之外就是開闊的郊區。北京除了有眾多的寺廟和寶塔之外，還有一個建築精美的清真寺、一個希臘式教堂和修道院、一個羅馬天主教教堂。城市西北面大約10英里就是占地至少有12平方英里的皇家獵場，裡面有皇帝和王爺們的30個行宮。北京有大規模的印刷和賣書的貿易，還有生產彩色玻璃、玩偶和其他物品的工廠。然而北京的居民主要從事於為宮廷服務的那些行業。白河上的船可以航行到離北京20英里之內，而且它還跟京杭大運河交匯。絕大多數的漕糧就是透過大運河運到北京來的。

英軍第二師在大連灣安營紮寨

我們的插圖所根據的北京城平面圖原本屬於一個職高權重的官員，現在它已被當作一件珍稀物品送回了英國。目前它是多佛市喬治·羅伯茨先生的財產，羅伯茨先生是《英國南部各縣人民的社會》和其他一些書的作者。

大連灣一座農舍的內部

本報駐中國特派記者於7月2日從大連灣寫道：

今天天氣好極了，萬里無雲，我早上出發前往六里屯村，並在那裡跟村民們一直待到天黑才回來。村裡的道路相當寬闊，用石頭建造的房屋很牢固，有的屋頂是用茅草蓋的。但是有的店鋪卻是用青磚砌成，屋頂蓋的是瓦片。我走進了一間房子，那家的主人很客氣且殷勤地請我坐下。當他們吃飯的時候，也請我一起入席。他們想當然地以爲「蠻夷」不會喜歡吃他們的食物，就專門給我煮了幾個水煮蛋，並堅持請我喝烈性的燒酒。就在他們吃飯的時候，我抓緊時間給他們畫了一張速寫，並將這張圖給你們寄上。所有的房屋裡面都有用磚和土砌成的炕，在炕的上面再鋪一張蓆子。在這樣的一張炕上能坐下 6 個人，在炕上睡覺的人冬季得經受得住炕下火爐的烘烤。然而這似乎並不會傷害本地人，因爲在任何地方你都找不到比他們看上去更強壯和健康的人了。雖然炕下面燒著火，但煙是透過煙囪排到屋外的。有許多房子裡面糊著棕色的牆紙，但在大多數的房子裡只有土牆，因煙燻和年代長久而呈現出一種油光光的深棕色，屋內的地面則是未經修飾的房屋地基。人們在炕上擺一張小桌子，並將鞋脱在地板上。至少有些人是這麼做的，而穿白鞋子的士紳上炕時則不脱鞋。據説這裡的人不喝茶，人們平時喝水，吃飯的時候喝烈性的燒酒。吃完晚飯之後，他們通常會用水漱口，並且穿上他們脱掉的衣服，因爲中國人在吃飯的時候會脱掉一些衣服。這些人眞是和藹可親！我們都很喜歡當地人，將軍們特別下令，禁止士兵們劫掠當地人，儘管在我們到來之前，這裡曾發生過一些搶劫的事件，毫無理由地嚇跑了當地人。這些事發生在海灣的另一邊。這裡的當地人對我們非常信任，經常送食物給我們。而海灣的另一邊則民風強悍，那裡的人們對運鹽船的情況瞭如指掌。這裡的天氣非常涼爽，我甚至可以不撐傘地坐在七月份午後的陽光下作畫。在過去的兩個星期裡，陽光燦爛，蔚藍的天空中幾乎見不到一絲雲彩。晚上有點涼颼颼的，太陽剛一下山，樹葉上就沾滿了露水。

英軍第二師在大連灣安營紮寨

天津與白河

只有小型的船隻才能夠接近和通過白河的河口。大型的船隻只能停泊在恰好能望見海岸線的地方，白河的水就是在那裡流入了北直隸海。在河口處還有一個淺沙洲，炮艦只有在漲潮的時候才能夠從那裡通過。我們於1858年曾經奪取過的北河河口要塞後來又被中國人重建。由於它位於淺沙洲以外的大炮射程之內，所以1859年英法聯軍在那裡遭受了沉重的打擊。就在要塞北面的大沽村裡有一座如畫的漂亮建築物，那就是巡撫衙門。

彎彎曲曲的白河河道直奔天津而去，它的深度比較平均，河道中央並無淺灘。河岸顯得比較平緩。在大沽（那裡的白河河道跟牛津的泰晤士河河道差不多寬），這些河道似乎都很淺，有點沼澤地的特徵。在靠近天津處，人們只需站在炮艦的甲板側翼上，就能平視地望見數英里遠的內陸。

鄉間的土地似乎經過了精耕細作，不時可以看見一些經過簡單挖掘，可以停泊大型平底帆船的碼頭。據說在六月份有 3,000 艘運糧船滿載著糧食，溯白河北上，以供北京的居民消費享用。白河兩岸的村莊很多，人口相當密集，房屋都是用乾打壘的土牆建造的，只有鄉鎮裡的官府衙門例外。事實上，黃土跟這裡的土地、水和房屋都有著密不可分的關係，而當地居民們的皮膚和臉的顏色跟黃土地的顏色也相差無幾。鄉村裡那種帶車篷的雙輪馬車很常見，通常是用兩匹馬來拉的。車輪的輪胎是用粗糙的木頭鑲嵌起來的，這也許是因為天津一帶的道路崎嶇不平，石頭很多。馬匹是那種小矮馬，但是鄉間的騾子卻個頭高大。沿著河岸建有許多冰窟，所以夏季時冰塊的供應量很豐富 —— 華北人並非不知道奢侈。有這樣一則趣聞，一位英國商人送了一個廣州官員一塊冰，但後者冥思良久，卻想不出這塊冰能有什麼用處，最後只好坐在冰塊上，直到它融化為止。

天津離白河河口大約有 70 英里的距離，表面上看起來就像大多數中國城市那樣破破爛爛的。1858 年的時候，這裡沒有配備任何大炮。就像中國的普遍情況那樣，天津郊區的繁榮程度要遠超過城裡。這個城市坐落在一個點綴著眾多村莊的平原上，有一條大路途經天津通往北京。這裡盛產杏子和其他水果，葡萄園被修築成漂亮的拱門形狀，但葡萄的品質並不怎麼好。

京杭大運河，更確切地說，它的延伸部分海河，在天津跟白河交會。這是 1858 年大型炮艦可以掉頭的唯一地方。這可以使人們對於河面的寬度有一個概念。在天津北面 4 英里處，白河的水太淺，炮艦無法通行，但是平底帆船卻可以一直行駛到離北京只有 12 英里並作為其港口的通州府。當我們向北京進軍時，通州可以成為一個很好的軍事物資儲存處。向京師進軍即使對於一支人數遠低於一萬歐洲人的軍隊也並非是一件難事。從天津到北京有 45 英里的距離，而從北河口到天津的距離是 70 英里。

1860

THE ILLUSTRATED
LONDON NEWS

中國的咸豐皇帝

(Hsian Fou, Emperor of China)

1860
《倫敦新聞畫報》第 37 卷，第 1054 號
1860 年 10 月 13 日，353 ～ 354 頁

中國的咸豐皇帝

中國現今的皇帝是在 1850 年著名的道光皇帝駕崩之後繼位的。道光在皇位上待了 30 年，因下令跟英國開戰而名揚世界。英中戰爭因鴉片貿易而起，又以割讓香港而終結。

咸豐皇帝跟前任皇帝同樣引人矚目，雖然他的突出之處只是改變了一

些長期以來被認為是對於天朝帝國的存在至關重要的機構。他被選為太子一事本身就是一種創新，因為自古以來在選太子時就是由任上的皇帝將一份密詔放進一個金匣子，由衛兵日夜看守，直到寫密詔的皇帝去世以後金匣子才能夠打開。

然而對於咸豐來說，他是由道光皇帝本人以一種相當公開的方式向朝廷重臣們推薦作為其太子的，這樣的安排也許是睿智的老皇帝有意為之，目的是防止將來出現一連串的動亂。他似乎已經預感到了將會出現的麻煩，據說道光在把這個已經受到了威脅的國家移交給兒子的時候，說了一句有預言性的話：「盛極而衰啊。」

咸豐出生於 1831 年，所以他現在依然年紀很輕。他的外表看上去還是相當威嚴的，而且十分注重體格鍛鍊，這對於中國人或任何東方的君主們來說，都是非同尋常的。他的臉色總的來說要比他的同胞們顯得更黝黑一點，而高高的前額、彎彎的濃眉和嚴厲的目光賦予了他一種高貴的儀態，雖然嘴唇有點薄，但是高而方正的顴骨清楚地表明他是一個血統純正的韃靼人。

咸豐才剛剛開始統治這個國家，人們還不太清楚其治國方略是什麼，但是他剛坐上皇帝的寶座，就立即顛覆了現存的所有觀念，他在《京報》上發表了兩篇冗長而嚴厲的文章，譴責兩位大臣腐敗無能，包庇蠻夷，同時暗示這些指控的目的就是要立即將他們革職查辦。

此後不久，全國各地都爆發了太平天國起義，在這危急關頭，咸豐又在《京報》上登載了關於清軍鎮壓太平軍戰役的情報，並且附上了因膽小怕死而打了敗仗的那些清軍統領姓名及其所受刑罰的具體細節，以激勵清軍將領們的勇氣。

人們可以相信，他的這些做法並不會受到清軍將領們的讚譽，事實上已經發生了一次針對他的暗殺行動。有一天晚上，當咸豐在御花園裡散步時，突然有一名男子跳了出來，向他撲去。幸好附近還有一名軍官在場，他在暗殺者得手之前就將其擒獲，並立即嚴刑拷打，讓暗殺者供出幕後的指使者。雖然什麼也沒有拷問出來，但皇帝懷疑在這件事背後有一個家族的陰謀。18 名受到懷疑的滿清官員因此被砍了頭，按照清朝的律法，他們的妻子和孩子們也受到了株連。咸豐皇帝表面上確實顯得果斷而堅毅，可他又是如此輕信和容易上當，以至於那些大臣能夠唆使他反對那些積極的措施，按照咸豐的決心，那些措施本來可以使他對歐洲國家採取一種更為自由的交流政策。當然，咸豐受過中國最高等級的教育，絕大部分閒暇時間都獻給了文學和科學，他平常刻意結交中國最好的文學家和科學家們，邀請他們來到皇宮，並給予熱情的款待。在這一方面，也許他值得為其他君王們所效仿。

此外，咸豐完全違背了中國關於女性之美的保守觀念，即總認為女性之美在於小腳和細腰，他娶了一個蒙古王爺的女兒，一位在體格強壯和健步如飛這兩方面都頗為突出的女子。現在皇宮裡有了一批像她那樣的女子，她們完全取代了先前充斥皇宮的那些弱不禁風的妃子。這幫體格強壯的悍婦喜歡打獵、射箭和賽跑，皇帝本人也經常跟她們一起參加這樣的一些戶外運動。這位皇后既是咸豐皇帝鍾愛的妻子，也是他尊敬的對象，她分享丈夫的國家機密，參與軍機處的開會討論，大臣們在聽取她意見時的恭敬態度就如同他們對待皇帝一樣。

關於中國戰爭的插圖說明

(Illustrations of the War in China)

1860

《倫敦新聞畫報》第 37 卷，第 1056 號

1860 年 10 月 27 日，391 頁

THE WAR IN CHINA.—THE "HAVOC" GUN-BOAT, WITH FANE'S HORSE ON BOARD, ON ITS WAY FROM TALIEN-WAN TO THE PEHTANG.—FROM A SKETCH BY OUR SPECIAL ARTIST, C. WIRGMAN.

「劫掠令號」炮艦運載費恩騎兵團前往北塘

最近一次來自中國的郵件給我們帶來了英法聯軍在中國第一次戰役的細節描繪（在上一期中有相關的文字報導）。在同一批郵件中我們收到了本報特派畫家和其他人的速寫和照片，其中有一些畫刊登在本期雜誌上。在 394 頁（原報頁碼）上有一張插圖，題為〈「劫掠令號」炮艦運載費恩騎兵團前往北塘〉。駐紮在北塘的第 15 旁遮普步兵團的帳篷構成了第 387 頁上另一張插圖的題材。本報特派畫家這樣寫道：

> 一根雕有青龍的巨大旗杆標誌著第 15 旁遮普步兵團的住地。在一個正方形的院子裡搭著涼棚，當太陽下山之後，可以用四根繩子把鋪在棚頂的草席捲起來。可以看到身穿迷彩制服的勇武軍官們坐在一長排的桌子前面，要麼在殷勤招待來訪的朋友們，要麼就是在行使軍官的職責。當夜幕降臨時，照明的中國燈籠和燭臺使得這裡的景色變得更加迷人。在跟第 15 旁遮普步兵團的軍官們一起吃完晚飯之後，我在悶熱的夜晚散步穿越了北塘鎮。苦力們和裝瞎的叫花子們就睡在路邊的露天裡。不時地我們會碰上一群賭徒借助昏暗的燭光在打牌，還有人在抽菸和鴉片。

根據貝阿托先生在大連營地被拆掉之前拍攝的照片所繪製的插圖〈大連灣的英軍兵營〉刊登在第 390 頁至 391 頁（原報頁碼）上。我們根據各種不同的消息來源，提供了關於大連灣和英法聯軍集結地的如下細節描寫：

> 大連灣可以被描述爲一個大型的海灣，南北之間的距離爲 8 到 10 海里，東西長約 14 海里。出海口位於海灣的東南部，兩邊的距離爲 12 到 13 海里。出海口處有三個小島，稱作「三山頭島」，它們與兩岸之間的距離幾乎拉平，自然形成了一道阻擋刮東南風時湧入海灣之海水的防波堤。海灣的東南和西北海岸都是陡峭的石壁，在有些地方簡直是從水底矗立起來的垂直懸崖。在西面和東北角，海灘平緩地伸入海中，形成了一個傾斜的海灘。海灣的海岸線變成了鋸齒狀，連接到幾個更小的海灣和一個海港，其中比較大的有西南面的維多利亞海灣、東北面的手灣、東岸中間部位的鵜灣以及在它南面數英里處的奧丁灣。上述所有海灣都適於下錨和登陸，英法聯軍利用這些特點，將大部隊在上述不同地段分成了好幾個兵營。這樣的安排避免了在同一地點交通擁擠的狀態，並且保證供水充足和更加方便。由米歇爾將軍率領的第 1 步兵師駐紮在維多利亞海灣，拿皮爾將軍的第 2 師駐紮在

手灣。暫時歸克羅夫頓將軍管轄的所有騎兵和炮兵都駐紮在奧丁灣。部隊都住在鐘形帳篷裡，所有的官兵都保持著良好的健康狀態。總司令和他的參謀部就在停泊於維多利亞港的軍艦上，這樣要比司令部安在陸地上更加便於跟各個師通信聯絡和傳達命令。每天早上天剛亮就有一條小輪船離開維多利亞港，在海灣裡繞一大圈，分別訪問對岸的各個兵營，接受和分發每天的郵件，並將海軍艦隊司令的命令傳達給所有的軍艦。各師的運兵船就停泊在兵營的對面，準備隨時在繼續進軍的命令到來時讓步兵團官兵登船。

英軍在大連灣的軍艦

大連灣的英軍兵營

本報特派畫家對於駐紮在大連灣的英國皇家海軍艦隊是這樣描述的：

我們可以辨認出「切薩皮克號」軍艦，因爲艦首插著賀布海軍艦隊司令的旗幟。而瓊斯海軍艦隊司令的軍旗則掛在位於海灣東面對角

「飛揚跋扈號」軍艦的後桅縱帆上。這支英國皇家海軍艦隊停泊在距離英國14,000英里之外的地方，隨時準備發威，以保護英國的權利。借助一副好的望遠鏡，我們辨認出了60艘軍艦。有威武雄壯的「切薩皮克號」軍艦，艦上裝備了51門炮的火力。在它的下風處是一些隨時準備撒野的小炮艦：「斯朗西號」、「勒森號」、「阿爾及爾人號」、「紅隼號」、「門神號」、「小丑號」、「山鷸號」、「雄鴨號」、「警覺號」、「損毀號」、「棲林鳥號」、「對抗號」、「椋鳥號」、「堅毅號」、「堅固號」、「戲謔者號」、「鴇號」、「噴火者號」、「魁偉號」、「突襲號」——這些叮人的蚊子很快就會圍著大沽要塞嗡嗡叫了。

駐紮在北塘的第15旁遮普步兵團帳篷內的英軍

那些噸位較大、吃水較深的軍艦，如「寧錄號」、「雄狍號」、「雀鷹號」、「列那狐號」、「斑鳩號」、「先鋒號」和「比格犬號」，就只能祈禱上蒼，等待漲潮的時候能讓它們越過沙洲，進入白河，在那裡它們還有些舊仇得向清軍的兵勇去報。「切薩皮克號」、「飛揚跋扈號」、「珍珠號」、「哨兵號」、「交戰號」、「游弋者號」、「費魯茲號」、「參孫號」、「奧丁號」、「震怒號」、「魔術師號」、「半人半馬號」、「斯芬克司號」、「剛正不阿號」、「復仇女神號」、「威爾斯人號」、「亞克托安號」等軍艦太大，無法靠近北直隸灣的淺海灘，但它們將會支援其他艦隻的遠征，並將自己的水兵派往水兵旅。再加上「西蒙風號」、「冒險號」、「火神號」、「緊迫號」和「金星號」等運兵船和孟加拉政府的輪船，海灣裡的軍艦總數就達到 60 了。還有 16 艘分遣隊的船和在香港的 7 艘醫院船和運兵船。另外有 128 艘運輸船正等待著把軍隊和軍事輜重隊運往戰場。這樣在海灣懸崖下的船隻幾乎達到 200 艘了。

THE ILLUSTRATED LONDON NEWS

有關在華戰爭的插圖：英法聯軍的登陸、北塘的旁遮普街

(Illustrations of the War in China: The Landing of the Allied Forces, Punjaub Street at Pehtang)

1860

《倫敦新聞畫報》第 37 卷，第 1057 號
1860 年 11 月 3 日增刊，423 ～ 424 頁

英法聯軍的登陸

7 月 31 日，星期二，是預定要登陸的日子，然而由於早晨海面上風大浪急，登陸被延遲了。8 月 1 日，星期三，儘管一開始烏雲密布、大雨傾盆，卻比前一天更有利於登陸。烏雲漸漸散開，陽光普照，到了早上 10 點時遠征軍已準備就緒。第 1 師的第 2 旅（旅長是薩頓）被榮幸地安排為先頭部隊。兵士從運輸船上轉移到炮艦和運兵船上，每艘炮艦上載 20 人，

每艘運兵船上則有 50 人。「當一切就緒以後，（一位記者寫道）就發布了出發的信號，炮艦拖著運兵船排成一條長隊出發，由『烏木號』軍艦上的海軍艦隊司令率領，朝著河口進發。我們的盟軍擠滿了由輪船拖著的運兵船和舢板，形成一條與我們並行的長隊，同樣由他們的海軍艦隊司令率領。從停泊地點看不到陸地上的任何東西，但當我們漸漸靠近時，目標變得清晰起來。離陸地越來越近。先前地平線上昏暗的一團團圓形物體現在變成了黑黝黝的堡壘。現在，連接堡壘的幕牆從水面上升起來了。更近了，鎮裡房子的輪廓、要塞的炮眼以及胸牆的瞭望孔進入了視野。再近一些，我們就要穿過沙洲了，現在我們可以辨清城牆頂上的人影及堡壘上方飄揚的中國旗幟了。炮眼仍然小心地關閉著。多少雙眼睛在盯著它們 —— 許多人在焦急地詢問：『他們會打嗎？』穿過沙洲以後，『烏木號』軍艦停泊在距離南邊炮臺 2,000 碼的地方。戰船靠近了，列隊停泊，面對著淤泥灘。在約 2 英里之外的堤壩上是一支韃靼騎兵隊，但在霧氣中彷彿是樹，或駱駝，或任何想像中的東西，他們來回走動，有一刻他們看上去好像被舉離地面、從空氣中掠過，下一刻他們又一齊消失了，接著又以一種更加扭曲的形狀出現。

炮眼仍是關閉的，炮臺也沒有動靜。現在登陸的命令發出了，軍艦上的汽艇拖著運兵船向海角駛去，它們一擱淺，士兵們就從容不迫地跨過船沿，跳進齊膝深的水裡和齊踝深的泥裡，開始向陸地跋涉。與此同時，韃靼騎兵向後轉，列隊離去，不見了蹤影。現在很明顯他們無意反抗，登陸安靜有序地繼續進行。大部分士兵都脫下他們的鞋襪，捲起褲腳，拖著沉重的腳步緩慢費力地穿過 1 英里泥水，並在到達陸地後重新列隊。我們的盟軍在左側齊頭並進，更準確地說是超過了我們，因為他們的一些部隊首先到達岸上。現在已經 6 點多了，夜間所剩的事件我將簡短地記錄。當所有人都著陸後，列成縱隊，經過海角 —— 這是一塊還算乾燥但極其貧瘠的炙熱泥地，覆蓋有小墳墓，大家都稱之為鹽山，但沒人知道為什麼。海角的另一邊有更多的泥水，向前行走更加困難。接著到達堤道，英軍步兵旅當天晚上要在那裡露營，總司令和他的一些參謀在距離鎮口只有幾碼的地方搭建極不舒服的潮溼的床。法軍在我們左側的海角上露營，在他們安頓半小時後，營火便開始四處閃耀。」

THE LANDING OF BRITISH TROOPS AT PEHTANG.—FROM A SKETCH BY OUR SPECIAL ARTIST, C. WIRGMAN.

英軍在北塘登陸 —— 根據本報特派畫家沃格曼的速寫繪製

本報特派畫家在談到北塘碼頭的混亂場景時寫道：「沒有任何圖畫足以傳達這一印象。」然而，我們在這裡刊印他的畫是否可以證明他的這句話不正確？「看到這一群嘈雜的人穿著不同的服裝、說著不同的語言，我的大腦陷入混亂的漩渦之中，『珍珠號』勇敢的艦長此刻必然分神了，因為他從早到晚都在那裡。馬匹在踢著腳，騾子在擺脫它們的負擔，閹牛試圖頂你，苦力們在『啊呀』地叫著，勤務兵在叫罵，戰船的指揮官也在大聲嚷嚷，印度人在製造出各種噪音，軍隊上岸，馬匹登陸，輜重卸船，火炮著地；綠衣服、藍衣服、紅外套、白外套、卡其布外套、斜紋布外套；穆斯林頭巾、竹笠、木髓製太陽帽、印度頭巾、草帽；槓子、長槍、竹子、輪子、船槳；黑臉、白臉、黃臉、鬍鬚、平頭、辮子、長髮；撲哧撲哧的炮艇、小型供應艇、長船、短船；划著、推著、拖著、互相衝撞；上千人扯著嗓子用不同語言談話的喧鬧聲；法國人、錫克教徒、旁遮普人、英國人、中國人，全部混雜在一起，在烈日或暴雨下往來絡繹不絕，這可以讓你稍稍想像一下北塘碼頭的景象。」

北塘的旁遮普街，或稱「大街」—— 根據本報特派畫家沃格曼的速寫繪製

旁遮普街

旁遮普街，或稱「大街」，如法國人稱呼它的說法，是北塘鎮的中軸路，從通往白河炮臺的堤壩穿過鎮子一直延伸至河岸。這條路的右側被第 15 旁遮普步兵團（先遣隊）占領，另一側被法軍占領。一整天這條街上都擠滿了各國的軍隊，整潔幹練，看上去像英國人的士兵及其鬆散而傲慢的盟友，錫克教徒的卡其布衣服和深巧克力色的穆斯林頭巾與我們的非正規騎兵隊華美的服裝形成鮮明對比，在他們面前阿爾及利亞非正規騎兵藏著頭並由於嫉妒而咬著嘴唇。由錫克教士兵組成的工作組在試圖清除以墊子、乾草、酒罐和被隨意扔出來的各種小型家具等形式出現的路障，這些

路障在雨水的作用下形成了十分「美麗」的沼澤，有時幾乎齊腰深，它所釋放出的惡臭我簡直無法形容。中國苦力以 50 人或更多為一隊，用竹槓挑著重擔奮力前進，他們十分敏捷地把竹槓的一端觸到你的脖子以提醒你讓路，或者，如果是滾筒的話，小心會軋到你的腳後跟。不時地，有一隊英國皇家炮兵慢跑經過，所有的人都左右躲閃，因為大炮無法在這裡停留，否則就陷進沼澤出不來了。警察不停地喊「前進！」、「別停下！」這種做法偶爾有用。如果你在專門借來的韃靼矛的幫助下成功地在半個小時之內穿過這條街而沒有被軋過、踐踏、撞倒或因惡臭而噁心，那麼你真是幸運極了。快到傍晚 7 點的時候，可以看見許多步兵團、參謀人員、騎兵和步兵的制服，他們都「朝向青龍圖案」前進，此圖案出現在上幅插圖的中部。上面的旗幟表明這是總部和第 15 旁遮普步兵團的膳食堂，他們在夜間吃套餐，所有人都受到歡迎，總有 30 至 40 人聚集在用草蓆蓋起來的院棚裡一起用餐。歡樂的歌曲四處傳開，不用猜，兩天後我們將又一次躺在「軟軟的地上」，兜裡裝著可以吃 4 天的餅乾。但這就是一個士兵的生活。

北塘河的入口

北塘被描繪成一片「充斥著泥水的荒野，沒有樹、莊稼、灌木或草，足以挑戰西蒙或令萊瑟比絕望的臭氣 —— 一幅極其悲慘荒涼、超越桂冠詩人所繪馬里亞納群島的蕭條景象」。聯軍制定的行動計畫是在北塘河（這條河在白河的西北匯入渤海灣）邊登陸，再從那裡向大沽要塞進發。白河北岸和南岸 20 英里以內都被仔細考察過了，北塘似乎是最有利的登陸地點。它的優勢在於河流適於噸位稍大的船隻航行，並且，一旦攫取了它的入口，就有了一個可以讓軍隊所有物資登陸的口岸。河口有軍隊防禦，沙洲又使接近它更加困難：低潮時水只有不過兩三英尺深，在刮西風的時候則更淺；春天漲潮時測得的水深有 12 至 14 英尺；已知一年中的最高潮將要在 8 月的第一週到來，問題不會很嚴重。除了這一天然屏障以外，還有人為的障礙，即兩個分處於北塘河南北兩岸，幾乎是相對的土築炮臺，河的入口處有 240 碼寬。這些炮臺已被從海上盡可能地精確考察，可以肯定北邊的炮臺裝備有 11 門炮，南邊的有 13 門炮，至少有這麼多的炮眼。然而聯軍卻沒有遇到抵抗，而且除了一些用燧石引爆的很普通的餌雷以及一兩架假炮以外，沒有什麼值得注意的。南邊的炮臺後面是北塘鎮，沿河岸而建，其他三面很低的泥地把它與鄉村分隔開來，泥地在漲潮時會被海水淹沒。

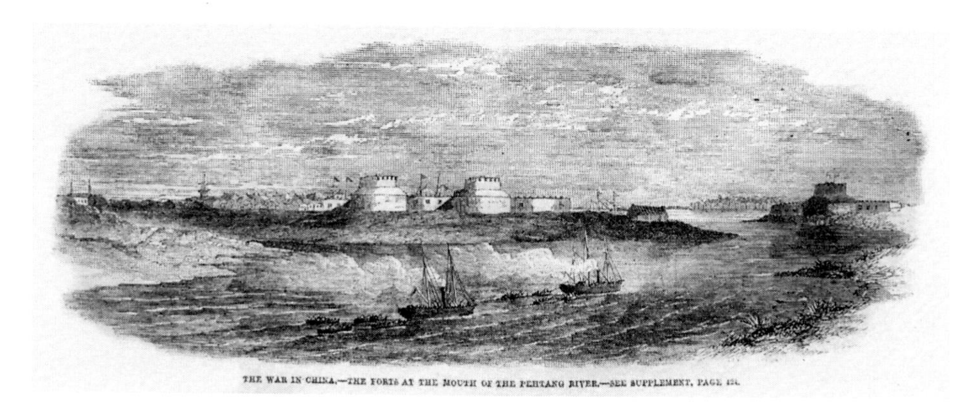
THE WAR IN CHINA.—THE FORTS AT THE MOUTH OF THE PEHTANG RIVER.—SEE SUPPLEMENT, PAGE 1[illegible].

位於北塘河入口處的炮臺

英法聯軍攻占大沽要塞

(The Storming and Capture of Peiho Forts)

1860

《倫敦新聞畫報》第 37 卷，第 1059 號
1860 年 11 月 17 日，459 ～ 460 頁

1860 年 8 月 21 日，英法聯軍進攻白河要塞 —— 本報特派畫家繪於塘沽軍事輜重隊總部

1860 年 8 月 21 日聯軍攻占白河北要塞 —— 根據本報特派畫家的速寫繪製

本報在上一期中曾經詳細報導了這一英勇事件，在此，我們把《中國郵報》的一位通訊記者的報導作為第 459 頁（原報頁碼）上插圖的補充說明：

8月21日的作戰計畫是：英軍第1步兵師和其他的法軍渡過白河，對南炮臺造成威脅；同時第2步兵師對最近的北岸炮臺發起攻擊。根據計畫，第2師在20日晚上開始行動，占據目標炮臺的前方位置，但保持在射程之外；同時派工兵組架起野戰炮，以保護隨軍的攻城裝備，並派出偵察組盡可能近地勘查要進入的地區，選擇最合適的攻擊地點。中國人顯然已經有些明白將要發生什麼事情，他們從要塞內向牆外扔出了大量的燃燒彈，試圖發現我們的人在哪裡以及要做什麼。但是，也許是因爲他們沒有發現什麼或者沒有把我們的活動當作眞正意義上的侵襲，整個晚上他們只開了一兩次炮。次日拂曉，第2師向前推進，大約有四五個炮兵連已經進入了陣地，猛烈的炮火源源不斷地精確打擊著要塞。與此同時，第44步兵團的一翼，皇家海軍陸戰隊，第67步兵團、法軍第102步兵團向前發起攻擊，巴福斯步兵團、第44團的另一部，還有一個旁遮普步兵團作爲預備隊留了下來。中國人士氣高昂地進行了反擊，但是毫無章法，幾乎所有裝了炸藥的炮彈尚未擊中目標就已在空中爆炸，而實心炮彈則四處亂飛，就是打不到目標。步兵團在到達距離炮臺約1,500碼的防波堤後，暫時停止行動，等待時機，而炮兵組全速前進到距離500到1,000碼的射程範圍內，繼續進行更猛烈的攻擊，他們擊毀了炮臺內兩個巨大的軍火庫，使敵人的大炮沉默了近一個小時。步兵們再次前進——法軍的一半兵力和英軍第44團的一部被作爲狙擊手派了出來，皇家海軍陸戰隊的一翼則帶著雲梯和浮橋前進，另一翼跟第67團的其餘兵力墊後，以作爲後備力量。當突擊隊接近炮臺時，炮擊達到了白熱化的狀態。每分鐘都有5到6枚炮彈飛進炮臺，敵人根本就不能在胸牆上露面。儘管他們仍堅持從槍眼裡用火銃乒乒乓乓猛烈射擊，但立刻就會得到我方炮兵的凌厲回擊。偶爾，南岸炮臺的一門大炮也會發射出大量的實心彈，落在猛攻的部隊中，但是炮臺內發生的巨大爆炸和它所遭受的恐怖炮火很可能在很大程度上使清軍守兵失去了戰鬥力，因此他們的回擊變得稀稀落落。這個炮臺的防線是兩道注滿了水的壕溝，它們寬18米，深 8 到 10 米，此外第一道防線還有牢固的鐵絲網防護，第二道的兩邊都是鋒利的籬笆樁。在到達第一道壕溝的時候，遇到的主要困難當然是架設浮橋，有十幾名士兵倒了下來。儘管如此，曼恩上校所率領的工兵與特拉弗上校手下的海軍陸戰隊隊員們堅持完成了他們的工作，他們順著牆安置梯子，爬上了炮臺 —— 有一些法軍士兵和英軍第 67 步兵團的士兵是首先進入炮臺的，但我相信海軍陸戰隊緊隨其後，然後是其他的進攻部隊。法國人採用了一種非常新奇的方式進入炮臺。他們帶著許多中國苦力，讓苦力站在壕溝裡把雲梯扛在肩上，這樣他們很快就橫穿過第二道壕溝並且爬到了牆頂。清軍八旗兵們作戰很勇敢，即使在我們的人已經進去了之後，還有大量士兵堅持用長矛、劍和火繩槍跟我們作戰，直到被射殺或刺死。不過最後他們還是選擇了逃跑，他們穿過炮臺南面的炮口，想逃到半英里外的另一個炮臺，但是幾乎沒有人成功，絕大部分人都在這種嘗試中被打死。我們一共傷亡 201 人。

THE ILLUSTRATED LONDON NEWS

在廣州取得的勝利
(The Victory of Canton)

1860

《倫敦新聞畫報》第 37 卷，第 1061 號
1860 年 12 月 1 日，507 頁

我們在本期要向讀者提供一張兩廣總督勞崇光的肖像畫。這是大清帝國最高的職務之一，總督以前同時身兼外務欽差大臣的職責。兩廣總督這個職務葉名琛曾經擔任過，當時柏貴是廣東巡撫。繼葉名琛之後，兩廣總督這一職務先後由柏貴、黃宗漢和勞崇光擔任。勞崇光是現任的兩廣總

1860

督，本期登載的就是他的肖像畫。這一職務似乎是節制「三司」之首，這所謂的「三司」雖非正式的職務，卻有維持和指揮廣州周邊地區反抗英法聯軍之軍事行動的權利和職責。他們以紳耆或地方鄉紳的名義行事，實際抵消了黃宗漢總督關於解除民團武裝的命令，並且迫使英法聯軍因 C. 範斯特倫拉姆奇那次不幸的白雲山遠征而處於一種驚恐的狀態之中，直至前者的軍隊因深圳陷落而被徹底解除武裝。在此期間，幾乎每天晚上都有人向英法聯軍的軍營裡發射火箭，還有兩三次甚至有人想乘天黑發動進攻，重新奪回廣州城。自從勞崇光出任兩廣總督之後，他採取了最嚴厲的措施來制止苦力們在珠江上綁架外國人的事件。在很大程度上，也是透過他的努力和政策，並且在英、法兩國特使的支持下，才有可能把中國苦力移民到英屬和法屬西印度殖民地一事在堅實的基礎上最終變為現實。

LEAON, THE GOVERNOR-GENERAL OF KWANG-TUNG AND KWANG-SI, CHINA.

中國兩廣總督勞崇光

在中國的戰爭：在北京的城牆下
(War in China: Under the Wall of Pekin)

1860

《倫敦新聞畫報》第 37 卷，第 1062 號
1860 年 12 月 8 日，547 頁

下面這封信的作者是正在中國服役的英國皇家海軍陸戰隊的卡林頓上尉，耐人尋味的是它提供了在北京發生的一些最新情況。這位軍官在攻打大沽炮臺時受了重傷，一塊彈片洞穿了他的下嘴唇。儘管指揮那個營的上校要他撤離到後方，但他仍以極大的勇氣帶領突擊隊員們發起攻擊。他在克里米亞戰爭中也曾在海軍陸戰隊服役，自願在戰壕裡狙擊敵人，並始終活躍在前線。

CHINESE FIELD-GUN.—FROM A SKETCH BY OUR SPECIAL ARTIST.

清軍的野戰炮 —— 根據本報特派畫家一張速寫繪製

1860

在北京的城牆下

9 月 22 日

我將講述到目前爲止所發生的一切。雖不能夠確切地告訴你們通州是否已經攻陷，但我相信結果肯定會如此。昨天那一仗打得很好，從凌晨 5 點到晚上 9 點我們都在追擊清軍的騎兵。我們旅位於第 99 步兵團的側翼，而我們營，加上一個炮兵連和一些騎兵，繞過了通州與北京之間的一些清軍防禦工事，包抄到了敵人的後方。與此同時，我相信法軍和我們旅正在攻打通州城。克蘭忒將軍和英軍參謀部成員們都跟我們在一起。戰鬥（假如自從克里米亞戰爭之後，我還能這麼稱呼的話）是在上午 9 點半打響的，一直持續到了下午 1 點。指揮英軍第 1 師的約翰·米歇爾爵士提醒我們不要急於開火，而要等到韃靼人的騎兵靠近我們時才這樣做。話音剛落，數不清的清軍騎兵就向我們發起了攻擊。我們靜靜地等待著他們，英軍的龍騎兵們也在靜靜地等待著一個合適的時機，以便對他們發動突襲。然而我們的龍騎兵們卻沒有這樣的機會 —— 雖然八旗兵們並不害怕錫克族騎兵，但他們卻無法抵擋英國皇家龍騎兵閃電般的進攻。可惜的是，當黑壓壓的清軍騎兵行進到離我們大約 200 碼時，位於我們左後方的第 99 步兵團大概已經等不及了，向他們開了火，令清軍騎兵們大驚失色。後者馬上停了下來，我們緊接著也開火了。與此同時，位於不遠處的龍騎兵們向清軍騎兵發起了進攻。八旗兵們等到我們的騎兵離他們大約 50 碼時才開火，一位英軍上尉受了重傷，另有一名騎兵陣亡。然後他們掉轉身，疾馳而去。假如地面的狀況足夠好的話，他們幾乎是一個也逃不掉的。但那些狡猾的傢伙位於一條寬壕溝的對面，我們的第一排龍騎兵們都輕鬆而安全地跨越了壕溝，但是他們衝鋒時所揚起的漫天塵土使得第二排騎兵們看不清壕溝，結果有一半的人掉了進去。儘管如此，還是有不少騎兵跨越了壕溝，並追上了潰敗而逃的敵人，以迅雷不及掩耳的速度消滅了他們。在擊敗和洗劫了這支騎兵之後，我們繼續追擊敵人，拔掉了4個敵軍兵營。所有的兵營都沒有來得及拆，我們放了一把火，將它們都燒掉了。

白河要塞陷落——根據本報特派畫家一張速寫繪製

大約下午2點時，我們在一個武裝起來的村莊附近停頓了下來。那裡的防禦者放了幾槍之後便逃跑了，我們占領那個村莊之後，士兵們紛紛將水壺重新灌上了水。我可以告訴你，在一個乾燥和難以忍受的國家追擊騎兵是一件非常困難和令人口乾舌燥的任務。小米最近剛被收割過，大片的農田裡留下了一尺半高的莖稈，其尖銳的頂端就像大釘子那樣扎人。有些馬匹被這些莖稈扎傷，瘸了腿。當佩劍暫時還派不上正經的用處時，我就會在村莊裡閒逛，透過砍門簾上的珠子來測試我的刀法，但這一次我砍的卻是從身邊經過、試圖尋找藏身之處的驚慌失措的家禽的頭。對於餓扁了肚子的人來說，這應該算是件美差。跟其他兩位刀法同樣熟練的劊子手一起，我們共殺死了大約20隻雞，這可以使我們飽餐一頓。而且餐桌上也少不了甜食，因爲我在一個花園裡找到了美味可口的葡萄。然而由於沒時間來烹飪這些菜餚，我不得不靠吃一小包餅乾來充饑。我們在離去之前一把火燒掉了這個村莊，它離北京只有7英里的距離。我希望我們能一下子就打到北京。我真的相信，我們將會以很小的代價拿下這個京師，因爲大多數中國軍隊都駐紮在城外。還有一條非常有趣的新聞。我已經跟你們說了有關巴夏禮和《泰晤士報》記者的事，現在還可以補充一點，當我們送信去要這些被俘的人時，中方狡猾和模棱兩可地回答說，巴夏禮已經離開那裡，回了英軍的兵營，而他們自從他被釋放之後就沒再見過他。我想中國人不敢再碰巴夏禮或其他俘虜了。我們已經送去了第二封信，聲稱假如那些俘虜在 3 天之內不交還給英法聯軍的話，我們將強行攻打和血洗北京城。如果巴夏禮和其他那些朋友不馬上出現的話，我們眞的會這麼做，無論英中條約是否會因此遭到破壞。今天有人舉著停戰的旗子，給額爾金勛爵送來了一封加急快信。最新的報告說我們又要跟清廷談判了。

DINING UNDER DIFFICULTIES.—FROM A SKETCH BY OUR SPECIAL ARTIST IN CHINA.

冒雨進餐 —— 根據本報特派畫家一張速寫繪製

費恩與普羅賓騎兵師

(Fane's and Probyn's Horse Service in China)

1860

《倫敦新聞畫報》第 37 卷，第 1063 號
1860 年 12 月 15 日增刊，567 頁

這支非正規騎兵部隊在遠征中國的軍隊中占有一個引人注目的地位。他們形成了一個令人羨慕的典範，說明訓練印度人為英國政府服兵役的這一計畫是多麼的成功。這個計畫就是放棄舊的觀念，即要把構成英國軍隊最基本成員的印度新兵訓練成一種僵化和不會思考的機器人。這種觀念必須實行改革，以便能夠適合亞洲人的習慣，讓士兵在很大程度上按自己的方式去使用他的武器和駕馭他的戰馬。這樣的訓練方式很好地滿足了現實的需求，即僅憑極少數的歐洲籍軍官就足以指揮由印度士兵們組成的非正規軍騎兵師，並且仍然能維持對於紀律的所有要求。關於這支騎兵部隊在戰場上的驍勇善戰，我們已經有了很多的例子。在目前這場中國戰爭中，他們參戰時的表現尤其出色。在印度的當地人非正規軍體系迄今為止是如此的成功，以至於人們普遍相信，在重組英國駐印度部隊的時候，當地人的那個部分將完全由非正規軍所組成。

有一家報紙的記者這樣描述在華的英國輕騎兵部隊，即普羅賓和費恩的騎兵團：

> 這些輕騎兵堪稱英國非正規軍中完美的典型！他們的行軍也會使我們所謂的「輕龍騎兵」感到震驚！普羅賓和費恩這兩個騎兵團幾乎同時從坎普爾和勒克瑙出發到加爾各答登船。他們你追我趕，在不到一個月的時間內就走完了全程 —— 700 英里。普羅賓騎兵團在離目的地約 200 英里處離開主路，從側面穿過鄉村，雖憑藉策略勝過了費恩騎兵團，但也只是提前兩天到達而已。

在中國服役的費恩騎兵團中英國和印度軍官

《泰晤士報》記者載描寫在華的錫克族非正規部隊時，這樣問道：

軍事當局爲何不在印度以外的地方利用這些錫克教徒非正規軍呢？他們沒有等級或種族偏見，他們會吃喝供給他們的任何東西，堅韌勇敢、精力充沛，就像英國士兵一樣能適應氣候環境。而且，如果管束適當的話，他們不會放肆劫掠。他們在這裡的行爲是模範的，是前哨和警戒哨的合適人選。法國有阿爾及利亞籍騎兵，俄國有哥薩克騎兵。錫克教徒騎兵遠勝於二者，而且印度可以提供許許多多的普羅賓和費恩來領導他們。

本文所提供的插圖描繪在華的費恩騎兵團部分英國和印度軍官。從左邊開始，我們看到費恩騎兵師所屬第 1 孟加拉騎兵連的卡納克陸軍中尉。他的旁邊是身材高大的副連長，阿富汗人寧榮。第三個人是費恩騎兵團的第 3 指揮官卡特利陸軍中尉，他因 9 月 18 日率領費恩騎兵師的士兵從左翼英勇殺敵而被克蘭忒爵士在發回國內的快信中得以表彰。再過來是一位錫克族副連長，他的胸前掛著功績勛章。再往右是著名的阿富汗人陸軍上尉納克斯班汗。在貝納勒斯發生「叛亂」時，他堅定地站在英國人一邊，胸前掛著一等英屬印度勛章和一等功績勛章。最後也是一位本地人的第 3 騎兵連陸軍上尉，雖然只有 20 歲，但以勇敢聞名。他是錫克人，帶著勇氣勛章，那是因為在鎮壓「叛亂」的戰場上表現英勇而獲得的，他還為此得到了提升。

費恩騎兵團的一支小部隊在 8 月 12 日的一次戰鬥中表現極為突出，當時有 80 至 90 名清兵突然向新河兵營發動了進攻，企圖從側面突襲斯特林的炮兵連。斯特林炮兵上尉剛剛開了兩發炮彈，敵人就已經衝到了離大炮不足 100 碼的地方。跟炮兵連在一起的只有由陸軍中尉麥格雷戈爾指揮的 25 名費恩騎兵團的衛兵。麥格雷戈爾中尉下令衝鋒，錫克族騎兵們全都奮不顧身地衝鋒陷陣。只有一半的清兵在極度驚愕的狀態下倉促應戰。戰場上的形勢在瞬間就被扭轉。清兵們四下潰敗，整個戰鬥持續了不到一分鐘就結束了。

THE ILLUSTRATED LONDON NEWS

皇家龍騎兵禁衛軍跟八旗兵在北京附近的遭遇戰

(The King's Dragoon's Guards Closing with Tartary Cavalry in the Engagement Near Pekin)

1860

《倫敦新聞畫報》第 37 卷，第 1064 號
1860 年 12 月 22 日，583 頁

以下是英軍司令克蘭忒將軍對於這次遭遇戰的描述：

……為了防守側翼，我不得不讓隊伍向左方梯形變隊。英國軍隊快速地往前推進，敵人右翼的騎兵被我們的炮火擊退，在我們的左前方陷入了一片混亂，這就給英軍騎兵們提供了一個絕好的衝鋒機會，他們迅速抓住了這個機會，尤其是陸軍中校塞耶斯所率領的英國皇家龍騎兵禁衛軍對敵人給予了重創。在敵人的左翼，費恩騎兵團也奮勇對敵人發起了衝鋒，而由普羅賓少校率領的第一錫克騎兵團也與他們積極配合，有效地控制了整個戰局。

敵人雖然在戰場上處在下風，但他們仍憑藉雄厚的兵力穩住了陣腳，他們在英軍騎兵們（無論其數量有多麼少）的衝擊下不斷地後退，但英中兩軍之間的距離從未超過 1,000 碼，而且八旗兵的騎兵形成了一個穩定而具有威脅性的戰線。這時我的身邊只有騎兵、第 4 步兵旅

以及 3 門阿姆斯壯野戰炮，其他的炮兵和第 2 步兵旅都被留在了中部戰場，給他們的命令是掩護法軍的左翼。在羅利上尉的指揮下，我們用阿姆斯壯野戰炮向敵軍最密集的人群進行了間隔性的點射。這種射擊每次只開一炮，並且時間間隔較長，絕好地展示了阿姆斯壯野戰炮的良好性能，沒有一炮是落空的，而且每一炮都落在了敵人最密集的地方，立刻就把他們打得丟盔棄甲，七零八落。

英軍騎兵就這樣乘勝追擊，直至他們看到了一個焚燒的營寨才停了下來，該兵營已被多畢金少校所率領的第 99 步兵團所攻占，他們發現那裡原來是某位親王的指揮部。這個營寨跟周圍其他一些營寨一樣，被英軍所燒毀，而中國軍隊則退到了北京。

然後我們又跟右翼的部隊會合，後者與法軍協同作戰。法軍已經占領了那座橋，並給敵人造成了重大損失。

這次戰鬥總共繳獲了 43 門火炮，中國人損失慘重。尤其是他們的左右兩翼損失最爲嚴重，整個中線上也留下了不少屍體，這顯示出了英軍炮兵的威力，因爲在中國人撤退的過程中，這些炮兵始終緊盯著他們不放，直到他們最後被打垮。我們的損失是 2 人死亡，29 人受傷 —— 主要是輕傷。

我要特別提醒大家注意英國皇家龍騎兵禁衛軍的出色表現。目前這裡鄉間的地形狀況對騎兵十分不利，部分是因爲這裡有大量的壕溝，部分是因爲大批的玉米和小米剛剛被收割，留下了鋒利的斷茬，對馬匹造成了很大傷害，使騎兵們很難迅速前進。然而他們出色地克服了這些困難，向敵人發起了猛烈而迅捷的衝鋒。

9 月 21 日，皇家龍騎兵禁衛軍跟八旗兵在北京附近的遭遇戰 —— 根據本報駐中國特派畫家的速寫所繪製

遺失在西方的中國史

《倫敦新聞畫報》記錄的晚清 1857-1860

編　　譯：沈弘
編　　輯：許詠淳
發 行 人：黃振庭
出 版 者：崧燁文化事業有限公司
發 行 者：崧燁文化事業有限公司
E-mail：sonbookservice@gmail.com
粉 絲 頁：https://www.facebook.com/sonbookss/
網　　址：https://sonbook.net/
地　　址：臺北市中正區重慶南路一段六十一號八樓 815 室

Rm. 815, 8F., No.61, Sec. 1, Chongqing S. Rd., Zhongzheng Dist., Taipei City 100, Taiwan

電　　話：(02)2370-3310
傳　　真：(02)2388-1990
印　　刷：京峯彩色印刷有限公司（京峰數位）
法律顧問：廣華律師事務所 張佩琦律師

定　　價：550 元
發行日期：2022 年 12 月第一版
◎本書以 POD 印製

國家圖書館出版品預行編目資料

遺失在西方的中國史：《倫敦新聞畫報》記錄的晚清 1857-1860 / 沈弘 編譯 . -- 第一版 . -- 臺北市：崧燁文化事業有限公司 , 2022.12
面；　公分
POD 版
ISBN 978-626-332-966-9(平裝)
1.CST: 晚清史 2.CST: 近代史 3.CST: 新聞報導
627.72　111019576

官網

臉書